Homme aux multiples esprits

E. Everett Evans

Writat

Cette édition parue en 2023

ISBN : 9789359254029

Publié par
Writat
email : info@writat.com

Contenu

Chapitre 1

Le cadet George Hanlon se tenait au garde-à-vous, raide. Mais alors que les longues et longues minutes s'éternisaient, il retrouva ses mains, sa colonne vertébrale et son front glacés par la sueur de la peur. Il essaya vaillamment de garder ses yeux fixés sur ce visage sans émotion devant lui, mais il trouva cela presque impossible d'y parvenir.

La tension grandissait et grandissait et grandissait dans la pièce jusqu'à ce qu'il semble que les murs eux-mêmes devaient se gonfler ou que les fenêtres éclataient pour soulager la pression. Le cadet sentait qu'il ne pouvait pas supporter cela une minute de plus sans crier. Pourquoi ce monstre n'a-t-il rien dit ? De quelle sorte de torture s'agissait-il, d'ailleurs ? Et pourquoi était-il ici en premier lieu ? Il ne pouvait pas penser à un seul règlement qu'il avait enfreint – mais sinon, pourquoi aurait-il été appelé avant l'amiral Rogers, le redoutable commandant des cadets ?

Malgré tous ses efforts pour rester face au commandant, Hanlon ne pouvait pas maintenir son regard fixe sur ce visage redouté. Ses yeux insistaient pour s'égarer, à maintes reprises, même s'il les repoussait toujours. Il aperçut les dizaines de plots et de plaques de communication sur l'immense bureau en métal. Il vit le paysage qui apparaissait à travers la fenêtre. Il remarqua les photos de grands héros du Corps qui ornaient les murs. En fait, il devait regarder n'importe quoi sauf ces yeux ennuyeux et impassibles fixés si fermement sur son propre visage. Si seulement il pouvait maîtriser aussi parfaitement ses nerfs. Si seulement il savait de quoi il s'agissait !

chronomètre du grand mur, il vit qu'il se tenait déjà là, au garde-à-vous, depuis cinq bonnes minutes. La trotteuse réapparut. Six minutes ! Il traîna encore une fois lentement. Sept minutes.

Puis le silence insupportable fut heureusement brisé par la voix de l'amiral.

"D'une certaine manière, Monsieur, vous êtes un jeune homme assez stupide", dit-il. "J'ai tendance à être déçu par toi."

Hanlon eut un sursaut de surprise et se força à scruter plus attentivement ce visage énigmatique.

"Qu'est-ce que... que voulez-vous dire, monsieur ?"

Ses yeux sévères étaient toujours plongés dans les siens. Mais maintenant, le cadet pensait déceler une trace d'amusement secret derrière eux.

"Pourquoi te tortures-tu ainsi ? Tu sais comment découvrir de quoi il s'agit."

Il y avait un sentiment de sombrement dans l'esprit de George Hanlon. Est-ce que cela signifiait ce qu'il craignait ?

Il envoya une tentative de réflexion vers l'esprit derrière ce visage inexpressif. Il s'attendait à ce que cela soit difficile à réaliser, en raison de la longue désaffection de la faculté. Mais il était étonné à la fois de la facilité avec laquelle la technique lui revenait, et du sentiment de convivialité chaleureuse qu'il retrouvait dans cet esprit, presque comme une sorte de fierté paternelle.

Il a sondé un peu plus profondément et a eu l'assurance qu'il n'avait rien fait qui méritait d'être puni. En fait, il semblait qu'il pouvait percevoir exactement le sentiment inverse.

Il dut montrer son soulagement, car le visage sévère du commandant se détendit en un large sourire, et il se laissa aller dans son grand fauteuil.

"C'est mieux. Détendez-vous et asseyez-vous."

Lentement, incrédule devant ce changement soudain, le jeune cadet étonné se laissa tomber avec précaution sur le bord avant d'une chaise. Il le fallait , ses jambes étaient soudain caoutchouteuses.

"Je... je ne comprends pas du tout, monsieur."

L'amiral se pencha en avant et parla de manière impressionnante. "Pensez-vous, Cadet Hanlon, que nous laisserions n'importe quel homme arriver quelques semaines après avoir obtenu son diplôme sans tout savoir de lui ?"

Les yeux du jeune homme s'écarquillèrent et ses mains agrippèrent ses genoux pour les empêcher de trembler.

"Oh, oui, nous savons tout sur vous, George Spencer Newton Hanlon", et les yeux du cadet s'ouvrirent encore plus à ce nom. "Nous connaissons votre talent pour lire dans les pensées lorsque vous étiez enfant, et comment vous l'avez supprimé en grandissant et avez découvert comment cela vous a causé des ennuis. Nous savons tout sur la disgrâce et la disparition de votre père, la mort de votre mère, votre fugue, et votre adoption par les Hanlon , dont vous avez pris le nom de famille.

"Comment... comment avez-vous appris tout cela, monsieur ?"

"Le Corps a ses manières. Et c'est pourquoi vous êtes ici maintenant. Oh, tous les cadets de cinquième année seront interviewés par moi-même ou mes assistants la semaine prochaine, pour déterminer leur première affectation après l'obtention de leur diplôme. Mais je vous ai appelé aujourd'hui pour une raison très, très particulière. Et votre capacité à lire dans les pensées en fait partie.

Le cadet se redressa avec raideur. "J'en ai fini avec tout ça, monsieur, définitivement!"

Le commandant le regarda un instant avec énigme. "Qu'espérez-vous faire dans le Corps, Monsieur ?"

"Eh bien, quoi que je sois chargé de faire, je suppose, monsieur. Ou tout ce que je peux faire."

"Et jusqu'où irez-vous pour le Corps ?" L'amiral se pencha en avant et le regarda d'un œil critique.

"Jusqu'au bout, monsieur, bien sûr."

« Ne croyez-vous pas qu'un Corpsman devrait utiliser toutes ses capacités à son service ? La question lui fut posée.

"Bien sûr Monsieur." Mais ses yeux montraient qu'il réalisait qu'il avait été piégé par cet aveu.

" Vous êtes l'une des rares personnes connues à avoir jamais été capable de lire dans les pensées d'autrui. C'est important – très important – pour le Corps. *Il doit être utilisé !*"

Les yeux de Hanlon étaient toujours orageux, mais il gardait les lèvres bien fermées.

Le visage du commandant redevint aimable. "Nous savons à quel point cela vous a causé des ennuis lorsque vous étiez un garçon, parce que les autres enfants n'en voulaient pas et vous évitaient ou vous abusaient pour l'utiliser sur eux. Mais maintenant, cela vous sera d'une grande aide, ainsi qu'au Corps. Nous sachez que vous utiliserez ce talent à bon escient, car il a été prouvé à maintes reprises, test après test, que vous êtes scrupuleusement honnête. Vous avez perdu plusieurs fois votre argent dans les jeux de cartes, alors que vous auriez pu lire quelles cartes détenaient vos adversaires . , et ainsi gagné. Vous vous êtes laissé échouer à des questions d'examen que vous ne connaissiez pas, alors que vous auriez pu lire les réponses dans l'esprit de votre instructeur.

"Non, pas ça, monsieur," Hanlon secoua la tête. "Je n'ai jamais pu lire dans mon esprit des informations aussi spécifiques que des réponses à des questions ou à des problèmes."

"J'imagine que cela viendra lorsque vous commencerez à utiliser votre talent avec maturité", haussa les épaules avec indifférence. "Mais pour le moment, je veux parler très sérieusement de votre mission. Mais d'abord, je dois avoir votre serment le plus solennel de ne jamais révéler ce que je m'apprête à vous dire, car c'est notre secret le mieux gardé."

"Je jure par la mémoire de ma mère, monsieur, de ne jamais révéler quoi que ce soit qu'on me demande de garder confidentiel."

"Très bien. J'ai été délégué par le Haut Commandement pour vous demander de rejoindre les Services Secrets du Corps Interstellaire."

Le cadet George Hanlon inspira brusquement et surpris et se leva à moitié de sa chaise. "Les...les Services Secrets, monsieur ? Je ne savais pas qu'il y en avait un."

"Je vous ai dit que c'était top secret", a déclaré l'amiral Rogers de manière impressionnante. "Nous pensons que personne ne sait rien de son existence en dehors des membres de ce service et des officiers ayant le grade de contre-amiral ou supérieur."

Le jeune cadet restait silencieux, les yeux rivés sur le bout de ses bottes cirées, comme pour y voir se refléter la réponse à cette situation nouvelle et étonnante qui s'était glissée dans sa conscience.

Tout cela était totalement imprévu. Il avait bien sûr rêvé de faire de grandes choses dans le Corps, mais en réalité, il ne s'était jamais attendu à être affecté à autre chose qu'à un travail de routine au début. Son esprit était un tourbillon chaotique de conjectures. Comment pourrait-il s'intégrer dans une telle organisation ? Pourquoi avait-il été sélectionné ? Sûrement, le fait qu'étant enfant, il était censé lire dans les pensées n'était pas suffisant... ou n'était-ce pas le cas, de leur point de vue ?

Après un certain temps, il leva les yeux. "Je ne sais pas, car je ferais un très bon détective, monsieur."

L'amiral Rogers rejeta la tête en arrière et rit, brisant la tension. "Je pense, tout comme les hauts responsables des services secrets, qui vous ont étudié minutieusement, que vous deviendrez bientôt l'un de ses membres les plus utiles."

Ce fut un autre choc, mais il en résulta une détermination.

"Très bien, monsieur, je vais essayer."

"Bien ! Mais n'essayez pas, Hanlon. Une fois que vous êtes inscrit, c'est pour la vie. Et il y a une autre chose que je ne vous ai pas encore dite. Je ne pourrais pas, jusqu'à ce que vous ayez accepté de nous rejoindre. Cela peut être vous faire changer d'avis, ce que vous êtes toujours libre de faire.

La gorge du cadet se serra et il s'humidifia les lèvres en voyant le visage de l'amiral devenir menaçant.

"Je veux que vous considériez cela très sérieusement," dit-il lentement, sombrement, et l'esprit inquisiteur de Hanlon capta l'aura d'importance dans ses manières. "Prenez votre temps et réfléchissez soigneusement à tous les angles et connotations qui y sont inhérents, car ce ne sera pas une décision facile à prendre."

Il fit une pause impressionnante. "Le voilà, froid ! Vous devrez, apparemment, être renvoyé du Corps en disgrâce. C'est horriblement dur, nous le savons", ajouta-t-il rapidement, avec compassion, en voyant l'air de consternation qui blanchissait le visage du cadet. . "Mais nous avons découvert au fil des années que c'est le meilleur moyen de rendre les membres des SS plus précieux pour nous. Chacun d'entre eux a vécu la même chose, si cela peut être un encouragement ou une consolation."

Le moral du jeune Hanlon tomba au plus bas. "Pas... même pas diplômé ?" murmura-t-il, angoissé .

"Pas publiquement, avec votre classe, non. Mais vous recevrez un diplôme privé, car vous serez toujours membre du Corps."

Il se tut de nouveau pour permettre au jeune homme de récupérer un peu, puis reprit d'une voix paternelle. "Nous savons que c'est un prix terrible que de demander à n'importe quel homme de payer. Il faut du courage pour résister, publiquement et volontairement, au déshonneur, à la perte d'amis et à la bonne volonté de personnes qui vous connaissent. Cela signifie aux yeux une honte à vie. du public et des membres du Corps qui vous ont déjà connu ou qui entendront parler de vous.

Le sang s'écoulait du visage de Hanlon, sa respiration était rapide et rauque. Le cœur de l'amiral lui témoigna de la sympathie, mais il dut continuer. Mais maintenant, il essayait d'atténuer le choc.

"Pourtant, il y a des récompenses en honneur de la part de ceux qui savent. Vous ressentirez une profonde satisfaction après avoir consacré des années à votre vie et à vos capacités au formidable service du maintien de la paix et de la sécurité pour toute l'humanité de la Fédération entière des Planètes. En fait, le Les SS font plus pour maintenir cette paix que tout le reste du Corps. Ainsi , ces choses valent, de l'avis de ceux qui les ont vécues, bien la douleur et l'humiliation qu'ils doivent subir.

Son ton était si gentil que Hanlon trouva un certain réconfort dans l'apparence et l'attitude de l'officier devant lui, qui n'était plus un ogre redoutable ni un martinet, mais un ami gentil, paternel et compréhensif.

George Hanlon était assis, les yeux baissés, réfléchissant rapidement mais de manière plus convaincante qu'il ne l'avait jamais fait auparavant. Il était entré dans cette pièce encore un garçon malgré ses vingt-deux ans. Maintenant, brusquement, il a été brutalement forcé à devenir viril.

En tant qu'adulte, il réalisa donc rapidement que c'était le moment crucial de sa vie jusqu'à présent – probablement dans toutes les années à venir. Mais perdre le respect et l'amitié de tous ceux qu'il connaissait le faisait frémir. Être méprisé, un paria !

Pourtant, l'amiral Rogers a déclaré que tous les SS étaient passés par là et estimaient maintenant que cela valait la peine et la honte de pouvoir faire le travail qu'ils faisaient.

Il avait été formé toute sa vie, et notamment à l'école du Corps, pour analyser toutes les données disponibles pour et contre chaque problème qui se présentait, puis prendre une décision rapide et intelligente.

Il se leva et se redressa avec détermination. "Je le ferai quand même, monsieur, si vous et l'état-major pensez que j'en suis digne et que je serai utile."

L'amiral se leva rapidement et contourna le bureau pour saisir les mains du cadet dans les siennes. "Je suis fier de toi, mon garçon. Il a fallu une vraie force de caractère pour prendre cette décision. Je suis sûr que tu ne le regretteras jamais, même s'il y aura des moments où cela te fera mal au plus profond de ton âme, surtout les premiers jours."

Les yeux du cadet s'assombrirent à nouveau et il frissonna convulsivement. "Cette partie m'a mis dans un état de funk bleu, pas de duperie. Pensez-vous que je peux l'accepter et ne pas trahir le spectacle ?"

Une fois de plus, le rire chaleureux et amical du commandant retentit, remplissant le bureau de gaieté et de fierté honnête. "Par Snyder, tu le feras, fils, comme un pur-sang!" Il retourna derrière ce grand bureau et redevint soudain un disciplinaire strict. « Cadet Hanlon, 'dix-évitez !' aboya-t-il.

Le jeune homme resta rigide.

"Levez votre main droite. Jurez-vous devant l'Essence Infinie de faire respecter, avec toutes vos capacités, le Corps Interstellaire, ainsi que les lois et décisions des Planètes Fédérées ?"

"Sur mon honneur, monsieur, et avec l'aide de Dieu, je prête allégeance au Corps Interstellaire ainsi qu'aux peuples et gouvernements de toutes les planètes fédérées !"

Hanlon fit un salut pointilleux, que l'amiral Rogers rendit tout aussi précisément avant de reprendre son siège.

"Lieutenant supérieur George Hanlon, à l'aise."

Il sourit amicalement au début de surprise du jeune homme. "Les promotions sont rapides dans les services secrets, Hanlon. Maintenant, franchissez cette porte. Vous y rencontrerez votre supérieur immédiat, qui vous donnera des instructions. Et Hanlon, mes plus sincères vœux personnels. Bons vols, lieutenant."

"Merci, monsieur, pour tout."

Chapitre 2

Le lieutenant George Hanlon ouvrit la porte désignée et entra dans le bureau suivant. Un homme aux cheveux gris, portant les Twin Comets d'un amiral régional, était assis derrière un bureau, étudiant quelques papiers. Il resta assis ainsi, les papiers étant tenus de manière à cacher son visage, apparemment si concentré sur son travail qu'il n'avait remarqué personne entrer.

Mais Hanlon savait instinctivement mieux et se tenait au garde-à-vous, attendant le plaisir de l'autre. Bientôt, l'homme baissa les papiers... et Hanlon haleta :

"Papa...". Sa bouche se ferma brusquement et ses yeux devinrent rapidement hostiles au souvenir de la haine qu'il avait portée toutes ces années à cause de cet homme. Il voulait s'enfuir, mais une discipline enracinée l'enchaînait à cet endroit. Mais sa voix était très froide quand il parlait. "Le lieutenant George Hanlon au rapport, monsieur."

Le grand homme était une édition plus ancienne et surprenante du lieutenant nouvellement nommé, seulement gris là où ce dernier était blond, assuré d'une longue et amère expérience là où l'autre n'avait pas encore fait ses preuves. Maintenant, il se leva, reconnaissant le salut.

"Détendez-vous. J'imagine votre surprise en me voyant", et s'il y avait un air blessé sur son visage à la vue de cette haine implacable dans les yeux et dans l'attitude de son fils, on ne pouvait pas lui en vouloir. "Cependant, je pense que votre expérience de l'heure écoulée vous a peut-être préparé à me voir en uniforme. Oui," comme il vit la soudaine surprise dans les yeux du jeune homme, "c'est la raison de mon apparente disgrâce. J'espère que vous tu me pardonneras, maintenant que tu sais pourquoi c'était nécessaire.

"Bien sûr", d'un ton sévère et pointilleux, "seulement," ses yeux étaient toujours durs et orageux, "est-ce que c'était assez important pour briser le cœur de ma mère ?"

La voix du vieil homme devint douce et tremblante d'une véritable émotion. "Vous et tout le monde avez dû croire cela, Spence, pendant toutes ces années. J'ai attendu dans la prière le jour où je pourrais vous expliquer. Je peux vous assurer, mon fils," avec toute la sincérité que sa voix pouvait porter, "que elle n'est pas morte d'une blessure..."

"Je sais, je parie..."

"Vous ne savez pas mieux !" Son père l'interrompit sévèrement. "S'il te plaît, attends que j'aie fini de t'expliquer. Non, Spence," sa voix était toujours, emphatique mais plus douce maintenant, presque suppliante. "Elle le savait et l'approuvait. Votre mère était l'une des plus grandes héroïnes de la Terre."

Hanlon se tenait toujours debout, raide, mais ses yeux se voilaient désormais d'émotions mitigées, où le doute prédominait. Son esprit touchait celui de son père, et il semblait y lire la vérité. Mais pouvait-il le croire maintenant... après toutes ces années terribles ?

"En fait," continuait son père, "votre mère était victime de la sclérose en plaques. Quand nous avons su qu'il lui restait moins de deux mois à vivre, je lui ai parlé, avec la permission du Corps, de mon entrée dans les services secrets. " Avec sa mort si proche, cela pourrait être fait de manière convaincante. Croyant que vous comprendriez un jour et approuveriez, elle a accepté. Je suis terriblement désolé pour tout ce que vous avez dû souffrir au cours des années qui ont suivi. Encore une fois , je vous demande pardon. "

Tandis que son père parlait, les yeux et le cœur de Hanlon perdirent peu à peu leur dureté, et à la fin il courut en avant et saisit les mains de l'autre.

"Oh, papa, je suis vraiment désolé. J'ai détesté te détester. S'il n'y avait pas eu les longues discussions que Papa et Ma Hanlon ont eues avec moi, je ne crois pas que je serais jamais entré à l'école des cadets. ".

Le vieil homme serra son fils dans ses bras avec avidité.

"Crois-moi, Spence, cela n'a pas été facile pour moi non plus. Mais je ne t'ai pas vraiment abandonné, même s'il fallait que cela en ait l'air. Je sais partout où tu es allé, tout ce que tu as fait. Tu as " J'ai été constamment surveillé. J'ai organisé votre adoption par les Hanlon - il était un militaire à la retraite, vous savez - et j'ai payé vos dépenses. Vous voyez, j'aime beaucoup mon fils. "

"Et j'aimais mon père aussi. C'est pour ça que ça fait mal... dis, maintenant je peux changer mon nom, n'est-ce pas ? Les Hanlon sont tous les deux morts depuis que j'ai commencé l'école des cadets, tu sais."

"Eh bien... non, pour le moment, je ne pense pas. Tu es bien connu sous le nom de 'Hanlon' maintenant, et tu ferais mieux de le laisser ainsi, pour le moment, au moins. Cependant, tu auras besoin d'un pseudonyme de temps en temps dans ce nouveau travail - vous pourrez alors l'utiliser. Je serai certainement fier que vous portiez à nouveau mon nom.

Mais les deux hommes évitaient toute cette franche expression de leur émotion, et Hanlon recula d'un pas.

« Comment se fait-il que je ne vous ai jamais vu dans les bâtiments ou sur le terrain ici ?

"Personne ne me voit jamais en uniforme, sauf dans tel ou tel bureau de la base lors d'occasions spéciales. Dehors, je suis toujours déguisé. Quand j'arrive dans une réserve , je suis un concierge barbu ou quelque chose comme ça. Vous en apprendrez bientôt plus sur vous déguiser vous-même.

Puis il se tourna vers les affaires, et son visage devint sobre alors qu'il retournait à son bureau.

"Asseyez-vous là, lieutenant. Il y a beaucoup de choses à vous dire, et vous devez y prêter une attention particulière et tout comprendre dans cette seule interview, car il ne peut pas y en avoir une autre en ce moment. Cela attirerait trop d'attention pour vous. appelé ici plus d'une fois.

Il sourit à nouveau, avec une fierté chaleureuse et paternelle. "Tout d'abord, permettez-moi de vous féliciter officiellement pour votre décision et de vous accueillir sincèrement dans les services secrets."

Hanlon s'inclina en signe de reconnaissance, puis s'assit et se pencha attentivement en avant. "Je vais essayer de tout récupérer, monsieur."

"Tout d'abord, la question de votre licenciement. Cela arrivera dans les prochains jours, mais même moi, je ne saurai pas à l'avance quand ni comment cela se produira. Un SS inconnu sur Terra sera appelé pour s'occuper de cela. Mais quand cela arrivera, vous le reconnaîtrez presque instantanément et vous devrez en faire une grande scène. Ne laissez pas entendre d'une manière ou d'une autre que vous soupçonnez ou savez que c'est tout sauf authentique. Vous devez impressionner vos camarades étudiants et sur tous les autres que vous connaissez ou avez appris plus tard, que c'était réel et que cela vous a aigri pour toujours au sein du Corps, de l'ordre public et du gouvernement.

Le jeune homme hocha la tête, mais ne dit rien, car sa gorge était serrée et son moral tremblait à la pensée de cette honte publique. Il avait été si fier ici… comment pouvait-il supporter de tout abandonner ? Peut-être qu'il a été idiot d'avoir accepté.

Mais l'amiral continuait. Il poussa une liasse de billets sur le bureau. "Voici mille crédits. Utilisez-les pour acheter vos vêtements civils et votre équipement après votre licenciement. Achetez aussi quelques actions de certaines actions - le montant ou la valeur n'a pas d'importance. Souscrivez une petite police d'assurance. Oui," voyant le visage de son fils regard interrogateur, "il y a une raison.

"Après avoir récupéré vos vêtements et vos affaires et jeté votre uniforme, allez louer une chambre d'hôtel, puis allez à la banque Inter-Stellar et louez un coffre-fort. C'est l'une des premières choses que vous faites dans chaque ville, sur n'importe quelle planète, pour qui peuvent vous être envoyés en mission. Maintenant, voici deux clés qui s'adaptent à la boîte numéro 1044 dans toutes les banques IS. Ce sont des passe-partout spéciaux de notre propre conception. La boîte 1044 est utilisée en raison de sa proximité avec ces cabines privées, dans le dispositif universel utilisé par toutes les banques du SI, ce boîtier est notre moyen de communication confidentiel.

"Après être entré dans le coffre-fort, apparemment pour accéder à votre propre boîte, utilisez-les pour ouvrir la boîte 1044. Il y a un petit gadget électronique dans chaque boîte 1044. Lorsque vous souhaitez un service immédiat sur tout ce que vous mettez dans la boîte, appuyez sur le bouton rouge. le mécanisme. Revenez quelques heures plus tard et tout aura été réglé. Alors maintenant, lorsque vous entrez dans la banque, mettez-y une note indiquant le numéro de votre chambre d'hôtel ainsi que votre nouveau numéro de clé de dépôt. Revenez dans quelques heures. heures et vous trouverez une clé sur laquelle sera gravé votre numéro de boîte, mais qui ouvrira les deux boîtes. Laissez ensuite votre ancienne clé et l'une de celles-ci au 1044, et emportez l'autre et la nouvelle.

"Oh, je vois. Les actions et la police d'assurance dans ma propre boîte sont des leurres, hein ?"

"Bien. Vous mettez tous vos rapports dans la boîte 1044 et vous y recevez vos commandes. Nous utilisons tous 1044, alors triez simplement les enveloppes pour celles qui portent votre nom. La même clé verrouille également l'insonorisée et la preuve des rayons espions . compartiment dans le coffre-fort, donc personne, pas même un autre SS, ne peut vous interrompre à moins que vous ne vouliez les laisser entrer.

"Ma propre boîte pour leurre ; 1044 pour les questions de service ; la clé s'adapte à la fois aux boîtes et aux cabines ; bouton rouge pour un service rapide. Oui, monsieur."

"Lorsque vous arrivez dans une nouvelle ville ou une nouvelle planète, indiquez-y votre adresse locale dès que possible. C'est votre seul contact sûr. De plus, dans chaque boîte, vous trouverez à tout moment beaucoup d'argent. Vous prenez ce dont vous avez besoin. " pour vos dépenses et obtenez votre salaire de cette façon. Si votre travail demande plus que ce qui est dans la boîte à tout moment, laissez une demande et appuyez sur le bouton rouge. Plus vous sera apporté immédiatement. "

"C'est une sacrée confiance, monsieur," déglutit Hanlon. "J'espère que je l'utiliserai toujours à bon escient."

Son père hocha la tête et sourit. "Vous le ferez, Spence. Nous ne vous aurions pas demandé de nous rejoindre si nous n'en étions pas sûrs. En tant que père, je suis très fier de vous avoir pour fils. En tant que chef adjoint des SS, je suis sûr que vous cela nous fera honneur.

"Maintenant," à nouveau les affaires, "un instructeur du sommeil et quelques bobines de langue et d'autres informations sur Simonides Quatre seront livrés dans votre chambre d'hôtel. Simonides Quatre est votre première mission. Il se passe quelque chose de louche là-bas, nous n'avons pas été. nous sommes en mesure de nous renseigner, mais nous pensons que vous pouvez nous fournir de bonnes pistes.

"N'essaye pas de gérer ça seul, donne-nous simplement des informations. Et, mon fils, utilise ton talent pour lire dans les pensées. J'ai entendu par l'interphone tout ce que tu as dit à Rogers, et même si ce n'était pas la seule raison pour laquelle on t'a demandé d'entrer dans les pensées. les SS, croyez-moi, cela sera extrêmement important dans votre travail avec nous – cela nous aidera là où aucun autre agent ne peut accéder au premier poste de contrôle. Et j'ai le sentiment aussi que vous développerez à la fois cela et bien d'autres. "

"Oui," Hanlon hocha lentement la tête, "Je commence à m'en rendre compte. Je vais beaucoup m'entraîner."

" Quant à l'argent, ne soyez pas avare : dépensez ce que vous voulez et emportez-en toujours une bonne somme avec vous en cas d'urgence. Vivez bien, mais pas de manière extravagante, à moins que l'occasion de votre travail ne l'exige. Non pour économiser de l'argent, mais pour rester le même. aussi discret que possible."

"Le Service a tout pensé, n'est-ce pas ?" L'admiration brillait dans les yeux du jeune lieutenant.

"Ils ont eu beaucoup d'années pour cela, Spence. Maintenant, il existe un autre moyen de contact, en cas d'urgence. Informez-vous ou obtenez un entretien avec n'importe quel officier du grade de contre-amiral ou supérieur. Les mots ' Andromeda Seven' sont les mots de passe qui lui permettent de savoir qui et ce que vous êtes. Une fois que vous avez établi ce contact, réquisitionnez tout ou tout service nécessaire pour vous aider dans votre travail.

"Je comprends, monsieur." Hanlon s'efforça de réviser rapidement toutes ces nouvelles connaissances. Puis, "Je suis sûr d'avoir tout. Procurez-vous un équipement civil, une chambre d'hôtel, des stocks et une assurance, des coffres de dépôt - le mien et le 1044, un apprentissage du sommeil simonideen, 'Andromeda Seven'."

"C'est exact. Maintenant, vous serez intéressé par un peu d'histoire des services secrets. C'est John Snyder lui-même qui l'a organisé, peu de temps après la formation de la patrouille Snyder. Il s'est rendu compte presque immédiatement qu'un tel inconnu et infiltré Un échelon serait indispensable. Nous ne sommes généralement pas plus de deux cents. Les nouveaux membres ne sont recrutés qu'en remplacement, ou lorsqu'un membre du Corps doté d'une capacité spéciale, comme votre lecture dans les pensées, est découvert.

"Nous travaillons n'importe où dans l'espace quand il y a un besoin, mais nous sommes généralement un ou deux sur chaque planète de la Fédération à tout moment. Quand nous ne sommes pas en mission spéciale, nous restons occupés sur une planète qui n'est pas notre maison d'origine, vérifiant les antécédents. des cadets ou des fonctionnaires spécialement nommés, gardant des VIP et d'autres questions vitales. Mais quoi que nous soyons, ou quoi que nous fassions, nous *sommes* le Corps !

"Nous sommes très fiers du fait qu'aucun SS n'a jamais trahi sa confiance, même pour sauver sa vie. Notre travail est extrêmement dangereux, mais sans exception, nous sommes tous des hommes dotés de grandes capacités mentales - vifs d'esprit, intelligents, et exceptionnellement habile à se sortir des ennuis. Il grimaça sans joie. "Nous apprenons cela très vite dans ce métier... si nous durons.

"Et pour nous tous, notre travail dangereux, non annoncé et non reconnu publiquement est personnellement très satisfaisant. Nous savons que nous sommes les gardiens de la paix de la Fédération, même si nous ne recevons aucun culte de héros de la part de la population qui ne nous connaît pas. exister."

Hanlon hocha lentement la tête, pensivement. "Une chose me laisse perplexe, papa. Vous et l'amiral Rogers avez tous deux parlé du secret de tout cela, mais j'ai eu la chance de me retirer après en avoir eu connaissance."

Son père sourit. "Plusieurs l'ont fait, au fil des années. Ils ont subi un traitement pour effacer cette connaissance de leur esprit." Il se leva et contourna le bureau où son fils s'était également levé. "Je ne te reverrai peut-être pas avant ton départ, Spence… George, je veux dire," sourit-il tristement, puis s'éclaira. "Mais bonne chance, mon fils, et garde à l'esprit que tu as l'honneur du meilleur corps d'hommes de l'Univers entre tes mains, et essaie toujours d'être digne de cette confiance."

"Je le ferai, monsieur," gravement. "Cela semble presque trop de responsabilités pour un petit comme moi, et j'ai peur. Mais je ferai de mon mieux."

" Allez-y doucement au début. N'essayez pas trop et ne vous mettez pas plus en danger que nécessaire jusqu'à ce que vous appreniez les ficelles du métier, ce que vous ferez, plus rapidement que vous ne le pensez maintenant. Dans cette mission, tous ce que nous demandons, c'est que vous essayiez de nous fournir des pistes sur lesquelles nous pouvons travailler.

"Bien ! Je ne veux pas m'effondrer trop tôt, maintenant. J'ai beaucoup de vie que je veux faire en premier, surtout maintenant que j'ai de nouveau mon père. J'espère bien que nous parviendrons à nous voir. assez souvent."

"Oh, nous le ferons sans aucun doute, sauf lorsque l'un ou l'autre d'entre nous a un long travail. Nous nous reverrons – quelque part – assez souvent."

« À propos de ma mission, papa. Peux-tu me donner de la drogue là-dessus ?

"Vous obtiendrez ce que chacun d'entre nous sait, grâce aux bobines, et les derniers développements de la boîte lorsque vous serez prêt à commencer. Oh, oui, j'ai presque oublié. Le papier que nous utilisons est un plastique digestible, alors faites un repas sur toutes les commandes et communications confidentielles que vous recevez. La boîte contient toujours un ravitaillement pour vos rapports ou demandes d'informations ou d'assistance spécifiques.

« Cela permet d'économiser de l'argent sur les factures de nourriture, hein ?

Son père sourit avec appréciation, puis redevint sérieux. "Assurez-vous d'abord de bien comprendre chaque pas que vous faites, et n'essayez pas de courir avant de savoir comment ramper. Eh bien, bon vol, Spence."

"Des vols sûrs pour toi aussi, papa, toujours. Et je veux que tu saches que je suis si heureux que tous ces horribles malentendus et haines soient dissipés."

« Mon garçon m'a manqué aussi. Mais de « vastes récompenses », vous savez.

Avec des sensations mêlées de grande exaltation et de peur inquiète, le jeune Corpsman en pleine maturité marchait lentement à travers le magnifique parc qui entourait le grand gratte-ciel en acier inoxydable qui abritait les cadets pendant leur période de formation. Ses pensées étaient aussi tordues que l'étaient les sentiers sinueux et les promenades qu'il parcourait sans le voir.

chapitre 3

Alors que Hanlon entrait dans son dortoir, son colocataire leva les yeux de ses études.

« Que voulait le Big Brass Bull, Han ?

"Hein?" Hanlon sortit de son abstraction et sourit. "Rien d'important. Tu seras bientôt debout. Juste à peu près nos premiers devoirs après l'obtention du diplôme." Il réfléchissait rapidement. "... Euh, je reçois une instruction supplémentaire en pilotage et une chance aux commandes."

"Eh bien, j'espère qu'ils me laisseront travailler sur les codes."

Hanlon haussa les épaules. "Ils le feront probablement, Dick. Ils essaient de nous placer là où nous pouvons faire le plus de bien ", a déclaré Rogers. Il prit un livre et s'assit, étudiant apparemment attentivement, et le jeune Trowbridge reprit ses propres leçons.

Hanlon a commencé à pratiquer sa lecture dans les pensées à chaque occasion. Au début, il était sûr qu'il se ferait prendre, mais il se rappela rapidement que, lorsqu'il était enfant, ses victimes ne se doutaient jamais qu'elles étaient mentalement envahies à moins qu'il ne le leur dise ou n'agisse avec négligence en fonction des informations ainsi glanées.

Pourtant, c'était à l'époque sa fierté naïve et enfantine qui l'avait poussé à se vanter de ses capacités auprès de ses camarades de jeu et à le prouver en leur racontant ce qu'il avait appris sur eux. Tout cela, naturellement, lui a causé beaucoup d'ennuis et de nombreuses bagarres, et a causé la perte de tous ses premiers amis d'enfance. C'est pourquoi il avait cessé d'utiliser son talent fou et était si déterminé à ne plus jamais le faire, comme il l'avait d'abord dit à l'amiral Rogers.

Mais maintenant, il réalisait qu'il devait l'utiliser avec toutes les capacités et compétences qu'il pouvait acquérir. Car cette lecture dans les pensées, quoi qu'il puisse faire, était décidément son plat. Les SS seraient sûrs de lui confier tous les emplois où ils pourraient le mieux leur procurer ce dont ils ont besoin — s'il montrait qu'il pouvait produire.

Pourtant, avec son équipement actuel, Hanlon savait qu'il ne pouvait pas faire grand-chose. Comme il l'avait également dit au commandant, il ne pouvait pas lire dans les pensées de qui que ce soit au point d'obtenir des mots précis ou des informations spécifiques. Mais il pouvait obtenir des impressions sensorielles très claires qui l'aidaient à déduire ce que pensait l'autre personne.

Il avait partiellement appris - et maintenant il pratiquait avec toutes ses capacités et avait acquis des connaissances et un intellect pour améliorer et perfectionner la technique - à évaluer l'apparence, les regards, les expressions faciales, les mouvements musculaires, les tensions soudaines de l'autre, etc. Car celles-ci, combinées aux impressions d'humeur et aux bribes de pensées passagères, lui permettaient de savoir presque avec certitude ce que l'autre pensait réellement au moment observé.

Dans la caserne, plus tard dans la soirée, il s'est lancé dans une partie de cartes et s'est concentré sur sa tentative de gagner par cette méthode. Ce n'est pas non plus consciemment qu'il a choisi un jeu à faibles enjeux : il n'aurait tout simplement pas pensé à essayer de gagner de grosses sommes par une telle « tricherie ».

Pendant un certain temps, il a gagné de manière constante et facile. Il ne pouvait pas savoir quelles cartes détenaient ses adversaires, par couleur ou par numéro, mais il pouvait dire sans aucune difficulté si chacun des autres joueurs estimait avoir une main mauvaise, moyenne ou bonne. En jouant son propre jeu en conséquence, ses victoires étaient bien supérieures à ses pertes. Après qu'une heure ou deux de jeu eut prouvé qu'il en était capable et lui eut donné beaucoup de pratique, Hanlon ferma son esprit à leurs impressions. Il jouait désormais ses cartes avec une telle imprudence qu'il perdit bientôt ses gains. Puis il s'est retiré du jeu sous prétexte de devoir étudier.

Le lendemain matin, pendant le premier cours, la porte s'est ouverte et l'amiral Rogers est entré dans la classe.

"'Dix-évitez!" » appela le professeur en se levant d'un bond.

"Comme vous l'étiez. Je veux emprunter un de vos jeunes messieurs pour la journée, Major. Un VIP est en ville et nous voulons lui donner une aide." Il regarda autour de lui, comme pour repérer un candidat probable. « Et le cadet Hanlon ? A-t-il particulièrement besoin de la leçon d'aujourd'hui ?

"Oh, non, monsieur, c'est l'un de nos meilleurs étudiants."

L'amiral Rogers regarda directement Hanlon, qui avait attiré l'attention lorsque son nom avait été mentionné. "Dans mon bureau, en grand uniforme, en vitesse."

"Dégagez, Hanlon", dit l'instructeur, et le cadet s'enfuit en courant.

Dans le bureau de l'amiral Rogers dix minutes plus tard, Hanlon reçut ses instructions. "Rapportez-vous à l'ambassade simonidienne et mettez-vous à la disposition d'Hector Abrams, premier secrétaire du Premier ministre simonidien. Mais d'abord, accrochez-vous à ce truc. Cette épée habillée est un peu inhabituelle : le fourreau est plus rond que le vôtre, mais pas C'est vraiment un blaster ; la gâchette est ici sur la poignée lorsque vous la saisissez. Mettez ces aguillettes d'assistant - les pointes métalliques sont des sifflets de police. Non, " voyant le regard interrogateur de Hanlon, " nous ne nous attendons à aucun problème aujourd'hui. – ce sont juste des routines, car nous aimons être prêts aux urgences. »

Hanlon attacha les cordes tressées à ses pattes d'épaule et ceintura l'épée blaster de vingt pouces de long. L'amiral a appuyé sur un interrupteur sur son bureau et a parlé dans un microphone. "Ma voiture personnelle pour emmener le cadet Hanlon à l'ambassade simonidienne, puis revenir."

À l'ambassade, Hanlon s'est présenté au réceptionniste et a été conduit avec toute la déférence dans l'un des bureaux privés, où il a été présenté à plusieurs hommes, parmi lesquels le secrétaire qu'il devait accompagner.

"J'ai un certain nombre de courses à faire aujourd'hui, mais la première et la plus importante est de poser la première pierre de notre nouveau bâtiment d'ambassade – celui-ci est simplement loué, vous le savez peut-être."

"Je suis entièrement à votre disposition, monsieur", salua Hanlon d'un ton vif, et il suivit le corpus homme d'État alors qu'il quittait le bâtiment.

Ils circulaient dans une voiture découverte avec un chauffeur en uniforme, les autres les suivant dans d'autres voitures. Pendant qu'ils chevauchaient, Hanlon sonda l'esprit de l'homme d'État, mais n'y trouva qu'une tension d'inquiétude, qui, selon lui, était liée au discours à venir, plutôt qu'à une quelconque pensée d'intrigue ou de machination illégale.

À mesure qu'ils pénétraient dans le quartier grec de la ville, leur chevauchée prenait de plus en plus les allures d'un défilé, comme l'on reconnaissait le simonideen.

Hanlon ouvrit grand son esprit et tenta d'analyser les sensations-pensées qu'il recevait de la foule. C'était une question de gaieté et de bonne humeur, et cela lui rappelait la façon dont son esprit d'enfant interprétait les pensées des foules en vacances au cirque, des célébrations du 4 juillet, des pique-niques, etc.

Depuis le moment où il est entré pour la première fois dans l'ambassade, Hanlon avait sondé de toutes ses forces, espérant pouvoir trouver une piste sur ce qui dérangeait le Corps à propos de Simonide, mais il n'avait rien trouvé de sinistre ou de menaçant, et il ne pouvait pas non plus obtenir de telles sensations de la part de la foule.

Mais maintenant, il se concentrait davantage sur l'observation de la foule de plus en plus dense, car la voiture approchait de sa destination. Les bâtiments qui se trouvaient ici étaient tous ornés de drapeaux simonidiens et gréco-terrans, et la population les applaudissait continuellement. Abrams se tenait maintenant à l'arrière de la voiture, reconnaissant en souriant leurs applaudissements en s'inclinant d'un côté et de l'autre.

Hanlon, assis avec raideur au garde-à-vous, gardait néanmoins ses yeux rivés ici et là, surveillant aussi attentivement que possible d'éventuelles manifestations hostiles ou personnages menaçants.

Arrivé sur le chantier, Abrams a été accueilli par de nombreux dignitaires et escorté en grande pompe jusqu'au stand orné de drapeaux, au milieu des acclamations de la foule rassemblée.

Le président de la cérémonie s'est dirigé vers le micro public et a levé les mains pour demander le silence. L'orchestre s'est interrompu au milieu d'un numéro, les acclamations de la foule immense se sont progressivement atténuées et la cérémonie a commencé.

Hanlon, qui avait pris son poste dans un coin de la plate-forme, ne prêtait guère attention à ce qui s'y passait, car cela ne l'intéressait pas et ne comprenait pas grand-chose, même s'il connaissait pas mal de grec. De nouveau, ses yeux étaient continuellement occupés à regarder autour de la grande foule et des environs.

Rien d'important ne s'est produit jusqu'à ce que le président commence à présenter Abrams, puis les chahuteurs dans la foule ont commencé à crier :

« Liberté pour les Grecs de Simonide ! »

« Les empires sont dépassés ; laissons le peuple gouverner ! »

"Des démos pour toujours !"

Ces appels étaient peu nombreux au début, mais les hommes qui les criaient étaient impassibles. Le visage du président est devenu rouge et il a hésité un peu dans son discours, puis a élevé la voix pour tenter d'étouffer les interruptions.

D'autres criaient maintenant, même s'ils n'étaient encore que quelques-uns, mais malgré leurs cris, les cérémonies continuèrent, et Abrams, convenablement présenté, se leva et commença son discours préparé.

Hanlon, plus alerte que jamais, pouvait voir la police locale se frayer un chemin à travers la foule, essayant d'appréhender et de faire taire les chahuteurs. Mais depuis son point d'observation, Hanlon voyait ces derniers se déplacer rapidement d'un endroit à l'autre, en partie pour échapper à la détection, en déduisit-il rapidement, et en partie pour donner l'impression que de plus en plus de personnes se joignaient à la manifestation.

D'un coup d'œil de côté, Hanlon vit que le secrétaire était irrité par la perturbation, et son teint était vif bien qu'il continue courageusement à parler. Le grand public était largement attentif à lui et devait le trouver intéressant, à en juger par ses acclamations fréquentes.

Soudain, d'un côté, il sembla y avoir une démonstration plus déterminée, et Hanlon en détourna le regard, se souvenant des paroles de son instructeur :

« Ne tenez pas compte des diversions spécifiques en un seul endroit ! Laissez la police s'en occuper – vous devez alors surveiller très attentivement les assassins !

Instantanément, il fut plus alerte, scrutant plus attentivement toute la scène devant lui, ses yeux voyageant d'avant en arrière.

Un reflet de soleil réfléchi par un toit voisin leva les yeux, et à ce qu'il vit, d'un mouvement rapide et fluide, il dégaina son épée blaster, visa attentivement et appuya sur la gâchette.

Il y eut un craquement de flammes, et un tireur à moitié caché derrière une cheminée cria, à moitié se leva, puis, son corps carbonisé par la force de cette explosion, tomba du toit dans la rue en contrebas, son fusil tombant près de lui. Hanlon pivota . "Couvrez Abrams!" sa voix résonna d'une manière autoritaire, et lui-même sauta devant le secrétaire tandis que d'autres sur la plate-forme surgirent pour encercler complètement le simonideen et le cacher d'un éventuel danger supplémentaire.

Hanlon leva l'un des sifflets à pampilles et poussa un souffle perçant. Il pouvait maintenant voir plusieurs policiers locaux courir vers la plate-forme et, en quelques instants, Abrams, entouré d'une escorte armée et alerte, fut poussé dans une voiture de police en attente, qui retourna à toute vitesse à l'ambassade.

Le Simonidien était blanc et tremblant, bouleversé par cet épisode.

"Pourquoi?" il n'arrêtait pas de demander, mais personne n'avait de réponse. "Je ne suis pas assez important pour que quiconque veuille tuer", Abrams secoua la tête. "Les habitants de Simonides aiment le statut d'empire. Pourquoi quelqu'un ici sur Terra devrait-il s'y opposer ?"

"Il y a toujours des cinglés dans chaque foule", a déclaré un capitaine de police. "Nous avons des émeutes comme celle-ci presque à chaque fois qu'il y a une cérémonie publique. La plupart d'entre eux sont de simples cinglés - de temps en temps seulement, il y en a un qui sent qu'il a un vrai grief personnel."

"Mais avec autant de participants, celui-ci semblait planifié", objecta Hanlon. "J'étais plus haut et je regardais, et je pouvais voir au moins une douzaine d'hommes crier au début, commençant tous en même temps, même si beaucoup plus s'en sont emparés. Il devait s'agir d'un complot quelconque."

Son esprit s'emballait. Cela faisait-il partie de ce sur quoi il était envoyé à Simonide pour enquêter ? Il avait essayé de sonder l'esprit de la foule, mais il y avait tellement d'émanations de pensées contradictoires, une telle multitude de sensations qu'il n'était pas capable d'isoler une seule humeur ou pensée individuelle.

De retour en sécurité à l'ambassade, Abrams semblait se détendre un peu. Il se tourna maintenant vers Hanlon.

"Mes remerciements très sincères, jeune homme, pour votre rapidité et votre vigilance qui m'ont sauvé la vie. Je vous en serai éternellement reconnaissant."

Hanlon agita la main avec dépréciation. "C'était mon travail, monsieur. Je suis désolé que votre journée ait été gâchée de cette façon."

"Je n'arrive toujours pas à comprendre pourquoi ?" » Le Simonideen dit lentement, et Hanlon, en sondant, pouvait sentir que son esprit était plein de points d'interrogation. "Je ne suis pas si important. Si cela avait été l'empereur" - Hanlon ressentit une impression de loyauté et d'amour pour ce dignitaire - "ou même le ministre" - il perçut ici un sentiment de doute et une certaine aversion - " cela pourrait donner Tout comme je n'arrive pas à comprendre pourquoi j'aurais dû être envoyé ici dans ce but. C'est presque…
» Il resta silencieux, et les investigations de Hanlon ne trouvèrent que perplexité.

"Des noisettes!" le jeune Corpsman se sentait frustré. "Si seulement je pouvais vraiment lire dans les pensées ! Je pense que ce type sait quelque chose que je veux apprendre, mais je n'arrive pas à avoir la moindre idée de ce que c'est."

Mais il continuait d'essayer, et pas seulement avec l'esprit de cet homme qu'il avait été envoyé ici pour garder. Il a contacté tous les autres esprits présents dans la pièce, mais aucun d'entre eux ne semblait avoir la moindre idée du pourquoi de cet événement inattendu. Il y avait surtout des sentiments de colère parce que leur magnifique nouveau bâtiment d'ambassade n'avait pas été correctement inauguré et que leur cérémonie avait été gâchée.

Abrams s'était affalé sur une chaise, et il devint vite évident pour Hanlon qu'il n'avait pas l'intention de s'occuper d'aucune de ses autres courses à l'extérieur ce jour-là.

"Voulez-vous encore de moi , monsieur?" » demanda-t-il finalement après une période considérable d' agitation inquiète . Le Simonidien sortit de sa distraction et se leva.

"Non, je resterai ici au moins pour le reste de la journée. Vous pouvez aussi bien retourner à vos autres tâches. Encore une fois, merci personnellement de m'avoir sauvé la vie, et s'il vous plaît, exprimez mes remerciements au

Corps de vous avoir envoyé. Mais je n'arrive toujours pas à comprendre... »
Il se détourna en marmonnant.

Hanlon salua les autres membres du personnel de l'ambassade et retourna à la base par les glissières, faisant rapport à l'amiral Rogers, à qui il rendit un compte rendu complet et concis de tout ce qui s'était passé.

"Quoi qu'en pensent M. Abrams et la police, je continue de croire que tout a été soigneusement planifié", a-t-il conclu pensivement. "Ce n'était pas qu'un seul homme, car j'en voyais au moins une douzaine. Même si, bien sûr," ajouta-t-il rapidement, "un homme pouvait être derrière tout ça."

"Sans aucun doute", dit l'amiral. « Il y avait une chance que quelque chose comme ça se produise, c'est pourquoi je t'ai choisi pour le poste, en espérant que tu puisses en tirer des pistes.

"Je vous ai dit que je ne pouvais pas lire des pensées ou des informations spécifiques", a déclaré Hanlon. "Si vous et les hauts gradés m'avez choisi pour les SS parce que vous pensiez que je pouvais, vous feriez mieux de m'en libérer. Je ne peux pas du tout travailler dans une foule, car il y a un tel fouillis d'émanations de pensée que je peux" "Je ne peux pas les séparer. Même en travaillant avec un individu , je ne peux que ressentir quelque chose de ses sentiments. Tout comme maintenant," sourit-il sans joie, "vous êtes déçu parce que je n'ai obtenu aucune donnée, et je pense que ma soi-disant lecture des pensées tout cela est faux."

L'amiral faillit sursauter. "Eh bien, je ne le suis pas...", puis il eut l'air surpris et rit. "Par Snyder, je l'étais aussi !" Il redevint sobre. "Mais si vous pouvez faire cela, même si vous ne pouvez pas réellement lire les mots de la pensée, vous pourrez quand même aider , j'en suis sûr. Non, vous continuez à étudier. Je parie que vous le ferez. Je pourrai faire beaucoup plus d'ici peu. »

"Je l'espère bien," Hanlon détacha lentement les aiguellettes et enleva l'épée et la ceinture, les posant sur le coin du grand bureau. Au contact de cette arme, il réalisa soudain ce qu'il en avait fait et frissonna, tandis que son visage devenait blanc et tendu.

"Quel est le problème?" » demanda anxieusement l'amiral.

"J'ai... tué... un... homme", trembla Hanlon.

"Non ! Tu as tué un serpent !" L'amiral Rogers posa son bras sur les épaules du jeune homme pour le réconforter. "Ce n'est pas du tout pareil. Ne te laisse pas déranger."

Hanlon essaya vaillamment de se sortir de sa mauvaise humeur. " Vous avez raison, d'une certaine manière, monsieur, et je vais essayer de voir les choses de cette façon. Quant à la lecture des pensées, je continuerai d'essayer, et j'espère pouvoir prouver que je peux être utile. "

L'amiral lui tapota l'épaule pour l'encourager. "Vous le ferez. Rejetez."

Chapitre 4

Les cadets étaient tous excités à l'idée d'obtenir leur diplôme, maintenant si proche, et la plupart d'entre eux étudiaient à chaque occasion les matières dans lesquelles ils se sentaient déficients. Une telle tension est naturelle avant tout examen final, mais dans leur cas plus encore qu'elle ne l'aurait été dans une école ou une université ordinaire.

Car ce n'est que lorsque les notes finales de ces derniers examens, ainsi que leurs notes pour les cinq années entières, furent affichées, que l'un d'entre eux – à l'exception de Hanlon, bien sûr – saura avec certitude qu'il obtiendrait son diplôme et deviendrait membre permanent de l'Inter. -Corps Stellaire. Et avec quelle intensité chacun d'eux voulait appartenir !

Quatre jours s'étaient écoulés depuis l'entretien fatidique de George Hanlon avec le commandant des cadets et son dénouement inattendu. Il avait du mal à croire, même encore, qu'il était désormais en réalité membre des services secrets inconnus du Corps.

Seule la grande joie intérieure qu'il éprouvait à l'idée de retrouver son père autrefois adoré et le rejet complet de toutes ces haines noires prouvaient que tout cela n'était pas un rêve fantastique.

Hanlon n'avait rien vécu d'inhabituel dans la routine des cadets et devenait de plus en plus nerveux quant à ce qui allait lui arriver. Il frissonnait encore à chaque fois qu'il pensait à cette épreuve redoutée à venir. Et toute cette attente, cette inquiétude, cette question de savoir quand… cela ne rendait pas la vie plus facile. Si seulement ils pouvaient en finir avec ça !

Mais il s'efforçait de se ressaisir du mieux qu'il pouvait, et c'était une mesure de sa stabilité inhérente qu'il ne laissait jamais ses camarades, même son colocataire, voir à quel point il était inquiet.

Le jour était venu pour la première de leurs finales. Hanlon ne s'inquiétait jamais des examens, car il avait toujours été parmi les premiers de sa classe. Maintenant, surtout, puisqu'il était déjà diplômé et lieutenant supérieur, il aurait pu prendre les choses facilement. Mais la fierté de son érudition le rendait soucieux, comme toujours, de faire de son mieux.

Leur premier examen fut l'Histoire, l'un des sujets de prédilection de Hanlon, car il aimait cette histoire de l'humanité, ses hauts et ses bas et sa croissance progressive.

Lorsque les copies d'examen furent distribuées et qu'il nota la première question, il sourit. Si seulement c'était aussi simple.

Hanlon ouvrit son écrit et commença :

« Au milieu du vingtième siècle, les différents gouvernements de la Terre tendaient tous vers un État totalitaire ou un État-providence. De plus en plus de pouvoir était confié au pouvoir exécutif ; de plus en plus de citoyens travaillaient directement pour le gouvernement, ou Les affaires étaient de plus en plus étouffées par un contrôle excessif. Les dettes publiques devenaient un fardeau énorme et les travailleurs disposaient de moins en moins de leurs revenus pour subvenir à leurs besoins vitaux.

"Lorsque l'énergie atomique a été libérée pour la première fois par les États-Unis, sous la forme d'une bombe pendant une guerre, l'armée en a pris le contrôle total. Ni les scientifiques ni les techniciens privés ou industriels n'ont été autorisés à expérimenter les possibilités d'obtenir de l'énergie directement à partir de la fission atomique. .

"En 1958, un jeune homme nommé Travis Burkett, originaire de Californie, fut élu au Congrès des États-Unis. Au cours de ses quatre mandats de membre de la Chambre basse, il devint de plus en plus connu comme le propriétaire de l'un des esprits les plus brillants de la vie publique. En 1966, il fut avancé au Sénat et en devint bientôt le membre principal.

"En 1976 (année prophétique), il s'est présenté à la présidence avec le simple programme de " rendre le pays au peuple ". Ses idées et ses opinions ont tellement enflammé l'esprit et les espoirs des citoyens américains, enrégimentés et écrasés par la croissance cancéreuse. de bureaucratie, que même la plupart des bureaucrates et des secours se sont joints pour l'élire par l'une des plus grandes pluralités jamais sondées.

"Au cours de ses deux mandats, avec l'aide d'un Cabinet composé d'hommes aussi convaincus que lui, il a tenu ses promesses. L'énorme pouvoir de l'Exécutif a été progressivement restitué au Législatif, à qui il appartenait. Inutile, chevauchement, et les bureaux et agences en double ont été réduits au minimum. Seules les personnes réellement dans le besoin ont été soutenues par les fonds publics. Alors que près de 80 % des citoyens travaillaient pour ou étaient soutenus par le gouvernement lorsqu'il a pris ses fonctions, moins de 15 % le faisaient. quand il a pris sa retraite.

"Les restrictions fiscales et l'ingérence gouvernementale dans l'industrie et les affaires ont été réduites, à l'exception de quelques garanties nécessaires des lois sur le salaire minimum et la sécurité maximale. Avec la suppression de ces restrictions et le contrôle de tant de sciences et technologies vitales retirées à l'armée. , les inventions ont connu un essor accéléré.

"Les peuples d'autres pays, motivés par la réalisation de ce qui pouvait être fait, ont organisé des révolutions, heureusement en grande partie sans effusion de sang, et bientôt, en travaillant par l'intermédiaire du Conseil des Nations Unies, un gouvernement mondial uni est devenu une réalité, et Burkett l'un de ses premiers présidents.

"Un Américain nommé John Snyder avait, des années auparavant, mis au point en secret une méthode simple et peu coûteuse pour obtenir une énergie pratiquement illimitée directement à partir de la fission atomique. Il pouvait désormais légalement rendre cela public, et bientôt les foyers, les transports publics et l'industrie utilisèrent son méthode de puissance.

"Snyder attira vers lui un groupe de scientifiques et de techniciens talentueux. Ceux-ci tournèrent désormais leur attention vers les vols spatiaux et l'Homme, l'Insatiable, commença à tendre des mains avides vers les étoiles.

"Ils ont envoyé une fusée robotisée sur la Lune en moins de deux ans. Leur troisième fusée transportait deux scientifiques qui n'ont pas fait le voyage de retour : ils sont restés pour étudier et apprendre. Cinq ans plus tard, le premier vaisseau a atterri sur Mars, et en moins d'une minute. Au cours de la décennie suivante, cette planète a été largement colonisée. Deux ans plus tard, Vénus était également présente. Quinze années supplémentaires ont vu la colonisation de la plupart des lunes des planètes extérieures.

"Car, grâce à de nouvelles techniques et inventions tirées de nombreuses expériences, les lunes et les planètes ont reçu de l'air, de l'eau et de la chaleur selon leurs besoins. Les robots androïdes, développés par Varney, l'un des scientifiques de Snyder, ont grandement aidé dans ce travail, en particulier une jeune androïde. qui était un vrai génie.

"Puis l'Homme a atteint les étoiles... et les planètes de ces soleils lointains. C'est ici que Snyder, aujourd'hui âgé, s'est révélé une fois de plus l'un des plus grands humanitaires ayant jamais vécu. Il a promulgué le règlement qui est toujours en vigueur :

"'L'homme ne doit jamais coloniser une planète ayant des habitants suffisamment intelligents pour faire preuve d'activité et de croissance culturelles'.

"En contrôlant tous les moyens de transport entre les planètes comme il le faisait, parce qu'il détenait tous les brevets de base, Snyder a pu faire respecter cette décision. Pour ce faire, il a organisé la 'Snyder Patrol', qui a ensuite été reprise par les Planètes Fédérées lorsque cette organisation a été formée et est devenue l'actuel Corps Inter-Stellar.

"Aujourd'hui, il existe cinquante-sept planètes colonisées par d'anciens habitants de Tellus ou par leurs descendants de planètes colonisées. Chacune d'elles a sa propre souveraineté et sa forme de gouvernement choisie, mais elles sont unies au sein d'une fédération aux mailles lâches qui n'est qu'un tribunal d'arbitrage pour Affaires interplanétaires. L'ISC est la branche d'enquête et d'application de la Fédération, et non une patrouille gouvernementale ou militaire.

Hanlon avait terminé cette question ainsi que la seconde, qui demandait les dates de la guerre entre les colons de Mars et ceux des satellites joviens. Il reposait ses yeux en regardant momentanément la pièce sans le voir avant de commencer la troisième question, lorsqu'il entendit la voix forte et en colère de l'instructeur en charge.

« Cadet Hanlon, debout, monsieur ! Comment, Monsieur, pensez-vous pouvoir vous en sortir en trichant lors d'un examen final ?

La tête de Hanlon se releva brusquement et son visage devint d'un blanc mort alors que le sang s'en échappait. Il se leva en trébuchant et, conscient des expressions étonnées de ses camarades de classe, leva les yeux vers le professeur.

"Mais... mais je ne comprends pas, monsieur. Je ne trichais pas."

"Ne me mens pas !" la voix était un coup de fouet. "Je vous ai clairement vu regarder le devoir du cadet Fox. L'idée qu'un cadet, si proche de l'obtention de son diplôme, essaie une chose aussi méprisable !"

La perplexité de Hanlon se transformait en colère face à une accusation aussi injuste, quand soudain une pensée le frappa...

C'était ça!

Tricher aux examens signifiait toujours l'expulsion et la disgrâce.

Il avait tout ce qu'il pouvait faire pour ne pas se trahir alors qu'il sondait rapidement l'esprit à la tribune. Il percevait maintenant un sentiment de commisération que les yeux sévères et brûlants de l'instructeur apparemment indigné ne révélaient pas.

Hanlon s'est souvenu des instructions de son père de « jouer gros ». Il se força à lancer un regard noir au professeur, et ses yeux bleus prirent la dureté de la glace glaciale.

"Vous faites une erreur colossale, monsieur," sa voix était plus forte et plus en colère qu'elle n'aurait jamais dû l'être. "Si notre professeur habituel donnait cet examen , il ne lancerait jamais une telle accusation. J'ai dirigé cette classe tout au long de l'école. Et pas en trichant non plus."

"Baissez la voix, Monsieur, et ne répondez pas !" Mais l'analyse mentale de Hanlon recevait désormais l'approbation. "Je t'ai vu tricher, et je sais ce que j'ai vu. Veux-tu démissionner, ou vas-tu me forcer à t'emmener chez le commandant ?"

"Je ne sais pas qui tu es, mais tu es un imbécile !" Hanlon a apparemment perdu tout contrôle de lui-même, et sa voix et son visage rouge montraient la colère qu'il simulait si bien. « Si vous pensez que vous allez m'exclure de cette classe et de mon diplôme, vous êtes un foutu idiot ! Demandez à n'importe lequel de ces gars ici – ils savent tous que je ne suis pas un tricheur.

Mais les cadets, bien que perplexes et consternés, étaient bien trop intelligents pour se mêler à cette bagarre inattendue. Ils étaient tous assis, les yeux baissés mais le visage droit devant eux, les bras croisés sur la poitrine, n'y prenant aucune part.

L'instructeur examinateur, un homme beaucoup plus grand et plus lourd que Hanlon mesurant cinq pieds onze pouces et cent soixante-quinze livres, se précipita hors de la plate-forme. Il a saisi les bras du cadet, mais Hanlon s'est éloigné , puis est revenu et a frappé l'officier.

C'était une mutinerie ! Il était impensable pour un cadet de frapper un officier, quelles que soient les circonstances ou la provocation.

L'enseignant, cependant, a pris le cadet au piège dans une prise de néo-judo qu'aucun néophyte, aussi habile ou fort soit-il, ne pourrait briser. Il traîna Hanlon en difficulté jusqu'à la tribune et, avec son coude, activa l'interphone.

"Demandez au commandant de venir dans la salle 12-B. Un cadet surpris en train de tricher aux examens s'est mutiné."

Tenant toujours Hanlon en colère et en difficulté, l'officier-instructeur a critiqué sa victime pour une telle violation de l'honneur des cadets. Hanlon, quant à lui, hurlait des insultes et des jurons. Il se tordit et se tortilla comme s'il essayait de s'échapper, même s'il s'était vite rendu compte qu'il était maintenant tenu dans une prise lâche bien qu'apparemment valide, qu'il aurait pu facilement briser s'il l'avait voulu.

Pourtant, pendant tout cela, Hanlon recevait de l'esprit de l'officier la nette impression que celui-ci détestait ce qu'il faisait, tout en approuvant la façon dont le nouveau SS jouait son rôle. De plus, Hanlon sentait qu'il était accueilli dans la camaraderie de ces SS inconnus dont il était désormais le frère.

Bientôt, l'amiral Rogers, suivi de deux imposants Space Marines, arriva en courant dans la pièce.

"Que se passe t-il ici?" aboya-t-il.

Rapidement, le professeur réitéra ses accusations, tandis qu'Hanlon hurlait des démentis et des vitupérations à l'encontre de l'imbécile idiot qui osait l'accuser d'une telle trahison.

"J'ai honte de toi, Hanlon !" » dit froidement l'amiral. "Nous avions de grands espoirs pour vous, comme je vous l'ai dit lorsque je vous ai interviewé au sujet de votre mission initiale."

"Alors pourquoi ne m'écoutes-tu pas au lieu de croire sur parole ce serpent visqueux qui se dit instructeur ? Bah ! Il devrait creuser des fossés !"

"Ça fera l'affaire!" Le dégoût se lisait sur le visage de l'amiral alors qu'il faisait signe aux marines, qui sautèrent en avant et attrapèrent les bras de Hanlon, les tordant derrière son dos et les menottant.

"George Hanlon, vous êtes officiellement renvoyé de l'École des Cadets de l'Inter-Stellar Corps !"

cela , l'amiral Rogers arracha tous les symboles d'identification de l'uniforme de Hanlon, puis se tourna de nouveau vers les marines. "Emmenez-le hors de la réserve."

Ils transportèrent Hanlon, toujours en train de crier et de jurer, hors de la pièce, hors du bâtiment, à travers le parc et jusqu'à la porte de la propriété du Corps.

Là, ses menottes ont été retirées et les marines ricanants l'ont jeté littéralement et pas trop doucement dans la rue, où il s'est étalé face contre terre dans une flaque de boue.

Hanlon se redressa, apparemment complètement fou . Il tendit le poing en direction des marines souriants rassemblés juste à l'intérieur de la porte. Il les maudissait couramment avec tous les serments et tous les noms ignobles dont il se souvenait avoir entendu. Naturellement exempt de paroles et de pensées, ces jurons le bâillonnaient presque. Mais il « jouait un bon rôle ».

Ils supportèrent ses insultes pendant un moment, mais quand il commença à devenir trop personnel, quelques-uns d'entre eux se dirigèrent vers lui, leurs rires moqueurs disparus. Pour « améliorer son comportement », Hanlon fit maintenant semblant d'être effrayé, lâche et, accompagné par les railleries des spectateurs civils qui s'étaient rapidement rassemblés pour voir de quoi il s'agissait, il s'enfuit dans la rue de la ville, loin des lieux. Réservation.

A la première occasion, après avoir distancé ses poursuivants, Hanlon se dirigea vers une ruelle. Il courut jusqu'à ce qu'il repère la porte arrière d'un petit café et esquiva à l'intérieur. Là, dans les toilettes, il se nettoyait du mieux qu'il pouvait.

De nouveau quelque peu présentable, il sortit par la porte d'entrée et emprunta les glissières jusqu'à un quartier de la ville où il pouvait acheter de bons vêtements mais pas trop chers.

Désormais habillé discrètement, il a obtenu une chambre d'hôtel, puis s'est rendu à la banque où il a acheté quelques actions, a souscrit une assurance et a loué un coffre-fort.

Chapitre 5

Dans la chambre d'hôtel qui lui avait été assignée, George Hanlon s'est jeté sur le lit et est resté là pendant une heure à examiner cette tournure soudaine et étrange des événements et tout ce qu'elle présageait. Il essaya en vain de chasser de son esprit la consternation étonnée de ses camarades de classe, les ricanements des marines et les railleries des civils présents à la porte, qui avaient vu sa disgrâce. Presque en larmes maintenant, il réalisa enfin que ce n'était qu'un prélude à des années de mépris et de calomnie en tant que paria méprisé.

Finalement, il se calma un peu, puis se leva pour arpenter la pièce, se demandant quel serait le prochain mouvement. La réponse vint presque aussitôt. Un coup frappé à la porte révéla un messager avec un colis pour lui. En l'ouvrant, après le départ de l'homme, Hanlon trouva l'instructeur de sommeil et les bobines. Au-dessus se trouvait une bobine plus petite marquée « N° 1. Écoutez ceci éveillé ».

Il a branché la machine et a mis la bobine. C'était la voix de son père.

"Vous en êtes là, commence maintenant votre véritable travail. Vous devriez être capable de mémoriser le contenu de ces bobines dans deux semaines. En bref, voici ce qu'elles contiennent. Simonide Quatre fut colonisé sous la direction d'un marchand grec qui lui donna C'est son nom. Quatre est la seule planète habitable. La plupart des premiers habitants sous lui étaient de sa nationalité, et la langue actuelle est une excroissance du grec moderne, que vous connaissez un peu. Il existe maintenant, bien sûr, de nombreuses variantes et de nouvelles des mots, des termes propres à leur culture grandissante et évolutive. Les bobines donnent tout cela plus pleinement.

"La dernière bobine raconte leur histoire, leur géographie et leur situation économique à ce jour. En outre, des détails sur leurs différentes grandes villes, en particulier la Nouvelle Athènes, leur capitale. Nous pensons que vous trouverez dans cette ville le meilleur endroit pour commencer vos enquêtes. Lorsque vous aurez ces rouleaux mémorisés, allez à la banque, récupérez vos dernières instructions dans la boîte, et votre argent pour le voyage.

"En ce qui concerne le problème, encore une fois, brièvement, le voici : au cours de la dernière année, les agents de la Fédération ont détecté un mouvement là-bas, mais n'ont pas été capables de l'interpréter. Quoi qu'il en soit, c'est très, très secret - les agents peuvent" Ils ne savent même pas si c'est politique, religieux ou simplement social. En outre, ils ont découvert que de nombreux hommes importants, ainsi que des dizaines, voire des centaines, d'hommes de moindre importance ont mystérieusement disparu. Fédération.

" Enfin, les services secrets ont été appelés. Nous avons envoyé d'abord un homme, puis un deuxième. Ils ont essayé d'"ennuyer de l'intérieur" en rejoignant le mouvement, quel qu'il soit. Mais ils n'ont même pas réussi à démarrer - ils" Je l'ai frappé et j'ai rebondi. Le second est toujours là, toujours en train d'essayer.

"En fait, nous n'avons aucune preuve, simplement une sorte d'"intuition", ou de pressentiment, d'un complot contre la paix et le bien-être des planètes fédérées. Il n'y a peut-être rien de mal du tout, mais nous n'en avons pas." "Je n'aime pas prendre des risques. Grâce à votre capacité à lire dans les pensées, vous pourrez peut-être le découvrir. Nous l'espérons."

Hanlon crut que le message était terminé, mais la voix recommença. " On m'a dit que vous aviez très bien surmonté votre scène de disgrâce. Je sais exactement ce que vous ressentez sans aucun doute en ce moment, Spence – à quel point vous avez le cœur malade – et j'aimerais seulement qu'il y ait un moyen de soulager votre douleur. Mais cela passera.

"Bonne chance, mon fils, et bons vols. Prends soin de toi. Nous sommes tous derrière toi, et par les moyens détournés dont tu sais que tu peux faire appel à l'un ou à tous d'entre nous en cas de besoin. Ces bobines sont toutes solubles dans l'eau, alors dissolvez-les. mettez-les dans le lavabo et jetez-les dans les égouts dès que vous en avez fini avec chacun. »

Pendant les deux semaines suivantes, Hanlon resta assez près de sa chambre, étudiant le jour à partir de livres obtenus à la bibliothèque les choses qu'il apprenait la nuit grâce à l'instructeur du sommeil.

Le soir du jour de remise des diplômes, il était assis misérablement devant un écran vidéo dans sa chambre, regardant la retransmission de la cérémonie majestueuse à laquelle il aurait participé sans sa décision de rejoindre les services secrets.

Depuis toutes ces années, il avait voulu faire partie du Corps Inter-Stellar ; tous les espoirs et les projets qu'il avait faits au cours de ses cinq longues années à l'école des cadets ; toute la fierté palpitante qu'il avait connue de faire partie de la plus grande organisation de l'Univers gonfla en lui et l'étouffa.

Quand, enfin, la classe se leva pour prêter le serment d'allégeance, Hanlon se retrouva debout, au garde-à-vous, répétant à haute voix l'impressionnant rituel avec eux.

Maintenant, pour la première fois, malgré sa décision et son diplôme privé, il se sentait véritablement un élément essentiel du Corps.

Le lendemain, dans la rue, alors qu'il se rendait à la bibliothèque, Hanlon a rencontré par hasard un petit groupe de ses anciens camarades de classe, désormais vêtus de leurs tout nouveaux uniformes bleu ciel et cramoisi, leurs nouvelles barrettes de lieutenant subalterne brillaient de mille feux.

"Salut les gars !" il les salua, mais fut accueilli par des regards silencieux de mépris.

"Oh, écoutez, les gars, vous savez que j'ai été piégé", Hanlon s'est planté devant eux et a eu l'air blessé, ce n'était pas non plus un effort. Cela a vraiment touché profondément. Mais il devait « jouer le jeu » ; il fallait leur faire croire que sa disgrâce était réelle.

"Vous savez que je ne ferais jamais une chose pareille", a-t-il poursuivi d'un ton plaintif. "Je n'ai pas triché, je n'en avais pas besoin. Je sais que j'ai perdu la tête quand il m'a accusé, mais n'importe qui ferait ça."

"Vous voulez dire que vous n'avez jamais été surpris en train de tricher auparavant", ricana Trowbridge. "Vous m'avez certainement... nous... tous trompés. Maintenant, foncez, sinon..." Il serra les poings et fit un pas vers Hanlon.

Ce dernier jouait encore de sa corde, mais son cœur était malade. Il aimait ces gars-là : ils étaient parmi ses meilleurs amis depuis cinq longues et heureuses années. Ce n'est que maintenant qu'il commençait vraiment à réaliser quel prix énorme il payait... et qu'il devrait payer toute sa vie.

Il entra et balança… et fut instantanément la cible de poings volants. Il a été renversé à plusieurs reprises, mais a toujours réussi à se relever. Il avait été bien entraîné aux combats de tous types – et maintenant il mettait toutes ses connaissances et compétences en pratique – mais uniquement pour se défendre et faire semblant d'attaquer.

Malgré tout, il était gravement malmené, car ils étaient tout aussi bien entraînés – et ils étaient cinq contre un. Ses vêtements étaient sales et déchirés par les chutes, et un bouton de son manteau était arraché. Ses jointures étaient écorchées et il pouvait sentir que son visage devenait une masse de bleus. Un coup dur du gauche lui toucha la bouche, et il cracha une dent cassée.

"'Dix-évitez!" » une voix autoritaire s'est soudainement fait entendre.

Instantanément, les cinq membres du Corps d'armée reculèrent et, la formation qu'il avait reçue étant si enracinée, Hanlon fit de même, pour venir saluer lorsqu'ils virent un grand amiral sortir d'une cabine terrestre au bord du trottoir.

Hanlon, réalisant instantanément qu'il n'était pas en uniforme et qu'il était censé être un membre du Corps d'armée démobilisé, laissa rapidement tomber son salut et s'affala de manière truculente.

"Que se passe t-il ici!" » demanda froidement l'officier.

"Cet homme est un cadet en disgrâce, monsieur. Il a triché aux examens finaux", a expliqué l'un d'eux. "Il a essayé de nous parler."

"C'est un mauvais mensonge !" » râla Hanlon. "J'ai été piégé. Le Corps. Paugh!" » cracha-t-il avec un semblant de dégoût. "Je sors d'ici aussi vite que possible, et aussi loin que possible. J'irai à Andromeda Seven si je peux récolter suffisamment de crédits !"

Lui seul a apparemment vu les yeux de l'amiral s'écarquiller légèrement à ce mot de code. L'officier fit face aux nouveaux lieutenants avec sévérité.

"Un Corpsman est censé être capable de gérer cinq civils, et non cinq Corpsmen contre un. Si cet homme est un cadet en disgrâce, vous avez le droit de ressentir ce que vous ressentez à son égard. Mais laissez-le tranquille, les années lui apporteront plus. chagrin et douleur que vous ne pouvez le faire avec vos poings. Et vous, mon ami, "se tournant vers Hanlon. "Ne pense pas que j'interviens juste pour sauver ta peau sans valeur," son ton était celui du plus grand mépris. "Je ne veux tout simplement pas que les Corpsmen se battent dans la rue. Renvoyez-les."

Les cinq saluèrent vivement et s'éloignèrent. L'amiral fit un bref clin d'œil respectueux à Hanlon avant de réintégrer son taxi.

Mais alors que le jeune homme se précipitait vers son hôtel pour faire le ménage, il avait le cœur brisé, se souvenant des nombreux mois de compagnie agréable avec ces garçons. Surtout Dick Trowbridge, qui avait été son colocataire et ami spécial tout au long de son école de cadets, et qui aujourd'hui avait semblé particulièrement dégoûté et vicieux dans ce combat.

Abandonner tout ce qui avait rendu la vie si heureuse et si merveilleuse était plus qu'un homme ne pouvait supporter, couraient ses pensées amères. Quel idiot il avait été de se laisser convaincre d'accepter cela. Où étaient toutes ces « vastes récompenses » dont son père et l'amiral Rogers avaient parlé avec tant d'éloquence ? Comment pourrait-il compenser la perte du respect et de l'amitié de tous ceux qu'il avait connus ?

Cependant, il devait admettre, même si c'était encore douteux, que papa avait vécu cela au point d'abandonner son fils, et ces dernières semaines avec sa femme adorée, et pourtant il semblait maintenant satisfait et content. Peut-être... peut-être qu'il y avait quelque chose derrière tout cela, le temps le prouverait. Mais c'était quand même très difficile à supporter.

Et ce mal de dents lancinant n'aidait pas non plus ses sentiments. Le nerf exposé dans cette dent cassée lui faisait mal comme des flammes. Il ferait mieux de le réparer avant que cela ne le rende fou.

Il a commencé à sortir, puis s'est arrêté en réalisant qu'il n'avait pas d'argent pour payer un dentiste pour l'extraction et un pont.

"Que dois-je faire dans un cas comme celui-ci ?" se demanda-t-il. "Est-il éthique, dans une affaire aussi purement personnelle, d'utiliser les fonds du Corps ? Papa n'a pas mentionné des choses de ce genre. D'un autre côté, il a dit que nous recevions nos salaires et nos dépenses de cette façon. D'ailleurs, on pourrait dire que j'ai perdu le pouvoir. dent dans l'exercice de ses fonctions, et le Corps devrait le remplacer.

Il a continué, a trouvé un dentiste et a fait faire le travail. Il n'a plus jamais eu non plus de doute quant à la nécessité de dépenser l'argent du Corps pour des choses dont il avait réellement besoin... mais il n'a jamais non plus dépensé pour des plaisirs purement personnels ou des conforts supplémentaires, sauf parce qu'il en avait besoin pour jouer à la hauteur de la position qu'il occupait. dans l'exécution de ses différentes missions.

Le soir, cependant, il était toujours avec ce sentiment étouffé d'apitoiement sur lui-même à propos de sa dispute avec les camarades, et cela persistait même après qu'il se soit couché. À l'ombre de Snyder, ce n'était pas juste d'imposer une chose pareille à un simple enfant.

Ce n'est qu'après quelques heures d'insomnie qu'il se souvint qu'il n'avait pas allumé l'instructeur de sommeil. À moitié rebelle, il se leva néanmoins et le fit... et ce petit acte lui brisa l'humeur. Il s'est endormi presque immédiatement après être retourné au lit.

Au bout de deux semaines, Hanlon estimait qu'il connaissait suffisamment bien la langue simonidienne et ses coutumes pour commencer à travailler. Il se rend à la banque et, sournoisement, à la boîte 1044.

Triant une épaisse liasse d'enveloppes, il en trouva une avec son nom dessus. Il l'apporta à l'une des cabines, dont il verrouilla la porte de l'intérieur, assurant ainsi une couverture complète.

Tandis qu'il lisait, le contexte de la situation de cette autre planète lui traversa l'esprit. Grâce à sa connaissance de l'histoire politique de la Fédération, il savait qu'il existait un accord absolu selon lequel chaque planète pouvait choisir sa propre forme de gouvernement. La plupart d'entre eux ont choisi la forme démocratique, mais certains ont adopté une forme d'État fasciste. Un ou deux – les plus avancés – avaient même un État anarchique, avec un minimum de lois et de gouvernement.

Simonide était, environ un siècle plus tôt, revenu au statut d'empire, la seule planète de la Fédération à le faire. Elle avait été colonisée à l'origine en tant que république mondiale, mais s'était ensuite divisée en cinq pays indépendants, les différentes sections étant devenues plus peuplées de personnes d'origines nationales autres que grecques. Ces cinq pays avaient finalement été regroupés, après un coup d'État spectaculaire, en un empire.

Puis est venue la conviction du Corps que quelque chose se préparait là-bas qui affecterait la paix de la Fédération, et l'échec de leurs agents jusqu'à présent à le découvrir.

Les ordres du SSM Hanlon étaient désormais de prendre le bateau vers Simonides Quatre et de chercher à apprendre le plus rapidement possible tout ce qu'il pouvait sur ces conditions supposées. S'il avait une idée de qui ou quel groupe était derrière ce mouvement, il devait tenter de s'y joindre et de découvrir ce secret afin qu'il puisse être rapporté.

Avec de telles informations en leur possession, le Corps saurait si cela était contraire à la paix et à la sécurité de la Fédération et prendrait les mesures nécessaires.

Ses instructions se terminaient par : "Le coût d'un billet en première classe pour Simonides est de sept cent cinquante crédits, vous devez donc en tirer suffisamment pour en avoir au moins mille cinq cents, pour toutes les dépenses nécessaires. Prenez le ' *Hellene* ' qui quitte le port spatial de Centropolis vendredi de ce semaine. Nous avons de bonnes raisons de croire que certaines personnes intéressantes seront à bord de ce navire.

L'esprit de Hanlon s'emballait. De toute évidence, quelqu'un voulait qu'il voie quelles impressions ou preuves il pourrait recueillir auprès de ces personnes suspectes. Il grimaça en réalisant que les SS lui avaient laissé le soin de découvrir qui étaient ces « personnes intéressantes ». Peut-être considéraient-ils cela comme une sorte de test.

Mais il fut ravi de prendre soudain conscience à quel point les SS étaient une organisation merveilleusement efficace et compétente, à quel point elle surveillait attentivement tous ses membres et les aidait de toutes les manières possibles.

Il a « dîné » sur les feuilles de plastique comestibles, puis a quitté le coffre-fort. Il a organisé son billet et ses réservations auprès de l'agence de voyages de la banque, puis est retourné à son hôtel pour faire ses valises.

Chapitre 6

C'est ainsi que tôt vendredi matin, George Hanlon, toujours habillé en civil, bien sûr, arriva au grand paquebot qui devait l'emmener au loin Simonides. Il était enthousiasmé par l'idée d'entreprendre un tel voyage, car il aimait les profondeurs de l'espace, dont l'immensité et le mystère insondable lui procuraient un sentiment de grandeur.

Pourtant, il n'était jamais allé bien loin du système solaire. Ce dernier n'était pas nécessaire lors de ses croisières d'entraînement, puisque tous les détails du travail d'un pilote – la branche du Service dans laquelle il avait espéré entrer – étaient les mêmes pour les voyages interplanétaires et interstellaires. C'était le travail du navigateur qui était le plus dur et le plus compliqué lors des voyages plus longs et plus rapides vers des destinations invisibles au décollage.

Cet « *Hellène* » sur lequel il devait monter avait environ soixante-cinq pieds de diamètre et environ trois fois plus de longueur. Les constructeurs et les ingénieurs reconnaissaient que la propulsion n'était en aucun cas la meilleure. Ils expérimentaient toujours et espéraient voyager beaucoup plus rapidement. Pourtant, ils s'en sont plutôt bien sortis.

Ils disposaient d'une certaine mesure anti-gravité pour aider à soulever le vaisseau d'une planète. Environ 22%, se souvient Hanlon. Ils devaient encore utiliser des fusées à proximité d'une planète, mais ces fusées actuelles étaient bien loin des premières fusées rudimentaires avec lesquelles Snyder et ses hommes avaient envoyé les premiers vaisseaux sur la Lune et les planètes. Ceux-ci pourraient fournir une poussée bien plus puissante que les premiers.

Sur de longues distances, ils utilisaient un type de « déformation » qui faisait « sauter » le navire le long des lignes de force qui imprègnent tout l'espace. Hanlon n'avait jamais vraiment compris comment cela était fait, en particulier la technique des moteurs qui rendait cela possible. Il s'agissait de « choses avancées » que les cadets n'apprenaient pas dans leurs cours réguliers – c'était un travail de troisième cycle pour ceux qui devaient devenir maîtres en ingénierie.

Alors qu'il montait l'escalier roulant menant au navire, Hanlon fut accueilli à l'écluse extérieure par un steward qui le conduisit vers le niveau où se trouvait sa cabine.

C'était la première fois que Hanlon montait à bord d'un de ces paquebots de luxe – comme les tapis à poils épais, les murs des couloirs magnifiquement décorés de fresques, les meubles profondément rembourrés étaient différents de la simplicité utilitaire des navires de guerre du Corps sur lesquels il avait effectué ses croisières d'entraînement.

"Comme vous le savez peut-être, monsieur," dit l'intendant tandis qu'ils marchaient, "il n'y a ni nuit ni jour dans l'espace, mais nous utilisons le temps Terrien sur le vaisseau, et les lumières sont allumées et éteintes pour se conformer au jour normal des Terriens. Le petit-déjeuner est servi de sept à neuf heures, le déjeuner de midi à quatorze et le dîner de dix-huit à vingt et un.

"Merci." Une note de crédit changeait de main en main – les pourboires étaient toujours à la mode. L'intendant obséquieux lui donna d'autres indications pour trouver les salles de jeux et de loisirs, ainsi que d'autres points d'intérêt à bord.

Hanlon a défait ses bagages et a rangé ses bagages dans les placards compacts puis, après avoir entendu le premier et le deuxième avertissement, il s'est précipité vers le bureau d'observation pour assister au décollage. Il l'avait à peine atteint et était attaché au fauteuil d'accélération tourné vers le long et étroit port en quartzite, lorsque les sirènes de décollage commencèrent à hurler leur troisième et dernier avertissement.

Les communicateurs intra-navire hurlèrent : « Tous les passagers et le personnel sont attachés. Cinq minutes avant le décollage… quatre minutes… trois… deux… un… trente secondes… quinze… dix... cinq, quatre, trois, deux, un, BLAST !"

À travers la coque isolée, on entendait vaguement ce que Hanlon savait être un formidable rugissement sonore crescendo, et il fut poussé profondément dans les coussins à ressorts résilients de sa chaise. Une bande de constriction semblait être serrée sur sa poitrine, tandis qu'en même temps il y avait un curieux sentiment qu'il devrait peser moins mais il ne le fit pas. C'était la sensation particulière que procurait toujours la combinaison de l'anti-gravité et de la poussée des bascules.

Par expérience, il savait réguler sa respiration et laisser ses muscles et ses nerfs se détendre autant que possible, de sorte que pour lui il n'y avait qu'un bref moment d'inconfort. Il a alors pu observer la scène se déroulant devant et en dessous de lui.

Le sol et cette éclaboussure de flammes presque intolérables disparurent rapidement et en quelques minutes, la scène s'étendit jusqu'à ce qu'il puisse voir des centaines de kilomètres carrés de ville, de campagne et d'océan. Bientôt, il put apercevoir les montagnes lointaines ; mais peu à peu la scène prit une pénombre de détails qui persista jusqu'à ce qu'ils soient très loin de l'atmosphère. Ensuite, les grandes masses continentales sont devenues visibles dans leur ensemble, mais sans que de moindres détails soient apparents.

Deux heures et demie plus tard, ils dépassèrent la Lune et commencèrent à atteindre la vitesse fulgurante qui leur permettrait de traverser les profondeurs interstellaires en quelques jours seulement. Et tandis que Luna se réduisait à une petite sphère derrière eux, Hanlon sentit l'accélération devenir constante, alors il se détacha et se releva. Il s'étira énormément pour soulager la sensation de crampe dans ses muscles, puis se tourna pour observer les autres passagers.

Il remarqua plusieurs hommes en uniforme du Corps et espéra qu'aucun d'entre eux ne le connaissait – ou si c'était le cas, il aurait la gentillesse de ne pas faire connaître sa disgrâce. Cela rendrait le voyage inconfortable, solitaire et improductif, car il vaudrait alors mieux qu'il passe la plupart de son temps dans sa cabine. Il pensa à ces « personnes intéressantes » dont on lui avait parlé… quoi que cette astuce puisse signifier.

Car George Hanlon, le plus jeune homme à avoir été affecté aux services secrets du Corps interstellaire - même s'il ne l'a su que plus tard - avait en lui ce qui plaçait les questions de devoir au premier plan de son esprit à tout moment.

Habitué pendant près de la moitié de sa vie à la tâche consciente de garder son talent de lecture des pensées caché et inutilisé, il savait maintenant qu'il devait y travailler continuellement pour l'amener à son plus haut niveau d'efficacité possible. Ce n'est qu'en connaissant ainsi toutes les facettes de ses capacités qu'il pourrait faire ce qui devait être fait dans sa nouvelle tâche.

Il se rassit et ferma les yeux afin de mieux étudier ce problème sans que des éléments extérieurs et superflus n'interfèrent. Il devint impressionné et un peu effrayé lorsqu'il réalisa pleinement le poids de ses nouveaux devoirs et responsabilités, même s'il avait vécu cela plusieurs fois auparavant. D'une manière ou d'une autre, le fait qu'il soit à bord du navire alors qu'il se rendait à son travail réel semblait rendre cette terrible responsabilité plus lourde .

Pourquoi devait-il être chargé d'un tel fardeau qu'ils lui avaient attaché ? De toute façon, à quoi pensaient les hauts gradés du Corps, pour en faire autant à un enfant inexpérimenté qui venait tout juste de sortir de l'école ?

Finalement, il commença à moins penser à son propre fardeau et à se concentrer sur ce qu'il pouvait assimiler mentalement. Il garda les yeux fermés, mais ouvrit grand son esprit et laissa le flot de pensées-impressions circuler sans entrave.

Il y avait beaucoup de rires et de gaieté enjouée chez lui, comme c'était naturel sur un paquebot aussi luxueux. Il y avait aussi une certaine peur de l'espace et du vide ; une véritable maladie due à la peur spatiale. Il y avait de nombreux courants mentaux sous-jacents, et dans un ou deux cas, il crut déceler de vagues allusions à de sinistres intrigues, mais il ne fut jamais tout à fait capable de les isoler, ni de les mettre en évidence plus distinctement. De toute évidence, les hommes – ou les femmes – qui avaient de telles pensées étaient capables de fermer leur esprit dans une certaine mesure – ou bien il était trop rouillé en lecture. Il se rendit également compte qu'ils ne pensaient peut-être pas à une telle chose - il se souvenait d'une fois, lorsqu'il était enfant, il avait cru avoir eu une telle pensée, puis il s'aperçut plus tard que c'était simplement un voisin qui lisait une histoire avec une intrigue sinistre.

La lecture dans les pensées, se dit-il, était le domaine dans lequel il serait chargé de travailler. Le Corps et les SS seraient sûrs de lui confier toutes les tâches là où d'autres agents avaient échoué, tout comme ils l'avaient fait dans ce cas, dans l'espoir qu'il puisse leur fournir un premier point de contact. C'était donc à lui de se mettre au travail et d'apprendre à mieux le faire.

L'appel pour le déjeuner le trouva toujours en train d'étudier, mais il avait faim et descendit manger. De toute façon, il pourrait travailler aussi bien là-bas que sur la plate-forme d'observation.

En entrant dans la salle à manger, le maître d'hôtel lui assigna une table presque au centre de la grande salle décorée avec goût. Pendant quelques instants, il s'occupa d'étudier le menu, et après avoir commandé, il leva de nouveau les yeux vers ses camarades de table.

Il avait été présenté à cette matrone et à son fils qui semblait avoir à peu près son âge. Il l'interrogea brièvement, la trouvant un bon type mais un peu trop impressionné par sa propre importance – une nouvelle riche, devina-t-il. Le garçon qu'il n'aimait pas à première vue – il semblait être un gamin égoïste et choyé.

Alors il les oublia et se concentra sur le fait de laisser son esprit vagabonder dans la grande salle, cherchant des informations et essayant d'affiner et de développer sa capacité à lire dans les pensées. Il lui semblait que ce dernier s'améliorait dans une certaine mesure… mais il réalisait que cela pouvait aussi bien être la réalisation d'un souhait que la réalité.

Après le déjeuner, il retourna à la plate-forme d'observation et là, alors que la longue après-midi s'écoulait lentement, il s'assit sur sa chaise longue, les yeux fermés, l'esprit grand ouvert.

Plusieurs fois, il capta une impression-pensée plus distinctement que la course générale et se concentra pour essayer de la retracer mentalement ; pour le lire plus clairement et plus minutieusement. Mais comme il n'avait pas beaucoup de succès, cela commençait à l'énerver... et cela le mettait encore plus en colère.

"Continuez ainsi et n'espérez pas de miracles", se réprimanda-t-il. "Bien sûr, vous avez quelque chose, mais n'importe quelle capacité mentale ou musculaire a besoin d'entraînement et de pratique pour arriver à quelque chose !"

Après le dîner du premier soir, Hanlon se rendit à la salle de récréation. Il y avait des dizaines de tables où les gens jouaient à divers jeux. Il vit qu'autour de beaucoup d'autres personnes se tenaient debout, regardant la pièce, et comprit par là que la coutume sociale à bord du navire ne désapprouvait pas un kibitzing aussi silencieux.

Il erra donc jusqu'à ce qu'il trouve une table où quatre hommes jouaient au stud poker. Il se tenait là, regardant le match, mais se concentrant sur l'esprit de l'homme en face de lui, vérifiant ses impressions mentales par rapport aux victoires et aux défaites de l'homme.

Il ne pouvait à aucun moment lire dans l'esprit de l'homme quelle était sa "carte fermée", a-t-il découvert. Mais il pouvait très facilement deviner dans l'esprit du joueur si celui-ci le considérait comme un bon, un très mauvais ou seulement un gagnant possible. En regardant la pièce ainsi qu'en étudiant les sentiments de l'homme, les mouvements du visage et les contractions ou tensions musculaires , Hanlon fut bientôt en mesure de faire des prédictions remarquablement précises quant à ce qu'était la carte. En vérifiant ses déductions avec la carte lorsqu'elle lui était présentée, il s'aperçut qu'il se rapprochait progressivement d'un score parfait de « lecture ».

Le lendemain, Hanlon était de nouveau assis la plupart du temps dans le salon, les yeux fermés, laissant son esprit s'imprégner de toutes les impressions et vibrations qu'il pouvait. Quand l'une d'elles semblait particulièrement forte, il essayait de la suivre et de la localiser – avec son esprit, pas ses yeux – et de lire toute la pensée.

Surtout, il retrouvait l'excitation et le plaisir. Presque tout le monde à bord semblait passer un bon moment et profiter au maximum du voyage. C'était ce à quoi on pouvait s'attendre : une foule de vacances gaie et insouciante.

Pourtant, il y avait, parfois capté, ce sinistre courant sous-jacent qui l'avait tant intrigué depuis qu'il l'avait ressenti pour la première fois la veille. Ce n'était à aucun moment important, ni continu... plutôt comme si seulement un ou deux esprits détenaient la pensée, et ceux qui n'étaient pas tout le temps dans le salon, mais erraient dedans et dehors.

Il essaya d'analyser le ressenti de ces pensées. Ils étaient malveillants – il l'avait senti dès le début. Et finalement, plus tard dans l'après-midi, la ou les personnes qui y pensaient passèrent manifestement du temps près de lui dans le salon, car le sentiment devint beaucoup plus clair pour le SS.

Hanlon gardait toujours les yeux fermés. Il ne fit aucun effort à ce moment-là pour tenter d'identifier qui émettait ces sensations menaçantes. Cela viendrait plus tard. Pour le moment, il était plus intéressé à essayer de comprendre exactement ce que signifiaient ces sinistres impressions.

Et peu à peu, son esprit fut forcé de conclure que cela ne pouvait signifier qu'une seule chose : un meurtre.

Hanlon consacrait presque tout son esprit à ce problème lorsqu'une autre impression mentale fit irruption et devint plus forte, exigeant davantage son attention.

C'était un sentiment d'inquiétude sympathique, mais aussi de défiance et d'excuse. Il le sentait se renforcer, comme s'approcher de lui, se diriger vers lui.

Pour le moment, il cessa de s'inquiéter de l'autre sujet et observa cette nouvelle pensée.

À l'instant même, il devenait plus fort et plus proche. Il le savait, d'une manière ou d'une autre. Il dirigea son attention vers ce qu'il croyait être sa source, mais sans rien faire, à moitié en colère contre cela pour avoir interrompu ses pensées les plus importantes. C'était devant lui… et soudain, comme un faisceau de lumière blanche et brillante, son esprit s'étendit et toucha directement celui qui contenait cette pensée.

Je l'ai touché… c'était instantanément, incroyablement, *dans* cet esprit !

Il était capable, en fait, de *lire* les pensées superficielles !

Clairement, distinctement, comme s'il s'agissait de son propre esprit, Hanlon savait qu'il ne faisait qu'un avec un steward, qui l'avait remarqué assis là toute la journée et la veille, les yeux fermés et le visage tendu. (Ses efforts de concentration devaient être trop apparents – il devrait apprendre à s'en méfier ; à garder son visage plus impassible.)

Maintenant, l'intendant venait voir s'il était malade. Et à cet instant, une voix douce et désolée parla devant lui – prononça des mots qu'il avait déjà lus dans cet esprit.

« Je vous demande pardon, M. Hanlon, monsieur, mais est-ce que quelque chose ne va pas ? »

Il ouvrit paresseusement les yeux et laissa un sourire éclater en voyant le visage soucieux du préposé en blouse blanche.

"Moi ? Pas vraiment. Juste un peu nauséeux , mais je me sens mieux tout le temps."

"Je suis content. Mais n'oubliez pas d'appeler si je peux vous être utile."

"Merci, je le ferai." Hanlon fouilla dans sa poche et glissa une note de crédit dans la main de l'homme.

Et alors que l'intendant s'éloignait, l'esprit de Hanlon tournoyait instantanément avec cette capacité nouvellement découverte. Il était étonné et ravi, bien sûr… mais un peu perturbé aussi.

"En fait, j'étais dans l'esprit du gars !" pensa-t-il avec étonnement. "C'est nouveau ! Je n'ai jamais pu faire ça auparavant. J'ai vraiment lu ses pensées ! Je dois en savoir plus à ce sujet. Voyons, maintenant, comment j'ai fait ?"

Chapitre 7

George Hanlon jeta un coup d'œil autour de la terrasse d'observation et aperçut à quelque distance le jeune homme qui était assis à la même table à manger. Hanlon sourit un peu et dirigea son esprit dans cette direction.

Au meilleur de sa mémoire, il s'est concentré sur la même chose qu'il avait faite lorsqu'il était entré dans l'esprit du steward. Pendant de longues minutes anxieuses, il essaya. Il se sentait tendu et la tension faisait battre son cœur. Finalement, il se laissa tomber sur sa chaise.

"L'autre était juste un hasard, je suppose," il fronça les sourcils de frustration et de dégoût envers lui-même. "Je n'arrête pas de penser que je vais bien, alors *cheminette* !" Il tourna à nouveau son esprit vers le garçon… et se retrouva soudainement dans l'esprit d'une autre personne.

C'était une sensation étrange, étrange… d'avoir deux séries de pensées en même temps. De plus, Hanlon avait un peu l'impression d'être un intrus dans un temple interdit. Pourtant, il a persévéré, essayant de voir s'il pouvait y lire quelque chose… et a été déçu de constater qu'il ne pouvait parcourir et comprendre que les pensées fugaces de surface.

De toutes ses forces, de toutes les manières possibles, il essaya de sonder en profondeur ces concepts de pensée éphémères, mais ne parvint à obtenir aucune information sur le passé ou les connaissances du jeune homme. Seules des pensées creuses et égocentriques qui coulaient vainement dans l'esprit du jeune étaient à sa disposition.

Il se demandait s'il pouvait influencer l'autre pour qu'il fasse quelque chose. S'il pouvait contrôler l'esprit d'autrui, même un peu, cela l'aiderait vraiment dans son travail. Alors il essaya maintenant toutes les méthodes que son esprit agile pouvait imaginer pour amener l'individu à ramasser le livre qui se trouvait à côté de sa chaise. Il s'y est concentré, il a insisté, il l'a voulu. Mais en vain : il ne pouvait faire aucune impression.

Hanlon a retiré son esprit. "Je n'ai aucun contrôle", pensa-t-il. "Je ne peux en aucun cas contrôler son esprit. Je ne peux pas non plus lire son passé ; juste ses pensées présentes. Ce n'est pas trop mal, même si j'espérais avoir enfin décroché le jackpot."

Après une réflexion plus approfondie, la pensée m'est venue : « Peut-être que je peux faire mieux avec quelqu'un d'autre. »

Pendant le reste de la journée, il a continué à essayer de lire dans les pensées des autres passagers, mais a trouvé les mêmes résultats dans chaque cas. Il a cependant développé la technique permettant de faire une entrée beaucoup plus rapide dans un esprit – il pouvait faire cette lecture plus rapidement, tout en sachant qu'il avait raison.

"Je comprends maintenant. Je dois aborder cela de manière détendue, pas tout tendu comme je l'étais au début", réalisa-t-il finalement.

Mais quand il s'agissait de sonder et de lire l'esprit tout entier, ses pensées et ses connaissances passées, non. Juste ça... non !

Pessimiste, il commença à sentir qu'il ne serait pas capable de faire autant de choses avec sa « lecture dans les pensées » que lui et ses supérieurs l'avaient espéré.

Cela signifiait-il, se demandait-il inconsolablement en se dirigeant vers sa cabine, qu'il allait être un échec dans les services secrets ? Ou, s'éclaira-t-il momentanément, pourrait-il développer d'autres méthodes pour dénicher des informations ? Mais ça, se dit-il honnêtement, c'était fini. Que savait-il du travail de détective ? Les SS disposaient déjà des meilleurs détectives de l'Univers.

Cette humeur sombre persista pendant qu'il se couchait et finit par s'endormir. Mais quand il se réveilla le lendemain matin , il se sentit de nouveau joyeux. Il en avait beaucoup – et il en obtiendrait davantage.

Il prit un bon petit déjeuner, puis retourna à sa chaise longue et là, résolument, il ouvrit à nouveau son esprit aux impressions générales. Il continuerait à y travailler, et d'autres choses viendraient forcément. Regardez jusqu'où il avait déjà avancé. Beaucoup plus loin qu'au début. Et en plus, il pourrait probablement – non, sans aucun doute – faire plus que n'importe lequel de ses collègues sur certains problèmes. Pour autant qu'il sache – et papa et l'amiral Rogers avaient parlé comme s'il était le seul qu'ils connaissaient – personne d'autre ne pouvait lire même les pensées superficielles.

donc continué avec diligence. Et très vite, tellement il en déduit que l'esprit devait être très proche de lui, il retrouva ces impressions sinistres qui l'avaient tant gêné.

Cette fois, il jeta un coup d'œil autour de lui, avec une curiosité apparemment désinvolte, mais toucha néanmoins esprit après esprit ceux qui étaient les plus proches de lui. Alors cliquez sur payer la saleté !

Eh bien, c'était cet homme roux et bluffant, à l'air chaleureux, qui occupait la troisième chaise à sa droite. Il n'avait pas l'air vicieux, c'était certain, même s'il avait une mâchoire serrée. Pourtant, ses pensées superficielles montraient que l'homme était dur, froid et impitoyable – un pur type de tueur. Hanson avait le sentiment qu'il faisait partie de ces hommes qui ont une telle volonté de pouvoir que la vie et les droits des autres sont méprisés et méprisés. Le genre de personne qui, si quelqu'un se met en travers de son chemin, l'enlève... mais avec précaution, de peur que sa propre peau, si précieuse, ne soit mise en danger. S'il pouvait demander à quelqu'un d' autre de faire le sale boulot, tant mieux. De tels tueurs sans conscience étaient, Hanlon le savait, généralement des lâches et des lâches.

Il y avait quelqu'un sur ce navire qui gênait cet homme – Hanlon en était sûr. Le tueur était déterminé à détruire cet autre à la première occasion . Son esprit pesait désormais les chances et les opportunités possibles – et Hanlon lisait et apprenait.

Oui, ce doit être une de ces "personnes intéressantes" mentionnées par un informateur SS inconnu sur Terra. La victime était-elle une autre ? Probablement. Car Hanlon n'avait encore lu aucune pensée dans l'esprit de ce tueur concernant des confédérés.

Hanlon a surveillé de près cet homme et son esprit, et a récupéré de nombreuses autres informations parasites, y compris son nom, Panek . Aucun ne semblait avoir une grande importance immédiate au regard du sujet en question. Pourtant, ils ont donné à l'homme des services secrets une assez bonne image de la personnalité de l'assassin, une fois reconstitués.

Soudain, et seulement dans un murmure de pensée, Hanlon comprit que la mort de la victime prévue était nécessaire au coup d'État "qu'ils" préparaient contre Simonide.

Hanlon fut instantanément alerté par le nom de cette planète. C'était peut-être une piste certaine pour lui. Il s'est efforcé d'en obtenir davantage. Le tueur pensait parfois à un homme qu'il appelait « Le Patron », mais pas au nom de ce dignitaire, ni à sa position réelle – politique, sociale, économique ou autre.

Le SS fulminait intérieurement parce qu'il ne parvenait pas à se faire une idée claire de ce « Patron ». Ce meurtrier n'avait pas un esprit visuel, bon sang. Il ne voyait clairement en termes picturaux aucun des personnages ou des scènes auxquels il pensait.

Hanlon avait cependant été peu à peu impressionné en réalisant que cet homme avait très peur de son patron. Il y avait un frisson mental à chaque fois que la pensée de son employeur lui venait à l'esprit. Il y avait quelque chose à propos d'un échec précédent, et de ce qui se passerait sans aucun doute si cela n'était pas fait maintenant, mais Hanlon n'en avait jamais assez pour avoir un sens à ses yeux.

Encore Panek commença à réfléchir, bien que de manière très sommaire, à « Simé », comme il appelait Simonide, et au « complot » qui s'y tramait. Hanlon sentit le mépris narquois de l'homme pour « ces bêtes » – mais ne parvenait pas à se faire la moindre idée de ce que signifiait cette référence.

À bien des égards, ce casse-tête semblait empirer au lieu de s'améliorer, et Hanlon connut un moment de frustration. Mais son sens de l'humour est venu à son secours. "Tu veux que tout soit écrit noir sur blanc pour toi ?" se moqua-t-il. « Arrêtez-vous ! Arrêtez d'être défaitiste.

Plus fort et plus intensément, il essaya de sonder l'esprit de l'homme. Oh, s'il pouvait seulement apprendre à lire au-dessous de ces pensées superficielles passagères ; pour les suivre de haut en bas le long des chaînes de mémoire jusqu'à l'esprit total ! Même si les pensées qu'il pouvait capter étaient révélatrices, pour des résultats complets et rapides, il devait trouver la technique de lire complètement dans les pensées. Si une telle chose était possible.

Mais malgré ses efforts, le chemin vers ces souvenirs et ces pensées plus profonds et enfouis restait verrouillé.

Et puis Panek s'est levé et a quitté la plate-forme d'observation.

Un léger contact sur son genou quelque temps plus tard ouvrit grand les yeux de George Hanlon, et il baissa les yeux pour voir un petit chien frétillant levant les yeux vers son visage, sa queue remuant frénétiquement en signe d'amitié offerte, la petite langue faisant des mouvements de léchage. vers la main que le chiot ne pouvait pas vraiment atteindre.

"Eh bien, salut, mon gars," Hanlon se pencha et souleva le petit chien sur ses genoux, où ce dernier se tortilla et se contorsionna dans une extase de joie, grimpant sur le jeune homme, léchant ses mains et essayant d'atteindre son visage. Le chiot était si heureux et impatient de se faire des amis que Hanlon se mit bientôt à rire presque convulsivement en essayant d'éviter ces baisers bien intentionnés mais très humides.

"Attends maintenant, mon garçon. Vas-y doucement. Je t'aime bien et tout ça, mais ne nous laissons pas emporter par nous-mêmes."

Hanlon a gratté le chiot derrière une de ses oreilles tombantes et l'a appuyé fermement mais doucement pour qu'il repose sur ses genoux.

"C'est mieux. Allonge-toi là et vas-y doucement."

Une pensée soudaine fit sourire le jeune homme. Il a essayé d'entrer dans l'esprit du chiot... et a eu une véritable surprise. Car après quelques instants anxieux de tests et d'essais, il l'a fait — en fait, il a ressenti le plaisir du chien de trouver un nouvel ami aussi merveilleux avec un effluve si attrayant pour le nez. Hanlon essaya alors de voir s'il pouvait pénétrer dans les parties les plus profondes de l'esprit du chien, et en utilisant la connaissance de la technique qu'il avait déduite lors de ses précédentes tentatives infructueuses avec les humains, il découvrit après de nombreuses minutes anxieuses qu'il pouvait suivre la pensée - et -la mémoire va et vient jusqu'à ce que tout l'esprit du chien lui soit ouvert.

Le chiot avait une mentalité bien plus forte que Hanlon n'avait jamais imaginé que les chiens en avaient — et il savait qu'ils étaient loin d'être stupides. L'esprit de celui-ci, il pouvait maintenant le voir, était immature mais capable de manière latente.

Dis, c'était super ! Hanlon a approfondi son enquête et a trouvé de nombreux faits fragmentaires — fragmentaires parce que les pensées étaient incomplètes pour le chiot, au-delà de son expérience, et non parce que l'homme ne pouvait pas lire parfaitement ce qui s'y trouvait . Le chien connaissait apparemment une femme — Hanlon avait l'impression de jupes — et répondait lorsque cette déesse prononçait le mot « Gypsy ».

"Gitan, hein ?" » dit Hanlon à haute voix, et aussitôt le chien se dégagea de sa main qui le retenait, et essaya de nouveau de grimper et de lécher le visage de Hanlon dans une frénésie d'adoration.

« Allongez-vous, monsieur, et taisez-vous ! Hanlon a dit sévèrement, et le chiot l'a fait instantanément, sans question ni hésitation.

Hanlon fut ravi, réalisant aussitôt que ce n'était pas ce qu'il avait dit qui faisait l'affaire, mais le fait qu'il était toujours dans l'esprit du chien, et que celui-ci avait obéi à sa volonté plutôt qu'à ses paroles.

"Hé, ça doit être étudié !"

Sans prononcer les mots à voix haute cette fois, Hanlon ordonna au chien — ou plutôt, il imprima l'ordre directement dans l'esprit du chiot avec le sien — de descendre de ses genoux sur le pont.

Instantanément, il sauta.

"Allongez-vous." Le chien l'a fait.

"Rouler sur." Encore une fois en silence. Mais maintenant, le chiot se contentait de le regarder, d'un air suppliant, frémissant d'une apparente émotion d'indécision. Hanlon s'est rendu compte que le chiot ne savait pas comment « se retourner ».

"Je suppose que je dois apprendre à le faire avant de pouvoir lui apprendre, ou plutôt lui ordonner de le faire," sourit ironiquement Hanlon. Car il réalisa que pour ce faire, il devrait apprendre à contrôler chacun des muscles du chien, et qu'avant de pouvoir le faire, il devrait savoir quelle partie du cerveau contrôlait les nerfs qui faisaient obéir ces muscles à ses ordres.

Et cela, si possible , nécessiterait une galaxie de beaucoup d'études et de pratique.

Pendant les minutes suivantes, il s'est concentré à faire faire au chiot un certain nombre de tours simples, tout en surveillant attentivement pour voir, si possible, les liens entre le cerveau, les nerfs et les muscles.

Il commençait à faire un peu de progrès dans la compréhension de cette triple corrélation, lorsqu'il entendit un halètement soudain. Il leva les yeux pour voir une jeune matrone debout devant lui, la bouche et les yeux écarquillés de surprise.

"Pourquoi... pourquoi, Gypsy n'a jamais fait de tours auparavant. Qu'est-ce que tu es, un dresseur d'animaux ?"

Hanlon se leva d'un bond. "Le meilleur de l'univers, Madame," sourit-il. "C'est un très bon chiot que tu as. Il est venu et s'est présenté, et nous nous sommes bien amusés ensemble."

"Oui, il s'est enfui et je l'ai cherché partout. Mais comment diable as-tu pu lui apprendre si vite ?"

"C'est un cadeau", se moqua Hanlon, puis il devint sérieux. "Honnêtement, Madame, je ne sais pas", dit-il doucement. "Il semble que j'ai juste un sens avec les chiens, c'est tout. Au fait, voudriez-vous me vendre le chiot ?"

"Vendre Gypsy ? Non, merci", et elle s'éloigna en appelant le chien à la suivre. Mais il restait indécis, se regardant tour à tour, ne semblant pas savoir s'il devait suivre sa maîtresse bien-aimée ou rester jouer avec ce sympathique nouvel ami.

Hanlon a rapidement contacté l'esprit du chien et lui a fait comprendre qu'il devait suivre la femme et toujours faire tout ce qu'elle lui disait. Le chiot s'éloigna alors au trot, content.

George Hanlon se laissa tomber dans sa chaise longue. Cela nécessitait une bonne réflexion – une réflexion très sérieuse – se dit-il. Il lui faudrait travailler là-dessus autant que sur l'esprit humain. Car s'il pouvait contrôler les animaux, cela fonctionnerait-il sur les oiseaux ou les insectes ? Peut-être même pêcher ? – il pourrait alors accéder à des endroits où il ne pouvait pas aller en tant qu'homme.

La dame et le chien avaient disparu lorsque Hanlon eut l'inspiration de voir si son esprit pouvait les retrouver ; s'il pouvait à nouveau contacter le chien alors qu'il n'était pas en vue, et qu'il ne savait pas exactement où il se trouvait.

Instantanément, sans effort, il sembla que cela s'était produit simplement parce qu'il le souhaitait, il se retrouva à nouveau dans l'esprit du chiot. Était-ce parce qu'il connaissait déjà le schéma de cet esprit, se demanda-t-il ?

Quoi qu'il en soit, il était là, et maintenant il essayait de voir s'il pouvait regarder à travers les yeux de Gypsy... et après de nombreuses études, il y parvint. Mais la vision était tellement déformée qu'il se demanda si son contrôle était défectueux, puis se souvint d'avoir entendu ou lu quelque part que les yeux d'un chien ne fonctionnent pas exactement de la même manière que ceux d'un homme.

Finalement, il s'habitua suffisamment à eux pour voir qu'ils empruntaient un couloir étroit, puis ils s'arrêtèrent devant une porte qui s'ouvrit au bout d'un moment. Le chien, sans ordre, sauta par la porte de la cabine et courut vers son panier, où il gisait, haletant, levant les yeux vers sa maîtresse.

Chapitre 8

George Hanlon s'est retiré de l'esprit du chiot et a réfléchi sérieusement. Oui, cette question du contrôle de l'esprit des animaux nécessiterait beaucoup de réflexion et d'étude, ainsi qu'une énorme quantité de pratique. Mais cela semblait suffisamment important pour justifier ces dépenses.

Il a traqué son intendant. « Où les passagers gardent-ils leurs animaux de compagnie ?

"Certains les gardent dans leurs cabines, monsieur, mais d'autres dans les chenils du pont 'H'."

"Merci. Y a-t-il des règles qui m'interdisent d'aller là-bas et de les regarder ? J'aime les animaux, en particulier les chiens."

"Oh, non, monsieur. N'importe qui peut y descendre. C'est sur le côté droit , à peu près à mi-chemin vers l'arrière."

Arrivé au chenil, Hanlon a découvert que les cages contenaient environ une douzaine de chiens de différentes races, âges et tailles. Il y avait là de nombreux esprits animaux pour ses expérimentations et ses études.

Après s'être promené et les avoir observés pendant quelques minutes, il s'assit sur un banc d'un côté des cages et se concentra sur le chien le plus proche de lui. C'était un gros taureau blanc, et il estimait qu'il était âgé d'environ cinq ou six ans. C'était exactement ce qu'il recherchait : un esprit d'adulte à étudier, pas celui d'un chiot immature.

Il n'eut aucune difficulté à pénétrer dans l'esprit du chien et pendant plus d'une heure il resta assis là, l'étudiant ligne par ligne, canal par canal, connecteur par connecteur, pendant que le chien restait allongé comme s'il dormait. Peu à peu, Hanlon a commencé à sentir qu'il commençait à savoir quelque chose sur la corrélation entre l'esprit et le corps d'un chien et sur son fonctionnement.

Puis, et alors seulement, il réveilla le chien et commença à expérimenter le contrôle. Il a trouvé facile de faire faire au chien tout ce qu'il souhaitait, dans le cadre des connaissances et de l'expérience antérieures de l'animal. Ce qu'il voulait, c'était voir s'il pouvait lui faire effectuer des mouvements et des actions qui sortaient de son conditionnement et de son entraînement antérieurs. Après quelques tâtonnements, il fut ravi de constater que désormais, même les plus simples de ces choses n'étaient pas trop difficiles, même si d'autres, ses connaissances actuelles n'étaient pas à la hauteur.

Son étude lui a appris dans une certaine mesure comment activer les centres cérébraux qui contrôlaient les nerfs qui envoyaient des messages aux muscles appropriés permettant au chien de faire ce qu'il voulait. Mais cela nécessitait encore de nombreuses études. Il savait qu'il n'avait fait que commencer à apprendre ce qu'il fallait savoir pour le faire rapidement et facilement.

Le gardien du chenil a dû remarquer les étranges pitreries du taureau et, voyant la concentration intentionnelle de Hanlon, a pensé qu'il pourrait y avoir un lien entre les deux. Car il s'approcha du banc et regarda avec une certaine hostilité l'homme assis là. Mais sa voix, quand il parlait, était très polie.

« Que puis-je faire pour vous, monsieur ?

Hanlon s'était tellement concentré qu'il n'avait entendu personne s'approcher, et la voix, parlant si soudainement juste devant lui, le surprit et le rendit confus. Il leva les yeux et son esprit se sentit léthargique et faible, presque comme s'il avait été dopé.

"Hein?" » demanda-t-il bêtement.

"J'ai demandé," le ton de l'homme était un peu plus aigu, "si je pouvais faire quelque chose pour toi ?"

"Oh non. Non merci." Hanlon se força à faire attention. "J'aime juste les chiens et je suis venu ici pour les surveiller. J'ai dû m'assoupir."

« Avez-vous votre propre chien ici ? »

"Non, je n'ai pas de chien pour le moment."

"Qu'est-ce que tu faisais à ce taureau blanc. Il se comporte de façon très particulière depuis que tu es ici."

"Moi?" Hanlon eut l'air surpris. "Eh bien, rien. Je suis juste resté assis ici ; je n'ai dit un mot à aucun d'entre eux."

"Eh bien, je ne suis pas sûr que ce soit approprié pour toi d'être ici tant que tu n'as pas de chenil ici ."

"Désolé. Si ça te dérange, je partirai."

Hanlon s'éloigna... puis s'arrêta net. Il s'était étonné de ce sentiment curieusement lent dans son esprit. Maintenant, avec un sursaut qu'il avait du mal à dissimuler, il réalisa soudain un fait ahurissant !

Il avait vu et entendu cet échange de conversation depuis deux points distincts ! Et maintenant, il se regardait partir !

Il avait entendu et vu à la fois de son propre chef... et de l'esprit du chien !

Oui, il comprit soudain que le chien avait entendu et *compris* chaque mot de cette brève conversation, non pas comme le ferait un chien, *mais comme le ferait un homme* !

Soudain trempé de sueurs froides, Hanlon sut qu'il n'avait pas seulement été dans l'esprit du chien, observant et contrôlant, mais qu'il avait en fait *transféré* une partie de son propre esprit dans le cerveau du chien !

Pas étonnant que son propre esprit – ce qui restait dans son propre cerveau – se soit senti quelque peu inadéquat et manquant pour le moment. Ce n'était pas tout son esprit. Lorsque l'intendant l'a fait sursauter, il avait oublié de se retirer du cerveau du taureau.

Maintenant, il le faisait avec précaution et, les sens ébranlés, il faillit retourner à sa cabine en courant.

Hanlon se jeta sur le lit et resta allongé là, tremblant de respect en réalisant l'immensité de ce qu'il avait fait.

Comment, au nom de Snyder, une telle chose était-elle possible ? Lire les impressions d'un esprit, même les pensées superficielles, était tout à fait dans le domaine du possible, car il l'avait fait lui-même. Même des centaines d'années auparavant, de telles choses étaient considérées comme possibles et avaient été étudiées de manière approfondie et scientifique. De nombreuses personnes au fil des siècles ont revendiqué la capacité de lire dans les pensées, même si seuls quelques-uns ont prouvé leurs pouvoirs de manière satisfaisante dans des conditions de laboratoire soigneusement contrôlées.

Lui-même, jusqu'à il y a environ un jour, n'était pas capable de lire directement dans les pensées, et il ne pouvait même pas encore le faire parfaitement avec les humains.

En outre, a-t-il admis, il était raisonnable de penser que s'il avait la moindre capacité mentale avec les humains, elle devrait être plus grande et plus efficace avec les animaux. Car ils avaient moins de puissance cérébrale réelle ; leur esprit était bien moins complexe que celui des humains.

Mais être capable de transférer une partie de son esprit… de la séparer – de la dissocier – et de l'avoir hors de son corps et dans l'esprit d'un autre corps !

" Ce n'est pas du tout ça ?" » siffla-t-il avec stupéfaction.

Se ressaisissant avec un effort de volonté, il se mit en tête de revoir attentivement l'intégralité de l'épisode et de déterminer où tout cela pourrait s'intégrer dans l'affaire en cours.

"J'ai pensé, quand je suis entré dans l'esprit de ce chiot pour la première fois, que ce serait d'une grande aide, et ce sera le cas. Mais ce sera encore plus vrai si je peux vraiment contrôler les animaux, et voir et entendre avec leurs yeux et leurs oreilles. Et si je peux les envoyer là où je veux qu'ils aillent, et envoyer mon esprit, ou une partie de celui-ci, avec eux, tout en sachant ce qu'ils font et ce qu'ils font, ce sera formidable ! »

Il se rappelait comment il avait réussi à pénétrer dans l'esprit du chiot après qu'il ait disparu de la vue, alors maintenant il envoya son esprit au chenil. Encore une fois, sans aucun problème, sans aucun délai ni hésitation, il se retrouva dans l'esprit du taureau et put regarder à travers les grillages de la cage et voir le reste du chenil.

Il se retira et resta là, presque abasourdi.

"Comment ai-je pu acquérir une telle capacité ?" se demanda-t-il. "Personne d'autre dans notre famille ne l'a. Suis-je une sorte de mutant ? Mais si oui, comment ou pourquoi ? Je n'ai jamais entendu papa ou mère en parler."

Il avait beaucoup de questions, mais pas de réponses.

Mais penser à cette nouvelle capacité et à son travail au sein des services secrets lui rappela soudain ce meurtrier potentiel qu'il surveillait. Il se rendit compte avec consternation que, dans son enthousiasme face à ce dernier développement, il avait complètement oublié cet angle. Il ferait mieux de reprendre le ballon, mais vite !

Il se leva, s'aspergea le visage d'eau froide, le sécha, passa un peigne dans ses cheveux et retourna au salon.

L'homme Panek n'était pas dans la salle d'observation, alors Hanlon est allé le chercher. Alors qu'il approchait des salles de jeux lors de sa tournée, il vit son homme les quitter. Permettant à l'étranger de prendre une certaine distance, Hanlon le suivit aussi prudemment que possible, essayant tout le temps de lire ce que le tueur avait en tête.

Pas entièrement à sa surprise, Hanlon découvrit qu'il pouvait désormais lire les pensées superficielles encore plus facilement qu'auparavant. Ainsi, il a vite compris, avec insistance, que l'homme était définitivement déterminé à commettre un meurtre en ce moment même – que la victime était dans sa cabine mais qu'elle allait la quitter sous peu en réponse à un faux appel vidéo.

Hanlon a également appris que le meurtrier avait un couteau caché dans sa manche et qu'il était habile à l'utiliser.

L'esprit du SS s'emballa rapidement. Que devait-il faire ? Il ne voulait pas qu'un meurtre soit commis, mais il ne voulait pas non plus que cet homme soit tué ou emprisonné - du moins pas avant d'en avoir appris beaucoup plus sur lui et sur son rôle dans ce "complot" sur Simonide que Hanlon et le Corps essayait désespérément de résoudre le problème.

"Je dois apprendre à considérer très attentivement tous les angles, même les choses apparemment les plus insignifiantes", réfléchit-il soigneusement. "Je ne peux pas prendre le risque de gâcher les choses, mais d'un autre côté, je veux entrer dans ce gang si je le peux."

Une possibilité est venue à l'esprit du jeune agent – et il a un peu frémi, puis a souri d'un air loup à cette pensée. C'était très dangereux, mais s'il pouvait y mettre un terme, peut-être que cela lui donnerait le « coup de pouce » dont il avait besoin.

Il pressa le pas et rattrapa le grand homme juste au moment où ce dernier s'arrêtait momentanément pour regarder prudemment au coin et dans un couloir qui, Hanlon pouvait lire dans son esprit, menait à la cabine de la victime.

Hanlon tapota l'épaule de l'homme, et alors que l'homme se retournait, un grognement sur le visage, Hanlon recula d'un pas et leva les mains dans le geste "Je ne suis pas armé". Puis, avant que Panek puisse parler, il s'approcha pour murmurer.

Mais le voyou était à la fois en colère et frustré par le fait que son plan soigneusement élaboré ait été gâché, et n'était pas d'humeur à discuter. Ce couteau mortel sembla sortir de sa manche et se diriger vers Hanlon, dans la main forte, rapide et exercée du tueur.

Le SS sauta en arrière, puis ses propres mains s'élancèrent et attrapèrent les poignets de l'autre de la manière qui lui avait été enseignée. Il attrapa la main droite, ou celle du couteau, mais le grand gaillard était aussi adroit que lui, même s'il ne paraissait pas capable d'une action aussi rapide. Son autre main échappa à l'emprise de Hanlon, et avec elle Panek frappa et frappa – des coups violents au visage et au corps de Hanlon.

Hanlon parait les coups du mieux qu'il pouvait, tout en essayant de faire pénétrer ses paroles à voix basse.

" Arrêtez ça, imbécile ! J'essaie de vous aider, pas de vous gêner ! Arrêtez ça, faites-vous exploser et écoutez ! "

Mais il aurait aussi bien pu parler aux murs métalliques. Un œil enflait rapidement et il avait une entaille dans le bras qui, selon lui, trempait la manche de sa veste. Voyant qu'il ne pouvait pas faire écouter le type, Hanlon le lança avec un tour de super-judo, puis s'assit sur lui.

"Tais-toi et écoute-moi, Panek !" » siffla-t-il avec urgence, utilisant toute sa technique de combat pour maintenir immobile la forme de battage de l'autre. " J'essaie de vous avertir que le bozo que vous recherchez porte un de ces nouveaux pistolets à aiguilles et que les aiguilles sont à pointe empoisonnée. De plus, c'est l'homme le plus rapide que j'ai jamais vu - je l'ai observé. ".

Entraînez-vous. Juste une de ces aiguilles et vous seriez kaput avant de pouvoir crier. "

"Pourquoi... comment... qu'est-ce que tu veux dire, hein, qu'est-ce que tu veux dire ?"

L'homme arrêta ses efforts pour le moment, tandis que son visage montrait clairement à quel point il était consterné par l'apparente connaissance de ses intentions par cet étranger.

"Qui es-tu, hein, et quel est ton jeu, quel est ton jeu ?"

Hanlon rendit sa voix à la fois amicale et calculatrice, et se hâta de donner son explication spécieuse avant que l'homme ne recommence à se battre.

"J'avais été informé qu'il se passait quelque chose, sur Simonides, où un bon arnaqueur pouvait gagner beaucoup de crédits. Et des crédits en quantité, c'est ce que je recherche..."

"Qu'est-ce que ça a à voir avec moi, hein, qu'est-ce que ça a à voir ?"

"... et je m'y rends pour voir quelles sont mes chances de participer au jeu. Alors naturellement, j'ai essayé d'en apprendre le plus possible à l'avance. On m'a dit que cet oiseau que vous recherchez était C'était un homme important là-bas, alors je l'ai étudié. L'une des premières choses que j'ai découverte à son sujet, c'est qu'il portait un de ces aiguilles. S'il est sur votre chemin, ensemble, nous devrions pouvoir nous débarrasser de lui... mais allons-y. jouez prudemment, hein ? »

L'inconnu lui lança un regard froid et calculateur avec ses yeux durs et méfiants. "Laisse-moi, Bub, laisse-moi me lever. Je serai gentil pendant que nous parlons."

Hanlon se leva, mais resta prudent tandis que l'autre se relevait lentement. Mais il n'était pas assez pointu : la main de Panek apparut avant même qu'il ne semble se tenir debout, et attrapa habilement le portefeuille de la poche intérieure de la veste de Hanlon.

Mais le SS, voyant ce que cherchait l'autre, resta là sans opposer la moindre résistance.

"Prends ton temps pour les regarder , mon pote," dit-il facilement. "Je suis clean. Je suis strictement seul dans tout ça. Je viens de me faire expulser du nid de serpent d'une école du Corps sur Terra..."

La tête du tueur se releva brusquement à la mention du Corps, et il regarda Hanlon avec plus de difficulté et de méfiance que jamais.

"... Ils ont dit que j'avais triché aux examens et que je ne me laisserais pas la chance de me défendre", a poursuivi Hanlon rapidement, mais avec chaleur. "Ça m'a aigri , mais bon ! Alors je me dis , explose John Law ! À partir de maintenant, je suis de l'autre côté. Tout ce qu'il recherche doit valoir beaucoup pour n'importe quel gars qui peut le déjouer. Connaître son côté. et comment il travaille, je pense que je suis vraiment bon ! »

Il dit tout cela avec une voix si sérieuse que même si c'était de la bravade, Panek pouvait voir que c'était aussi de la confiance. Hanlon avait pensé que cette franchise était sa meilleure chance. Dites d'abord sa version des faits, car s'il se joignait à eux – ou à n'importe quel gang – ils s'assureraient de vérifier et découvriraient de toute façon qu'il avait été cadet. "Battez- les avant qu'ils ne tirent des conclusions contraires", tel était son jugement.

Son plan semblait fonctionner, car tandis que son explication se poursuivait et se terminait, le tueur le regardait avec une certaine mesure de respect, même si ses yeux et ses manières étaient encore remplis de suspicion.

"Je ne peux pas vous en vouloir d'avoir mal, je ne peux pas vous en vouloir, s'ils vous ont vraiment expulsé. Mais je ne fais confiance à personne qui a jamais eu de lien avec les flics, ne leur faites pas confiance ! "

"Ecoute, mon pote, utilise ta tête ! Si j'étais un John Law, est-ce que je t'aurais simplement arrêté ? Je t'arrêterais – ou je te tuerais pour avoir tiré ce couteau sur moi. Je te dis que je suis clean – et que je je veux un contact avec Simonide. »

"J'ai aussi entendu dire qu'il y avait de bonnes affaires sur Sime", dit lentement l'homme. "'Bien sûr, je ne suis pas impliqué dans quelque chose de spécial, moi-même, pas dans ça. Ceci est une rancune purement personnelle. Mais vous m'avez probablement rendu un bon service, un bon service, et si vous voulez me regarder Après notre atterrissage, je pourrais peut-être vous présenter un homme ou deux. Je ne savais pas que le vieux Abrams portait un de ces aiguilles, je ne le savais pas.

Les remerciements dans sa voix bourrue montraient son respect pour ces petites armes silencieuses et mortelles.

Ce nom – Abrams – a sonné dans l'esprit de Hanlon, même s'il a rapidement décidé qu'il ferait mieux de le laisser de côté pour le moment – de le ranger pour une enquête ultérieure.

Il sourit amicalement. "La façon dont vous y êtes entré m'a donné la certitude que vous ne le saviez pas. Et merci. Peut-être que je vais vous chercher. Je ne connais personne sur Simonides, et ça ne fait pas de mal d'avoir un ami ou trois. Où est-ce que je te trouve là-bas ?

"Le soir, je suis souvent à la taverne Bacchus. Et," avec une grimace sinistre, "si tu viens, tu ferais mieux de prier pour qu'il *t'aime* bien, tu ferais mieux !"

Chapitre 9

Le SS George Hanlon retourna lentement à sa chambre où il pouvait réfléchir sérieusement sans les abstractions extérieures qu'il serait sûr de rencontrer dans n'importe quelle salle publique.

Il avait fait une bonne offre, pensa-t-il, pour entrer en contact avec ce qui, selon lui, devait être le groupe dans lequel il souhaitait entrer. Hanlon a estimé que la déclaration de Panek selon laquelle lui, personnellement, n'était pas impliqué, n'était que de la foutaise. Cette dernière phrase sur "tu ferais mieux de prier pour qu'il t'apprécie" était une preuve presque sûre.

Mais qu'est-ce que cela signifiait? Qui était ce « lui », et pourquoi Hanlon aurait-il dû prier pour qu'« il » l'aime ? Probablement le leader... et si c'est le cas, c'est sans aucun doute un homme dangereux avec qui jouer. Hanlon se souvenait de la peur de son patron qu'il avait lue dans l'esprit de Panek .

Et qu'en est-il d'Abrams ? Hanlon était sûr qu'il s'agissait du même homme qu'il avait gardé ce jour-là. Oh, oh, était-ce cet « échec » qu'il avait également lu dans l'esprit de Panek , cette tentative infructueuse que lui, Hanlon, avait contrecarrée ? Panek – et à travers lui ce leader encore inconnu – était-il derrière cette tentative d'assassinat d'Abrams ?

C'étaient des questions auxquelles il ne pouvait pas encore répondre – pas assez de données. Mais il lui faudrait trouver les réponses un jour. Et une fois dans la bande de Panek , il pourrait les retrouver. Et même si ce gang en particulier n'était pas celui qui fomentait le complot qui intéressait tant le Corps, Hanlon estimait que rejoindre ne serait-ce qu'un des gangs organisés de Simonides serait un pas dans la bonne direction.

Mais il lui faudrait faire attention où il mettait les pieds. Il serait aussi sûr de jouer avec ces gars-là qu'avec une fosse de cobras. Pendant un long moment, il se refroidit de peur ; une terreur mortelle et paralysante qui tordait ses entrailles en nœuds très durs. Quelles affaires avait-il à se mêler à des tueurs aussi matures et mortels que ceux-là ?

D'un autre côté, il se consolait au bout d' un moment , être capable de lire leurs pensées superficielles devrait l'avertir lorsqu'il commençait à sortir des sentiers battus. Ensuite, si ou quand il le faisait, il marcherait plus doucement, se déplacerait pouce par pouce, et ne tenterait pas de se jeter au milieu des choses jusqu'à ce qu'il obtienne beaucoup plus d'informations... et plus d'expérience dans les voies et moyens. du gangstérisme.

Mais soudain, il sentit revenir cette peur froide. Ces hommes étaient – devaient être – tous des tueurs acharnés et entraînés. Ce Panek n'était même pas le patron, c'était juste un gunny. Et ces hauts gradés seraient bien pires que Panek – plus impitoyables et plus méprisants à l'égard de la vie et des droits humains. Il faudrait qu'ils le soient, qu'ils soient aux échelons supérieurs. Car Hanlon sentait que dans un tel groupe, le Pouvoir faisait décidément le Droit... et le Pouvoir.

Il lui fallut un certain temps pour calmer ses nerfs hurlants. Il n'a jamais non plus oublié l'horreur de cette peur qui a failli le faire perdre tout contrôle. D'un autre côté, jamais plus il n'atteignit un tel degré de panique.

Il se leva finalement, se lava et s'habilla pour le dîner. Mais pendant le repas, son esprit était dans une telle agitation qu'il avait du mal à rester extérieurement calme. Pour la première fois depuis plus d'années qu'il ne s'en souvenait, il se contentait de jouer avec sa nourriture… et il avait toujours été un bon homme à trancher.

Mais il avait quelque chose de très important à faire ce soir, et il ne laisserait rien l'en empêcher. Il alla donc à la bibliothèque *d'Hellene* et étudia, à partir des livres de biologie et de physiologie qu'il put trouver, tout ce qu'il put sur le cerveau et les nerfs qui formaient les liens entre celui-ci et les muscles. Il étudia jusqu'à ce que la lumière tamisée lui dise que la « journée » était terminée.

Il a ensuite envoyé son esprit dans le cerveau du bouledogue et a observé à travers ses yeux jusqu'à ce qu'il voie le gardien du chenil partir pour la nuit. Puis Hanlon descendit sur le pont du chenil.

Assis sur le même banc qu'auparavant, Hanlon réfléchissait à celui du taureau blanc. Encore une fois, il n'eut aucune difficulté à attacher une partie de son esprit au cerveau du chien. Une petite expérimentation montra bientôt quelle part de son esprit ce cerveau pouvait contenir.

Puis, de l' *intérieur* , il étudia ce cerveau ligne par ligne, les canaux et connecteurs musculaires et nerveux, encore plus sûrement qu'il n'avait pu le faire auparavant.

La première chose qu'il a apprise et mise en pratique a été de faire dormir le chien pour qu'il ne se fatigue pas trop. Après près de trois heures d' étude intensive , il était convaincu qu'il commençait à bien le connaître, même s'il réalisait combien il lui restait encore à apprendre, combien d'études et de pratique il lui faudrait.

Il a ensuite réveillé le chien et, tout en laissant cette partie de son esprit dans son cerveau, a scanné la cage suivante qui contenait une belle femelle Airedale. Dans son cerveau, il envoya une autre partie de son esprit. Puis dans le chien suivant une autre portion, et ainsi de suite jusqu'à ce qu'il ait détaché plus des trois quarts de son esprit et contrôle directement huit chiens.

Son corps se sentait faible et apathique alors qu'il s'affaissait sur le banc, et il le fit s'allonger là dans la pénombre. Il lui restait, craignait-il à l'époque, un peu plus que suffisamment d'esprit dans son corps pour maintenir les fonctions semi-automatiques en marche.

C'était la sensation la plus étrange qu'on puisse imaginer, avoir des parties de son esprit à neuf endroits à la fois – avoir neuf points de vue différents et distincts !

Il découvrit qu'il pouvait faire, bien que pas très bien au début, neuf choses différentes à la fois et en même temps, ou qu'il pouvait faire faire la même chose à tous les corps qu'il contrôlait en même temps.

Il a « entraîné » les chiens, les faisant s'aligner, marcher à gauche, à droite ou reculer, le tout à l'unisson. Il a découvert que même si son esprit était divisé et contrôlait différents corps, il existait un fil de pensée reliant tous ceux-ci, de sorte qu'il savait ce que faisait chacun des autres. Pourtant, il ne s'agissait pas d'un commandement central : chaque partie individuelle de l'esprit pouvait prendre et faisait ses propres décisions et commandements.

Pendant des heures, Hanlon s'est entraîné avec les chiens jusqu'à ce qu'il ait mis au point la procédure au point où il savait qu'il pouvait les faire accomplir - seuls, en groupe, ou chacun faisant une chose différente - presque toutes les tâches dont leurs muscles corporels étaient capables. s'ils savaient auparavant comment le faire ou non.

Ramenant les parties mentales de sept des chiens dans son propre cerveau, après leur avoir ordonné de dormir, il se dirigea vers la cage de l'Airedale qu'il contrôlait toujours. S'accroupissant devant les barreaux, il sortit de sa poche un bout de crayon et un morceau de papier. Il les fit passer à travers les barreaux et les déposa à ses pieds.

Puis, pendant qu'il observait avec son propre esprit à travers ses propres yeux, il n'utilisait que la partie de son esprit qui se trouvait à l'intérieur de son cerveau, et obligea l'Airedale à prendre le crayon dans ses dents, l'extrémité émoussée dans sa bouche. Le tenant ainsi, elle essaya d'écrire sur le papier, qu'elle tenait fermement avec ses deux pattes avant.

Des minutes anxieuses passèrent pendant que Hanlon expérimentait en sueur . Le chien réussit enfin à imprimer, très grossièrement et maladroitement, quelques lettres. Ils étaient grands et très rudimentaires. Ce n'était pas qu'il ne pouvait pas contrôler ses muscles, c'était simplement que les muscles n'étaient pas construits pour faire de telles choses sans un entraînement infini.

Quand le « matin » approcha finalement si près qu'il comprit qu'il devait arrêter, Hanlon quitta le chenil et alla se coucher. Il était toujours étonné, excité et enthousiasmé par cette capacité étrange et étrange, mais il était également très satisfait de ses études. Si un moment venait où il souhaitait ou avait besoin d'utiliser des animaux dans son travail, il se sentait capable de les gérer. Une fois de plus, il réalisa combien il y avait à apprendre ; qu'il doit continuer à pratiquer et à étudier à chaque occasion.

Les chats ou les chevaux – ou les oiseaux ou les insectes – avaient-ils un cerveau qui fonctionnait de la même manière que celui des chiens ? Il lui faudrait expérimenter pour le découvrir, à la première occasion.

Mais il y avait maintenant un autre problème très sérieux qui exigeait son attention. Il avait fait un merveilleux début en se faisant une place auprès de Panek , le voyou simonidien. Maintenant, comment pourrait-il tourner cela à son avantage ?

Il lui fallut un certain temps avant de s'endormir de pure lassitude, et il n'avait pas non plus résolu le problème avant de le faire.

Dès son réveil, tard le lendemain matin, il sut qu'il avait la réponse. Son subconscient a dû le résoudre pour lui pendant son sommeil.

Au brunch, il gardait les yeux ouverts et peu de temps après, Panek entra dans la salle à manger pour son déjeuner. Hanlon fit signe et sa nouvelle connaissance vint à sa table. Leurs commandes données et le serveur en route, Hanlon s'ouvrit.

« Écoute, Pard, je ne veux pas me mêler de tes affaires, mais si tu veux que cet Abrams ne soit plus sur ton chemin, je serai heureux de tenter ma chance pour toi.

Le Simonidien le regarda avec mépris. "Tu penses que tu es si bon, hein ? Mieux que moi pour bousculer un homme, hein ? Mieux que moi ?"

"Oh, non," Hanlon avait l'air très désolé, et son ton était le même. "Je ne me mets même pas un cran devant vous, ni ne critique votre façon de travailler..."

"Mieux vaut pas non plus !"

"... mais chaque homme a ses propres techniques. Regardez, dans ce cas, à bord d'un vaisseau dans l'espace où vous ne pouvez pas courir ou vous cacher, je pense que ma méthode fonctionnerait mieux."

L'autre s'intéressait malgré lui, et sa truculence fondit un peu, même si son ton était toujours ricanant. "Très bien, Master Mind, comment avez-vous géré cela, comment feriez-vous?"

"Une arme à feu ou un couteau conviennent pour certains travaux", Hanlon se pencha plus près et parla à voix basse, mais avec sérieux. "Mais il y a des moments où il est tout simplement insensé de se faufiler derrière un homme et de le frapper à la tête avec un gourdin."

"Ouais, tu as quelque chose là, tu as quelque chose."

"Dans un tel cas, je pense que c'est bien mieux de se lier d'amitié avec ce gars, de l'emmener dîner, puis de mettre un peu de cyanure dans son café, quelque chose comme ça."

Panek était impressionné. Hanlon lut les pensées rapides qui traversaient l'esprit de l'autre. Il n'avait pas aimé l'idée d'utiliser son couteau, ici sur ce vaisseau. Mais il n'a pas non plus osé dire à ce redoutable « patron » qu'il n'avait pas réussi à tuer Abrams.

Panek parla avec un doute. "Ouais, ça peut aller, mais pas quand le gars te connaît, alors tu ne peux pas t'en sortir avec une chose pareille, pas quand il te connaît."

"C'est exactement ce à quoi je veux en venir", dit Hanlon avec empressement. "Moi, je suis la Quantité Inconnue. Personne ne me connaît. Je peux me rendre chez le vieil Abrams et faire en sorte que tout paraisse naturel."

"Il n'est pas facile à tromper, non, ce n'est pas le cas ."

"Je suis sûr que non. Mais comme je dois commencer quelque part si je veux me lancer dans les choses sur Simonides, je pense que vous donner une passe décisive vaut le coup."

"Eh bien," Panek hésita et ses yeux froids plongèrent dans ceux de ce jeune homme énigmatique. "Je ne te fais toujours pas vraiment confiance, je ne peux pas être sûr de te faire confiance. Je pense toujours que tu es une sorte de flic..."

Hanlon se leva à moitié, le visage sombre d'une intense colère. "Ne me traite jamais de flic !" » flamboyait-il, quoique toujours à voix basse. "Je les déteste . Quand j'étais enfant, je pensais qu'ils étaient les meilleurs et j'ai fait tout ce que je pouvais pour entrer dans leur école. Mais j'ai très vite découvert à quel point j'avais tort. J'étais gentil et j'en avais marre d'eux , et j'étais prêt à le faire. J'ai arrêté quand ils m'ont lancé ce mensonge sur la tricherie... disons, j'en savais plus que leurs instructeurs idiots, alors pourquoi aurais-je besoin de tricher ?"

« Douce, mon pote, vas-y doucement. »

"Ils veulent juste utiliser leur haute et puissante autorité", Hanlon ignora le silence de Panek . "Ils aiment juste bousculer les gens parce qu'ils portent un joli uniforme."

Sa voix s'était élevée jusqu'à ce que Panek doive lui saisir le bras et le secouer pour le faire rester immobile. Les gens à la table la plus proche commençaient à les regarder. Mais Panek était maintenant impressionné par la sincérité de Hanlon – le SS pouvait le lire dans son esprit.

"Très bien, mon pote, très bien. Ne te casse pas les tripes. Tu élimines le vieux Abrams sans te faire prendre, et je t'enverrai dans un gang sur Sime où tu pourras vraiment te faire du bien, vraiment du bien. "

Hanlon hocha brièvement la tête et se leva. "Je resterai en contact. Et votre homme est pour ainsi dire mort en ce moment."

Son cœur chantait – son plan fonctionnait sans problème. Maintenant, si cet homme du gouvernement avait un peu d'intelligence et voulait jouer le jeu…

Hanlon trouva Abrams dans la bibliothèque et se glissa sur le siège à côté de lui. Ouvrant un magazine et le tenant assez haut devant son visage tout en le lisant apparemment, Hanlon commença à parler sur un ton bas mais pénétrant.

"Ne levez pas les yeux, M. Abrams, mais écoutez-moi. Vous le savez peut-être ou non, mais il y a un complot contre votre vie. J'ai réussi à le retarder hier, mais ils avaient l'intention de vous arrêter avant que nous atteignions le port. Maintenant J'ai un plan. Je vous supplie sincèrement de m'écouter et de travailler avec moi.

Le Simonidien avait sursauté légèrement lorsqu'il avait entendu les premiers mots de Hanlon, mais il avait été bien formé dans une école difficile et, d'une manière ou d'une autre, n'avait même pas montré qu'il entendait. Mais à présent, il parlait avec autant de prudence que Hanlon. "Qui essaie de me tuer ?"

"Un homme nommé Panek , mais derrière lui il y a quelqu'un que je ne connais pas. Mais la question est : allez-vous travailler avec moi ?"

"Oui, si je peux."

Abandonnant ses tentatives de secret, Hanlon se mit à rire aux éclats, comme s'il lisait quelque chose. Alors qu'Abrams levait les yeux avec surprise, Hanlon se pencha et tendit son magazine devant le Simonideen, le montrant du doigt.

"Joue maintenant", dit-il doucement, et le diplomate, prompt à réagir, fit semblant de regarder ce que Hanlon lui montrait, puis se mit à rire à son tour. Par la suite, la glace étant brisée à la connaissance des observateurs, les deux hommes parlèrent naturellement comme le feraient des connaissances à bord.

"Pourquoi," Abrams regarda vraiment Hanlon pour la première fois, "tu es le jeune homme qui m'a sauvé la vie sur Terra, n'est-ce pas ?"

"Oui, mais taisez-vous. Je veux que nous restions ensemble plus ou moins le reste de la journée, comme si nous venions de nous rencontrer et de nous apprécier. Ensuite, dînons ensemble. Avez-vous votre propre domestique ?"

"Mon valet de chambre, oui, et il est absolument digne de confiance. Pourquoi ?"

"Pendant que nous mangeons , j'apparaîtrai pour mettre quelque chose dans votre boisson pendant que vous ne regardez pas. Quelques instants plus tard, vous agirez comme si vous étiez soudainement tombé malade et vous irez dans votre chambre. Demandez à votre voiturier de vous laisser plus tard. faites savoir que vous êtes très malade et envoyez un message par vidéo spatiale pour qu'une ambulance vienne à la rencontre du navire. Juste avant l'atterrissage, laissez-le dire que vous êtes mort. L'ambulance peut vous emmener là où il est naturel que votre corps soit emmené , et vous restez sous abri pendant un certain temps, jusqu'à ce que je vous en avertisse.

"Hmmm." L'autre réfléchit rapidement mais de manière convaincante pendant quelques minutes. "Avec quelques variantes mineures, oui. Mais pourquoi ?... oh, je vois. Tu veux entrer dans le gang, c'est ça ?" Lorsque Hanlon hocha la tête, Abrams poursuivit : "Vous jouez à un jeu dangereux, mais c'est ce que nous avons appris à attendre de vos Corpsmen. Un groupe merveilleux !"

"Merci." Hanlon ne voulait rien expliquer, alors n'en parlons pas, et les deux hommes parlèrent amicalement de beaucoup de choses tout en se déplaçant naturellement sur le navire. Ils écoutèrent un moment un concert dans la salle de musique, puis jouèrent quelques parties de cartes. Chaque fois que le diplomate essayait de poser des questions, Hanlon esquivait.

Le SS avait vu Panek les espionner prudemment de temps en temps, et quand les deux étaient entrés pour dîner, le voyou s'était assis à proximité, mais là où Abrams ne pouvait pas le voir.

Hanlon avait sondé l'esprit d'Abrams pendant tout ce temps, mais n'avait pas réussi à trouver la moindre idée d'un complot susceptible de perturber la paix de son monde ou de la Fédération. Hanlon s'est rendu compte que l'homme était un patriote intense et il est arrivé à la conclusion qu'Abrams n'aimait pas particulièrement le Premier ministre. Mais le « pourquoi » de cette aversion lui échappait.

Les deux avaient presque fini leur dîner et leur café avait été servi. Hanlon attira l'attention de son compagnon sur quelque chose derrière lui. Tandis que ce dernier se tournait pour regarder, la main de Hanlon apparut et plana un instant au-dessus de la tasse de l'autre.

Quelques instants plus tard, le Simonidien joua son rôle à la perfection. Il but une gorgée, puis une autre, et presque avant d'avoir posé sa tasse, il poussa un gémissement et se serra le ventre et la gorge.

Il se releva en tremblant et s'éloigna lourdement au bras d'un intendant anxieux qui arrivait en courant.

Hanlon, même s'il se leva rapidement et fit paraître son visage inquiet et sympathique, reprit sa place et termina son café. Lorsque le steward revint, il l'appela et parut rassuré lorsque ce dernier lui rapporta que M. Abrams avait dit qu'il ne s'agissait apparemment que d'une indigestion à laquelle il était sujet, et que son homme pouvait s'occuper de lui.

Mais le lendemain, la rumeur courait à bord du navire qu'Abrams était très malade et qu'il ne s'attendait pas à vivre toute la journée.

Panek passa devant Hanlon assis, en train de lire, et s'arrêta pour demander de la lumière.

"Beau travail, mon pote, beau travail", murmura-t-il en allumant son cigare . "Vendez-moi au Bacchus."

Mais ses pensées, alors qu'Hanlon les parcourait, marmonnaient méchamment : "Je lui trancherai les tripes s'il a l'intention de gâcher 'ses' plans, je vais certainement le sculpter !"

Et un peu plus tard, alors que Hanlon passait en revue l'intégralité de l'épisode, il a remercié ses stars en disant que Panek était bien moins qu'un géant intellectuel. Un homme plus intelligent se serait interrogé sur la source de la connaissance qu'avait Hanlon de ses projets homicides ; et comment il se fait que Hanlon transporte une réserve de poison. Rien n'indiquait que l'une ou l'autre de ces questions était venue à l'esprit de Panek .

Chapitre 10

Au moment où il descendit du navire et entra dans la ville de la Nouvelle Athènes , il le sentit. Il y avait un air de mystère, de secret, d'intrigue, qui ne pouvait s'empêcher d'être remarqué par quelqu'un d'aussi sensible aux émotions et aux impressions que le SS George Hanlon.

Il descendit de son taxi à l'entrée d'un grand parc du centre-ville, mais ordonna au chauffeur de porter ses bagages jusqu'à l'hôtel. Puis Hanlon alla s'asseoir sur un banc sous un magnifique arbre ba'amba en fleurs .

Une fois sur place, il ouvrit son esprit au maximum et laissa toutes les impressions et sensations de ce nouveau monde s'imprégner. Il ne pouvait bien sûr pas obtenir de détails factuels de cette manière, et il ne s'y attendait pas non plus. Ce qu'il voulait, et ce qu'il commençait à obtenir, c'était la « sensation » de la ville. Et plus il restait assis, moins cela lui plaisait.

Car il pouvait sentir très clairement qu'il y avait très certainement « un Mercutien dans la fosse à combustible » ici quelque part. Mais qu'est-ce que c'était ? ce que présageait ce sentiment étrange, il ne pouvait pas vraiment le comprendre.

Il remarqua, par hasard, qu'il y avait dans ce parc les badauds habituels, et des centaines d'enfants accompagnés de leurs nourrices ou de leurs parents. Mais il n'y avait aucun des abandonnés que l'on voit dans tant de parcs des grandes villes. La plupart des gens semblaient bien habillés et pas trop pauvres. Il pouvait parfois réfléchir à des affaires importantes.

Au bout d'un moment , Hanlon remarqua qu'ici, comme dans la plupart des parcs, des centaines d'oiseaux indigènes ressemblant à des pigeons volaient et sautillaient, cherchant les miettes qu'ils pourraient récupérer dans les déjeuners des pique-niqueurs, ou les noix que leur donnaient les badauds intéressés.

Il se demanda s'il pouvait entrer dans l'esprit d'un oiseau et envoya le sien pour en contacter un. Ses capacités étaient, selon lui, à peu près les mêmes que celles des chiens : il pouvait non seulement « lire » l'esprit du pigeon, mais il pouvait également le contrôler... il pouvait en fait projeter une partie de son esprit dans le cerveau de l'oiseau.

La texture du cerveau était différente, mais en restant assis là pendant encore une heure, il a appris la différence. Pour l'instant, il savait quoi chercher, et il ne lui fallut pas longtemps avant de bien le savoir. Finalement , il parvint à voir et à comprendre ce que faisaient les gens autour de lui, non pas grâce à sa propre observation directe, mais grâce aux sens du pigeon. Il envoya plusieurs ailes dans les airs et obtint une bonne perspective de toute la ville.

Finalement , il ramena son esprit dans son propre cerveau, haussa mentalement les épaules, puis se leva du banc.

"Tu ne fais que gagner du temps, tu sais," se réprimanda-t-il. "Rendez-vous à l'hôtel, enregistrez-vous, puis allez chercher dans le coffre-fort de la banque. Vous avez un travail à faire, alors allez-y !"

De l'hôtel, il se rendit à la banque et s'inscrivit pour une boîte. Il n'y avait encore rien pour lui dans la boîte 1044, alors il a laissé une note adressée « à tout SS », indiquant qu'il était ici et prêt à commencer son travail.

De retour à l'hôtel, il déballa ses bagages, prit une douche, puis fit une petite sieste. On ne savait pas ce que la nuit pourrait lui apporter, et il voulait toute sa force et ses pouvoirs.

La Nouvelle Athènes était une ville magnifique, comme il convenait à la capitale de la planète la plus riche de la Fédération. Pour Simonide, Quatre n'était devenu que cela, dépassant même Terra en termes de richesse provenant de ses fabricants et de ses exportations. Ses expéditions de minerais, de bijoux, de fourrures inhabituelles, de produits manufacturés, d'outils de précision et de produits d'art, ainsi que de denrées alimentaires brutes et transformées, se chiffraient chaque année à des milliards de crédits.

La grande place montrait clairement qu'un architecte ou un urbaniste amoureux des lignes classiques était aux commandes ici. Les bâtiments étaient tous des représentations modernes des grands temples et édifices publics de l'âge d'or de la Grèce sur Terra. Ils étaient largement espacés, entourés de magnifiques pelouses et jardins.

Des milliers de lumières astucieusement dissimulées accentuaient la beauté de ces merveilleux bâtiments, et Hanlon retint son souffle de plaisir à sa première vue de la merveilleuse place la nuit. Il avait trouvé cela merveilleux de jour – maintenant il admettait sans réserve que c'était le spectacle le plus magnifique qu'il ait jamais vu.

Il fit finalement signe à un taxi terrestre — la Nouvelle Athènes n'avait pas de glissières — de se rendre au Bacchus. C'était à plusieurs pâtés de maisons de la place, mais chacune des rues qu'il parcourait était presque aussi belle.

La taverne était située dans un grand bâtiment d'un seul étage avec une façade à piliers. La pièce principale était au niveau d'une terrasse arborée cinq marches au-dessus de la rue.

À l'intérieur, la taverne était décorée avec goût dans des couleurs sobres. Elle était faiblement éclairée par des représentations de flambeaux, collées aux angles des murs. Le centre de la pièce était occupé par des dizaines de tables de différentes tailles, tandis que sur un côté et sur une partie du fond se trouvaient des cabines recouvertes de rideaux. De l'autre côté se trouvait un bar orné.

Hanlon se dirigea vers ce dernier et s'assit sur l'un des tabourets rembourrés. Les filles du bar, remarqua-t-il avec intérêt, étaient habillées de manière révélatrice de pseudo-peplos d'un tissu violacé, à toile d'araignée et soyeux . Elles ne portaient pas de chemisiers, mais de longues ceintures qui passaient derrière le cou, croisaient les seins et nouées autour de la taille pour retenir la jupe courte. Une des filles est venue chercher sa commande.

"Je suis nouveau sur la planète", sourit-il. "Laissez-moi prendre votre meilleur vin léger indigène."

Elle lui apporta un verre rempli d'un liquide doré et pétillant et attendit qu'il prenne sa première gorgée appréciable. "Nous l'appelons 'Golden Nectar'", sourit-elle.

Il fit claquer ses lèvres. "Merveilleux!" Puis, alors qu'elle s'éloignait, il la rappela. "Connaissez-vous un M. Panek ? Je devais le rencontrer ici, mais je ne le vois pas."

Ses yeux s'écarquillèrent un peu à ce nom. "Je vais voir si je peux le localiser pour vous, monsieur," et elle s'éloigna.

Quelques minutes plus tard, alors qu'il faisait encore semblant de siroter son verre, Hanlon sentit une chaleureuse tape sur l'épaule.

"Eh bien, eh bien, c'est mon copain du navire. Bienvenue à Sime, mon pote, bienvenue à Sime."

"Salut, Panek ! J'espère que tu voulais dire ça à propos de tes recherches, parce que me voici."

Hanlon lança une note de crédit sur le bar et suivit Panek . Il fut conduit vers un coin arrière, mais là, au lieu d'entrer dans l'une des cabines, Panek se dirigea vers une alcôve presque cachée. Il frappa bizarrement à une porte, et un judas s'ouvrit. Lorsque le gardien vit de qui il s'agissait, la porte fut suffisamment ouverte pour que les deux puissent passer.

Hanlon, d'un coup d'œil rapide et complet, vit qu'il s'agissait d'un bureau assez vaste, actuellement occupé par quatre hommes.

"Voici George Hanlon", le présenta Panek , "le gars qui a fait ce travail sur le vieil Abrams, le même gars."

Hanlon remarqua que Panek n'avait pas nommé les hommes présents, mais il pouvait voir qu'ils semblaient tout savoir sur lui et qu'ils lui faisaient une première visite. Hanlon regarda en retour, son esprit touchant rapidement l'un après l'autre des trois assis dans de grands fauteuils. Seules leurs pensées superficielles étaient lisibles, et il savait au premier contact qu'ils n'étaient que des subalternes, les mêmes que Panek . Il y lit une impression favorable de lui-même, mais avec des réserves.

Il tourna son attention vers l'homme bien habillé et à l'air impressionnant derrière le bureau en plastique, et ses autres investigations n'eurent pas duré plus de quelques secondes. Il remarqua avec intérêt le visage rond et lisse, les yeux verdâtres légèrement trop grands, les cheveux argentés qui semblaient plus fins et plus soyeux que ce que Hanlon avait jamais vu sur un être humain. C'était presque comme une fine fourrure, pensa-t-il soudain.

Puis il a eu un choc ! Cet homme était différent… Hanlon ne pouvait pas du tout toucher cet esprit ! Il y avait là une sorte de… un sentiment étranger qu'il ne parvenait pas à comprendre. Cela ne ressemblait à aucun autre esprit qu'il avait jamais essayé de lire.

Mais il prit soin de ne pas laisser paraître sur son visage ses pensées intérieures alors qu'il les salua gravement après cette première brève pause.

Puis, tout à coup, il exprima sur son visage un enthousiasme enfantin… presque une naïveté. "Peut-être que M. Panek vous a déjà parlé de moi. Je cherche une opportunité de gagner beaucoup de crédits... et je ne sais pas trop comment je les obtiendrai . "

Mais son esprit était tendu et anxieux. Quel était leur jeu ? Et cet homme derrière le bureau, ce leader. Qui était-il? Hanlon savait qu'il aurait du mal à trouver ces réponses... mais il savait qu'il le devait !

Le chef hocha suavement la tête. "C'est un désir très... euh... louable," dit-il d'une voix basse et douce qui correspondait parfaitement à son apparence extérieure de haute noblesse. "Nous pouvons toujours avoir besoin d'un homme bon", a-t-il poursuivi, "qui n'a pas peur... ni trop dégoûté".

"Un déclencheur ?" Hanlon haussa les épaules. "Si ça paie bien, d'accord."

L'homme semblait reculer, ses mains délicates flottant dans l'air de manière presque féminine. "Non, non, mon cher jeune homme. Vous m'avez complètement mal compris. Nous ne faisons rien d'aussi grossier, d'aussi vulgaire, d'aussi... d'aussi brutal. Oh, parfois nous... euh... parfois un accident arrive à quelqu'un. Mais rien, vous comprenez, avec quoi nous ayons quelque chose à voir. Votre technique avec le pauvre M. Abrams, qui a été si soudainement pris... malade... m'avait amené à espérer que vous aviez plus de finesse.

"Je vous demande pardon," le ton de Hanlon était maintenant celui d'excuses. "Je peux faire preuve de finesse, d'accord, mais je ne savais pas que tu voulais que je parle de cette façon en privé. Je m'en souviendrai et respecterai tes souhaits à partir de maintenant."

Intérieurement, il était perplexe. Il essayait sans cesse de toucher cet esprit, mais n'y parvenait pas. Ce type était-il humain – ou avait-il une sorte de contrôle mental ? Était-il habitué à lire dans les pensées, de sorte qu'il avait développé une défense contre cela ?

Ou – et Hanlon retint presque son souffle à cause d'une peur momentanée – ce singe était-il un lecteur d'esprit ? Un vrai, pas un doublage comme lui ?

Mais le chef répondait, toujours sur ce ton doux, comme si de rien n'était. "Alors... alors... c'est bien. Je déteste l'idée d'effusion de sang, et je n'accepterai pas la brutalité dans les actions ou les paroles. Il est regrettable, bien sûr, que parfois les hommes soient assez stupides pour s'opposer à nous, mais... .." et encore ce geste presque féminin.

C'était la *chose la plus soyeuse, la plus visqueuse* ... que George Hanlon avait jamais rencontrée, et encore une fois, son cœur trembla pour le moment. "Si j'étais seul", frissonna-t-il intérieurement, "je ne ferais certainement jamais équipe avec un gars comme ça !"

Car il n'y avait pas un seul iota de pitié ou de compassion dans cet esprit glacial derrière ce visage doux – Hanlon en était sûr.

Il y eut un long et profond moment de silence, pendant que les cinq hommes étudiaient Hanlon plus attentivement. Finalement, l'homme derrière le bureau parla plus lentement. « Peut-être – juste peut-être, comprenez-vous, et rien de précis pour l'instant – nous aurons peut-être un petit travail pour vous d'ici peu. Sur une autre planète. Vous n'avez aucune objection à voyager ?

"Pas s'il y a un paquet de trucs à la fin du voyage, non," sourit avarement Hanlon. Mais son esprit cherchait des réponses. Pourquoi voulaient-ils le renvoyer ? Était-ce un véritable travail ou un piège ? Devrait-il aller sur une autre planète ? Aurait-il ainsi les meilleures pistes ? Peut-être – si ce n'était pas pour trop longtemps, bien sûr.

Le chef sourit soudainement tandis qu'Hanlon réfléchissait ainsi, et les autres sourirent comme s'ils attendaient son avance pour relâcher leur vigilance. "Il y aura un très gros... euh... paquet." Il fit une pause un instant, puis poursuivit : "Nous avons besoin de plus de surveillants sur... une certaine planète. C'est une planète riche en métaux divers. Les indigènes l'exploitent sous notre direction, et..."

Hanlon l'interrompit. "Je ne connais rien à l'exploitation minière. Est-ce que cela fera une différence ?" Ici, pensa-t-il rapidement, c'était le test. S'ils le voulaient toujours – et avaient une réponse raisonnable – cela pourrait bien être un travail de bonne foi.

"Aucun du tout", sourit à nouveau le chef. "Nous avons des ingénieurs miniers en charge. Votre travail serait simplement de faire travailler les indigènes à toute vitesse. Il est... euh... malheureux, qu'ils soient suffisamment élevés dans l'échelle culturelle pour que nous ne puissions pas, selon le dicton de Snyder. , coloniser leur planète et l'exploiter nous-mêmes. Mais nous allons chan ..." Il s'interrompit comme s'il réalisait qu'il en disait trop, et Hanlon se raidit intérieurement.

C'était un véritable indice. De quelle planète parlait l'homme ? Son examen mental le plus pénétrant ne parvint à obtenir la réponse d'aucun des esprits présents – pour les autres, il s'agissait simplement d'une « planète », rien de plus. Et ce singe, avec sa parfaite maîtrise mentale, ne laissait rien couler.

Mais le leader s'était repris et avait continué presque comme s'il n'y avait pas eu de répit : "... le hasard vous utilise, je pense. Si c'est le cas, votre salaire sera de mille crédits par mois, plus toutes dépenses. Et une belle prime de temps en temps, en fonction du peu de problèmes que vous rencontrez avec votre équipage et de la quantité de minerai qu'ils extraient.

Hanlon montra à nouveau cette lueur d'avarice. "Ça a l'air très intéressant." Puis il se pencha en avant. « Encore une chose. Combien de temps dure le travail ?

"Pendant plusieurs années, si tu le veux, et si nous continuons à être satisfaits de toi. Mais nous ramenons les hommes en vacances tous les quelques mois. Nous trouvons cela le mieux chez la plupart d'entre eux : le climat n'y est pas très agréable, et les conditions sont contraignantes."

« Rien à faire à part travailler, hein ?

"À peu près ça. Les quarts de travail durent environ huit heures de notre temps, et entre eux, vous mangez, dormez, lisez ou jouez aux cartes... mais vous n'explorez pas ou quoi que ce soit du genre ! Le navire s'y rend toutes les trois semaines, et nous on compte généralement dix-huit semaines là-bas, puis trois semaines ici. Les gardes et autres alternent de cette façon. Ils ont tendance à... euh... se détériorer si nous ne le faisons pas.

Hanlon se laissa frissonner, mais sourit en le faisant. "C'est une chose que je ne veux pas faire : devenir fou. Je ne peux pas gagner de crédit en faisant ça."

Le chef leva la main. "Vous comprenez, bien sûr, il y aura une courte période de... euh... vérifications et tests avant que nous décidions de vous envoyer sur un chantier."

La voix de Hanlon était presque servile, mais confiante. "Bien sûr, monsieur. Vous l'appelez ; je le fais."

Il cherchait toujours avec tout ce qu'il avait, mais n'obtenait toujours rien d'important. Quelques hommes semblaient rire de ce qui pourrait lui arriver s'il échouait aux tests – mais il l'avait deviné, de toute façon.

Soudain, le chef se pencha par-dessus le bureau et ses manières distinguées lui échappèrent comme un masque abandonné. Ses yeux sont devenus de la glace glaciale.

"N'ayez pas d'idées grandioses en tête, Hanlon. Nous ne sommes pas des imbéciles. Nous ne vous offrons pas non plus la possibilité de participer à l'ensemble de nos projets. Je vous engage simplement, peut-être, pour faire un travail simple."

"Oh, non, monsieur, je ne pensais même pas à une telle chose," Hanlon eut l'air blessé. "Eh bien, je ne suis qu'un enfant. Je sais que je ne pouvais pas m'attendre à autre chose... au début. Pas avant d'avoir fait mes preuves auprès de toi, ou jusqu'à ce que j'aie fait ma pile et que je sois en position de pouvoir. ... Ensuite, naturellement, je voudrais me lancer dans quelque chose où je pourrais vraiment aller dans des endroits. Mais c'est pour des années et des années à venir, je le sais."

Les yeux désormais durs et froids le scrutèrent attentivement, mais toujours dubitatifs. Lorsque le chef parla, sa voix était plus cordiale, quoique encore plus dure, pas douce comme elle l'avait été au début.

"Je vais être franc, Hanlon. Nous ne sommes pas trop sûrs de toi... pour le moment... parce que tu étais un cadet. Oh, nous savons", alors que Hanlon commençait à protester chaleureusement, "tout à propos de ton expulsion. " Nous pouvons voir à quel point tout cela a pu vous aigrir suffisamment pour que vous fassiez vraiment tout ce que vous pouvez pour aller de l'avant, ne serait-ce que pour le montrer au Corps. Mais vous pouvez comprendre notre hésitation, je pense. "

"Bien sûr, monsieur. Mais ne vous inquiétez pas." Il rendit sa voix aussi amère et dure que possible. "J'en ai eu assez de toutes ces histoires de loi et d'ordre . J'étais un jeune punk innocent, plein d'idéaux élevés et de la romance du Corps et de toutes ces conneries. Mais ces serpents gluants galeux m'ont fait tomber tout ça. Tout ce que je peux faire et qui leur donnera un coup de pied dans les dents, je le ferai avec joie et enthousiasme ! »

"Belles paroles", a lancé le leader, "mais pouvez-vous les accepter si les choses se compliquent ?"

Hanlon apprenait vite. Maintenant, il regardait droit dans ces yeux durs.

"Pouvez-vous le distribuer, Monsieur?" Son ton était presque insolent, mais pas tout à fait.

Chapitre 11

Un regard noir éclaira le visage du leader face à l'impertinence de Hanlon : « Pouvez-vous le dire, Monsieur ? Il se leva à moitié de son siège, tandis que les quatre autres hommes tendaient rapidement leurs mains vers leurs armes.

Puis lentement, l'homme s'affaissa, se détendit et sourit – un sourire ouvert et amical d'une cordialité authentique, et ses hommes se détendirent également.

"Tu le feras, Hanlon, par le grand... euh... Zeus, tu le feras ! Mais," ajouta-t-il d'un ton significatif, "je pense que tu découvriras que je peux "le faire", comme tu appelles. ", si jamais le besoin s'en fait sentir. Vous feriez mieux de prier pour que cela ne se produise jamais. "

"Très bien," Hanlon haussa les épaules avec indifférence.

"Les garçons vous emmèneront et vous montreront la ville, si vous le souhaitez", sourit le chef d'un air engageant. "Ils vous préviendront lorsque j'aurai un travail prêt, ce qui peut être dans un jour ou deux."

Hanlon le remercia et estima qu'il était de principe de sortir avec « les garçons », même s'il n'y tenait pas particulièrement. Il n'a pas non plus particulièrement apprécié la nuit qui a suivi.

Il avait laissé un appel à dix heures au visiophoniste de l'hôtel lorsqu'il revint enfin à l'hôtel. Quand elle a appelé il ouvrit un œil à moitié, groggy, et chercha l'interrupteur à bascule.

" Bonjour . "

"Dix heures du matin, M. Hanlon."

"Oh non!" il gémit.

"Oh, oui," rigola-t-elle. "C'est si mauvais, n'est-ce pas ?"

" Pire encore. Mais merci quand même... je suppose. "

Elle riait de bon cœur en se déconnectant.

Hanlon gémit avec la misère totale d'une tête extrêmement déformée et lancinante. La lumière du soleil qui pénétrait directement dans ses yeux par une fenêtre ouverte n'aidait en rien. Il se retourna avec colère, mais savait qu'il devait se lever.

Il sortit du lit en trébuchant et alla se mettre sous une douche froide. Dix minutes plus tard, il commença à se sentir un peu plus humain et décida qu'il survivrait peut-être après tout.

"Plus jamais!" il jura avec ferveur. "Je ne suis tout simplement pas fait pour boire sérieusement. J'espère que je n'ai rien révélé à ces gars hier soir."

Il s'habilla lentement, tout en s'efforçant, autant que le lui permettait sa tête douloureuse, de revoir sa situation. Il était assez satisfait de son succès jusqu'à présent, mais la peur était toujours avec lui. Il était sur le point d'arriver là où il voulait être, mais… ce n'était certainement pas un pique-nique dans lequel il se précipitait. Il se souvint de l'injonction de son père de se détendre au début et grimaça d'un air ironique .

Prenant son petit-déjeuner dans la salle à manger de l'hôtel, après avoir pris un effervescent pour soulager son mal de tête, il essaya de planifier ses prochains mouvements. Il ne pouvait pas faire grand-chose, décida-t-il, jusqu'à ce qu'ils l'appellent. Il avait fait son pari — il ne fallait pas essayer de trop se pousser, sinon cela paraîtrait vraiment louche à ces esprits aiguisés.

Il frissonna à nouveau, involontairement, en pensant à ce leader énigmatique. Qui... ou quoi... était-il ?

Hanlon se rendit d'abord à la banque et dressa une carte pour sa propre boîte. Mais une fois dans le coffre-fort, et le préposé sorti, c'est la boîte 1044 qu'il ouvrit. Il y avait un mot pour lui.

"Bienvenue à Simonide", lut-il. "Je m'appelle ici Art Georgopoulis . Je travaille actuellement comme barman au Golden Web, rue des Thermopyles . Les hauts gradés de la pègre traînent là-bas, et je prends des nouvelles de temps en temps. Si vous entrez , présentez-vous en demandant "un bon vieux Kentucky Mint-Julep", pratiquement personne ne le demande jamais. Je suis le blond et le maigre au fond du bar. Si je peux être utile, criez simplement . Moi, je n'ai pas encore eu le premier contrôle au poste, mais je suis toujours là en train de frapper. J'espère que tu feras mieux, Curt Hooper.

Hanlon a « mangé » la note, puis a écrit la sienne, racontant ce qu'il avait appris jusqu'à présent, ce qu'il soupçonnait et ce qu'il essayait de faire. De ses nouveaux pouvoirs mentaux , il ne dit rien. Il ne se méfiait pas de ce SS, bien sûr, mais si celui-ci ne le savait pas, on ne pouvait pas le lui faire dire.

Alors qu'Hanlon quittait la berge , il commença à avoir le sentiment d'être suivi, mais ne parvint pas à localiser quelqu'un qui le faisait, même s'il n'osa pas fouiller très soigneusement derrière lui. Il ne pouvait pas non plus percevoir de pensées précises à ce sujet parmi le fouillis de sensations mentales dans les rues bondées.

Il a erré la majeure partie de la journée, franchement pour faire du tourisme, mais son esprit était toujours ouvert. Il se rendait dans divers édifices publics, s'asseyait quelque temps dans l'un ou l'autre des nombreux parcs chaque fois qu'il se sentait un peu fatigué de marcher.

Ce sentiment d'être observé le rendait prudent, donc il ne s'entraînait pas beaucoup avec son contrôle mental sur aucun des oiseaux ressemblant à des pigeons ! Il fit cependant un tour au zoo local et, pendant qu'il s'arrêtait momentanément devant chacune des cages pour regarder l'exposition qu'elles contenaient, il fit brièvement une excursion dans l'esprit de chaque type différent d'animal, d'oiseau ou d'animal. rongeur. En dehors de légères différences de texture, ils semblaient tous à peu près identiques. Chacun d'eux avait, naturellement, des capacités musculaires différentes qui nécessiteraient une étude approfondie s'il avait l'intention d'en utiliser une.

Et chaque minute, il cherchait, recherchait le moindre élément de preuve quant à ce qui provoquait ce courant sous-jacent d'intrigue secrète qui était si clairement évident à son esprit ultra-sensible.

Mais il n'y avait aucune donnée factuelle à tirer. Seulement cette « sensation » dans l'air même. Pourtant, à mesure que la journée avançait, il en vint à croire qu'une grande partie ou la majeure partie de ce qu'il ressentait n'était pas le complot qui préoccupait le Corps. Il semblait plutôt que tous les gens ici étaient engagés dans une sorte d'agressivité secrète.

Et il fut finalement forcé à prendre conscience qu'il s'agissait d'« affaires » et non de « politique ». Car il était bien connu que Simonide, même s'il était devenu le monde le plus riche de la Fédération, n'était pas encore convaincu... que ses marchands et commerçants voulaient s'emparer de plus en plus des affaires du Système.

Il y avait bien trop d'esprits engagés dans des pensées agressives pour une révolution politique, il en était sûr. Si l'affaire avait été aussi répandue, d'autres membres des services secrets auraient sûrement découvert quelque chose de précis à ce sujet. Non, quoi que ce soit, ce n'était clairement pas ce qu'il était là pour trouver.

Le sentiment d'être espionné était toujours plus ou moins présent, mais il ne parvenait pas à repérer le ou les hommes qui le surveillaient. Soit plusieurs travaillaient en équipes courtes, soit la caravane se tenait si loin derrière lui que la multiplicité des pensées des centaines de personnes toujours présentes masquait celles de l'espion.

Hanlon a déjeuné tranquillement dans un petit restaurant et a continué pendant l'après-midi ses visites apparemment sans but. S'ils le surveillaient, ils n'auraient rien à signaler, sourit-il. Pas pendant la journée, du moins. Ce que la soirée apporterait serait peut-être une autre affaire.

Car il avait décidé de prendre au moins contact avec le SS qui avait écrit cette note. Il dînerait au Golden Web, s'ils servaient des repas. Sinon, il prendrait quand même un verre. Les deux hommes devraient certainement se connaître de vue.

Il s'est rendu brièvement à l'hôtel, mais aucun appel n'a été reçu pour lui. Il prit donc un taxi pour se rendre au café, qui s'avéra être un taxi prétentieux et criard. À l'intérieur, il se dirigea vers cette partie du long bar très fréquenté, présidée par un homme blond et mince.

Hanlon monta sur un tabouret. "Donne-moi un bon vieux Kentucky Mint-Julep, suh ", a-t-il demandé, "et sois tenace, c'est bien fait."

Le barman le regardait bizarrement. "Où est ce Kentucky et qu'est-ce qu'un menthe-julep ?"

"Sur Terra, bien sûr, d'où je viens. Où pensais-tu que c'était, sur Andromeda Seven ?"

"Pardonnez-moi, monsieur. Il me semble que je me souviens maintenant d'avoir entendu parler d'une telle boisson. Je vais devoir la rechercher dans le livre de recettes, je ne me souviens plus des ingrédients."

Hanlon sourit et perdit son apparence de truculence. "Il est en partie fait de Blue Grass, comme un 'cou de cheval'. Mais si c'est trop compliqué, donne-moi juste un Cola."

Le barman sourit également. "Je t'ai eu, Steve," et il versa la boisson gazeuse.

Hanlon était assis en sirotant son verre inoffensif, regardant tranquillement autour de lui. Une foule nombreuse commençait à remplir la place – des gens bien habillés, visiblement assez riches, mais il pouvait voir qu'il ne s'agissait pas de la véritable classe supérieure, mais de grimpeurs légèrement à l'ombre.

Son verre terminé, Hanlon fit signe à son sympathique barman. "La bouffe ici est bonne ? Cela a l'air d'être un endroit sympa."

"Oui, ça l'est. On entend souvent des choses intéressantes ici. Quant à la nourriture, elle est très bonne et pas trop chère. Ils ont une volaille indigène qui ressemble beaucoup au poulet, je pense que vous aimeriez. Demandez du *poyka* , peu importe. style que vous aimez qu'il soit réparé. Heureux de vous être utile, monsieur, à tout moment et de quelque manière que ce soit. Les derniers mots ont été légèrement soulignés.

Hanlon avait commandé et attendait sa nourriture lorsqu'un homme qu'il n'avait jamais vu auparavant se glissa sur le siège en face de lui.

"Le Patron veut te voir."

"Ouais?" Hanlon le regarda de haut en bas avec presque mépris. "Qui est ce 'patron' qui s'intéresse à moi ?"

" Arrêtez de faire le clown. Vous savez qui. Au Bacchus. Maintenant ! "

"Donc." Hanlon se laissa paraître légèrement intéressé. "Eh bien, une fois que j'aurai fini de manger, si rien d'autre ne m'intéresse davantage, je pourrais y passer."

"Tu ferais mieux, et très vite aussi!" » cracha l'homme, même s'il était évident qu'il était intrigué par les manières de Hanlon. "Il n'aime pas qu'on le fasse attendre."

"Et je n'aime pas qu'on me presse ou qu'on me donne des ordres !" Hanlon rétorqua sèchement. "Si je viens et que je remarque que j'ai dit 'si', je serai là dans environ une heure. Maintenant, ça vous dérange ? J'aime profiter de ma nourriture."

L'homme se leva, toujours avec cette expression perplexe. Il était évident qu'il n'était pas habitué à ce que les gens ne sautent pas lorsque son « patron » lançait des invitations – qui étaient en réalité des ordres. Il secoua lentement la tête. "J'espère pour vous qu'il est de bonne humeur", dit-il en partant.

L'esprit de Hanlon n'était pas très tranquille car il mangeait rapidement, et son goût pour l'excellente nourriture n'était pas aussi vif qu'il aurait pu l'être sans cette interruption. Il frissonna, se souvenant de la froideur impitoyable qu'il avait sentie derrière les manières suaves de ce chef. Mais il devait jouer son rôle de jeune un peu impétueux qui n'avait peur de personne ni de rien. Il avait fait un score impeccable avec ce "pouvez-vous le dire, Monsieur ?" mais il ferait mieux de ne pas pousser sa chance trop loin.

donc qu'environ une demi-heure plus tard qu'il se présenta au Bacchus.

"Vous avez pris votre temps pour venir", le chef regarda Hanlon avec curiosité.

"J'avais faim", répondit simplement Hanlon. "Je venais de commander le dîner lorsque votre message a été livré. Je suis venu dès que j'ai fini."

"Ceux qui travaillent pour moi habituellement... euh... viennent en courant quand j'appelle."

Hanlon sourit d'un air loup. "Peut-être qu'ils ont peur de toi."

"Et tu ne l'es pas ?"

"Dois-je l'être?"

"Je n'aime ni l'impudence ni l'insolence", la voix fut plus sèche et les yeux perdirent un peu de leur calme dans un éclair de colère.

Hanlon savait qu'il était allé assez loin pour le moment, alors il devint instantanément moins impétueux et plus désolé.

"Si j'accepte votre poste et si vous m'en proposez un, monsieur, j'obéirai à tous les ordres rapidement et je vous donnerai tout ce que j'ai, bien entendu. Mais je ne suis pas un de vos crapauds pleurnicheurs ."

Le chef le regarda une fois de plus avec une évaluation silencieuse, dans laquelle une certaine mesure de respect, ou du moins d'approbation, semblait se manifester. Hanlon, sondant les autres esprits présents, s'amusait secrètement de leur étonnement face à sa témérité... et du fait qu'il s'en sortait sans problème.

Après de longs instants, le chef hocha la tête, comme s'il avait pris une décision.

"Que faisais-tu à la banque ce matin ?"

"Eh bien, je dépose juste certaines de mes affaires dans un coffre-fort", dit-il, surpris. "Pourquoi?"

« Comment avez-vous obtenu votre propre boîte si rapidement ?

" Que veux-tu dire par si vite ? Je suis entré hier et j'ai demandé s'il y en avait une disponible, et la vendeuse m'a inscrite et m'a dit que je pouvais entrer aujourd'hui. "

"Oh, je vois. On m'a dit que c'était fait comme si tu avais déjà une boîte et... euh... je me suis posé des questions."

Hanlon fouilla dans sa poche et jeta une clé sur le bureau. "Va regarder par toi-même si tu penses que c'est important. Et incidemment," dit-il avec mépris, "J'ai su toute la journée que j'étais suivi." Mais il fut immédiatement désolé d'avoir dit cela en dernier.

Car il y avait une froideur mortelle dans le ton du chef et une lueur dans ces yeux durs qui auguraient de mauvais augure pour quelqu'un. "Je vois. Eh bien, laisse tomber." Il poussa la clé vers Hanlon, qui la rangea avec reconnaissance. Son bluff avait fonctionné. C'était bien sûr la clé de sa propre boîte ; son passe-partout se trouvait dans une poche cachée du revers de son pantalon.

Le chef se laissa tomber sur sa chaise et resta silencieux pendant de longues minutes, réfléchissant profondément, pendant que Hanlon attendait patiemment, essayant toujours d'extraire une lueur de pensée de cet esprit illisible, toujours frustré presque au point de désespérer de ne pas y parvenir.

Finalement, l'homme parla, mais pas à Hanlon. " Panek , toi et les autres allez trouver Rellos et amenez-le ici. "

Lorsqu'ils furent seuls, le chef se pencha en avant et parla sincèrement à Hanlon, tout en le surveillant attentivement pendant qu'il le faisait. "Je t'aime bien, Hanlon, et je vais te tester. Je ne suis pas encore trop sûr de toi, mais si je le deviens, tu pourras aller loin, très, très loin avec moi. Ce Rellos que j'ai envoyé chercher . est l'homme qui vous suivait aujourd'hui. Je ne peux pas, je *ne le ferai pas* ! cracha-t-il d'un ton venimeux, "supporte l'échec ou l'incompétence. Je vous confie la petite tâche agréable de veiller à ce qu'une sorte d'accident... euh... arrive à Rellos . Et en y réfléchissant, cela pourrait tout aussi bien être un ... euh... permanent."

Le ventre de Hanlon était si serré qu'il en avait mal, mais il s'efforçait vaillamment de ne pas laisser ses sentiments transparaître sur son visage. Il avait eu une idée instantanée de ce que serait la proposition, et c'était une mesure de sa stabilité qu'il réussisse à garder son masque.

Il savait pertinemment que cette fois, il devrait se livrer à un meurtre, ou bien abandonner cette ligne de recherche. Car il savait que s'il ne tuait pas cet homme, cette voie lui serait fermée. Et s'il abandonnait, mais donnait le pourboire à un autre SS, celui-ci finirait par être confronté au même genre de tâche. Alors, même si cela lui faisait mal de le contempler, c'était désormais devenu un *incontournable* ! Il devrait se considérer comme un soldat en guerre et Rello comme un ennemi.

Extérieurement calme, il haussa les épaules avec indifférence. "Tout gars qui ne peut pas produire ne vaut pas la peine d'être gardé", a-t-il déclaré. "Tu veux que ce soit fait d'une manière particulière ?"

"Non... Je pense que j'aimerais voir comment tu travailles. Planifie-le toi-même. Mais si ce n'est pas fait, tu ferais mieux de ne plus me laisser, ni mes hommes, te revoir."

"Très bien. Si je ne peux pas faire un travail aussi simple que celui-là, je ne pourrai certainement pas vous apporter suffisamment de valeur pour me faire vraiment du bien."

Ils restèrent silencieux, mais l'esprit de Hanlon était sombre face à ce qui allait arriver. Il n'était pas du genre tueur : il croyait au caractère sacré de la vie humaine. Pourtant, il savait qu'il lui faudrait s'armer de courage pour y parvenir. Le travail était plus important que la vie d'un homme. Mais tuer de sang-froid – un meurtre délibéré et planifié !

À ce moment-là, Panek revint avec un homme mince d'âge moyen.

"Ah, Rellos ", le salua le chef. "Je veux que vous rencontriez un nouveau membre de notre groupe, George Hanlon. Il vient tout juste d'arriver de Terra et n'a jamais été sur Simonides auparavant. J'aimerais que vous le sortiez et lui montriez la Nouvelle Athènes et ce qu'elle contient dans le chemin des plaisirs. Vous pourrez rendre compte de vos dépenses demain.

Et *cela* , pensa Hanlon, était à peu près le truc le plus bas et le plus gluant qu'il ait jamais entendu, et la pensée lui vint et ne serait pas niée, que si c'était ce chef qu'il devait tuer, il pourrait le faire joyeusement et avec un clair conscience.

Il se leva cependant et sourit en lui tendant la main. "Ravi de te connaître, Rellos . Ce sera amusant de comparer tes amusements avec ceux de Terra."

L'homme était quelque peu maussade, même s'il était évident qu'il n'osait pas trop le montrer devant leur patron. Hanlon pouvait lire suffisamment dans l'esprit du nouvel homme pour savoir à quel point il avait une peur mortelle du chef et à quel point il le détestait.

« Je me demande pourquoi il est là, et ressent cela ? Hanlon réfléchit rapidement et, au cours de la soirée, essaya de le découvrir, mais sans succès : l'homme évitait de telles pensées.

Alors qu'ils sortaient tous les deux, le Simonidien demanda sèchement : « Du vin, des femmes ou une chanson ?

"Pourquoi pas quelques-uns des trois ?" Hanlon rit légèrement. "Tout ce qui, selon vous, serait une soirée animée et que vous apprécieriez."

L'autre s'est un peu déplié. "Nous irons d'abord chez Phobos, alors. Ils ont de la bonne boisson alcoolisée et un joli spectacle au sol. De jolies filles qui ne portent pas trop de vêtements."

Il héla un taxi au sol, dans lequel les deux hommes entrèrent.

Hanlon n'a pas pu profiter de cette soirée. En premier lieu, il ne pouvait pas abandonner tous ses verres – et il détestait l'alcool – mais il devait rester aussi sobre que possible. Deuxièmement, et le plus troublant, c'était cette chose horrible qu'il devait faire, et il savait qu'elle devait être soigneusement planifiée. Une arme à feu, un couteau ou un poison ne pouvaient plus être utilisés maintenant – cela devait tellement ressembler à un accident qu'aucun reproche possible ne pouvait lui être imputé ; de sorte que la police n'a pas pu le retenir, même pour une courte période.

Il réfléchit et abandonna un plan après l'autre, puis se souvint de quelque chose qu'il avait vu au cours de ses pérégrinations : un pont piéton traversant une voie rapide pour camions où les cargos interurbains étaient si nombreux qu'ils couraient presque pare-chocs contre pare-chocs. "Je vais le conduire là-haut, puis le jeter de haut en bas. Il sera sûr d'être écrasé et tué."

La nudité des filles du Phobos, les plaisanteries grossières des soi-disant comédiens, les rires rauques et grivois des clients ivres dégoûtaient Hanlon, et il était content quand ils partaient.

"Marchons un peu et voyons les sites touristiques", a-t-il suggéré, et Rellos a accepté après quelques disputes : il voulait visiter plus de boîtes de nuit.

Ils avaient marché quelques pâtés de maisons le long d'une rue résidentielle lorsqu'un petit chiot roly-poly s'est dandiné sur le trottoir pour les saluer.

"Quel mignon..." commença Hanlon, mais avec un juron, Rellos donna un coup de pied sauvage et vicieux au petit acarien, l'envoyant hurler de douleur à travers la haie basse.

Un grognement d'angoisse éclata et Hanlon envoya son esprit à la recherche de cette note plus profonde. Il l'a trouvée, la mère chien, et s'est immédiatement retrouvé dans cet esprit, le contrôlant.

D'un bond, l'énorme berger franchit la haie, droit vers Rellos . Le poids du chien portait l'homme en arrière, luttant pour sa vie, essayant de retenir ses crocs brillants qui tendaient vers sa gorge.

Hanlon s'est jeté dans la mêlée, mais tout en essayant ostensiblement d'entraîner le chien, il a retardé les quelques secondes qu'il a fallu pour que ces crocs tranchants arrachent la gorge de Rellos .

Les gens accoururent et, alors que les premiers atteignirent l'endroit, ils virent Hanlon lutter pour retenir le chien hargneux et taché de sang, tandis que Rellos gisait mort dans une mare de sang.

Le propriétaire du chien s'est précipité et a attaché le chien en laisse.

"Je suis terriblement désolé, monsieur", a déclaré Hanlon. "Ma compagne était ivre et a donné des coups de pied à son chiot. Elle l'a simplement vengé."

"Je me le demandais," l'homme fut secoué. " Kaiserina n'a jamais été vicieuse auparavant."

"Je ne pense pas qu'elle le sera à nouveau", dit Hanlon d'une manière apaisante. « Est-ce que le chiot va bien ? » demanda-t-il au petit garçon qui arrivait avec le petit animal bercé dans ses bras.

"Non," sanglota le garçon, " Fluffy est mort."

"Que se passe t-il ici?" » dit une voix autoritaire, et deux policiers se frayèrent un chemin à travers la foule rapidement rassemblée.

Le propriétaire du chien a expliqué avec des mots rapides et a complètement disculpé Hanlon. "Cet homme a essayé d'arrêter mon chien ; il la retenait quand je suis arrivé ici", et d'autres ont corroboré sa déclaration.

"Vous feriez mieux de tuer le chien", a déclaré le policier, mais Hanlon est intervenu.

"Non, elle ripostait juste à l'homme qui a tué son chiot. Elle n'était pas à blâmer, et je suis sûr qu'elle n'est pas vicieuse."

La police fut finalement satisfaite, et tandis qu'ils appelaient le wagon mort, Hanlon retourna lentement à son hôtel, le cœur toujours malade mais un peu consolé.

"Il l'avait prévu", pensa-t-il amèrement. « La bête pourrie… donner des coups de pied à un petit chiot comme ça !

Chapitre 12

Le lendemain soir, Hanlon retourna chez le Bacchus. Au lieu de s'arrêter au bar, il se dirigea directement vers l'arrière-salle et frappa à la porte.

Lorsque le judas s'est ouvert , il a demandé : « Le patron est là ?

"Non."

"J'ai un rapport à faire."

"Attendez au bar. Je vous contacterai."

Un quart d'heure plus tard, l'homme l'a convoqué et, en entrant dans cette pièce désormais familière, Hanlon a vu une porte de placard ouverte, révélant un écran de visiophone sur lequel le visage du chef était visible.

"Bien?"

"Ouais."

"Ah!" Il y eut une inspiration rapide et une lueur sauvage dans ces yeux verdâtres. Un moment de silence, puis "Voulez-vous toujours le poste de surveillant ?"

"Pour mille par mois et garder ? Certainement !"

"Très bien, nous allons vous essayer. Zeller vous donnera une liste de choses dont vous aurez besoin là-bas — des vêtements spéciaux et autres. Euh... vous avez de l'argent pour acheter ceux que vous n'avez pas ?"

"Je l'aurai quand tu me paieras l'argent des dépenses de Rellos pour la nuit dernière."

Les yeux du chef se plissèrent de colère soudaine. "N'abuse pas de ma patience, Hanlon."

"D'accord," Hanlon haussa les épaules avec indifférence. "Mais je n'ai jamais pensé que tu étais un radin."

Il y eut un halètement, comme si le chef était étonné par la témérité de Hanlon. Mais il reprit rapidement le contrôle de lui-même et, un instant plus tard, il se mit à sourire, puis à sourire et enfin à rire à haute voix... de lui-même.

"Par Zeus, Hanlon, je t'aime bien ! Personne d'autre n'a jamais osé me parler ainsi. Tu as gagné. Dis à Zeller... non, mets-le, je lui dirai... Zeller, donne à Hanlon la liste des choses nécessaires au travail de garde-mines, et payez-lui cent crédits, imputés au « fonds des accidents ». Dites-lui d'être ici, tout emballé pour partir, à treize heures. Il commença alors à éteindre la radio lorsqu'il entendit Hanlon demander : « Quelque chose d'autre maintenant ? fait à nouveau face à l'écran.

"Non, à moins que tu veuilles à nouveau faire le tour des garçons. Il faudra un certain temps avant que tu puisses avoir une vie nocturne."

Hanlon fit un signe de dégoût et secoua la tête. " Euh -euh, merci. Deux grosses têtes d'affilée me dureront longtemps. Je vais dormir un peu. "

Le chef sourit amicalement. "Le reste pourrait être mieux, car vous ferez un voyage plutôt difficile. Vous monterez à bord d'un cargo, pas d'un paquebot de luxe."

"Est-ce que je demande où je vais?"

"Est-ce que ça importe?"

Hanlon haussa les épaules. "Pas spécialement. Juste par curiosité."

"Alors ça ne te dérangera pas particulièrement si nous... euh... gardons ta destination secrète pendant un moment ?"

"Pas du tout, si c'est ce que tu veux", bâilla-t-il avec indifférence. Mais son esprit était si anxieux qu'il avait du mal à ne pas le laisser paraître sur son visage ou dans ses yeux. Comment pouvait-il obtenir cet emplacement ? Il réfléchit rapidement et conçut une possibilité.

"Votre bar ici sert du Cola ?"

"Qu'est-ce que c'est?"

"Une boisson gazeuse très populaire sur Terra et sur de nombreuses autres planètes. J'aimerais emporter une affaire avec moi, si c'est autorisé."

"Je ne vois aucune raison de s'y opposer. Je n'en ai jamais entendu parler, mais vous pourriez demander aux serveuses du bar."

"Je peux l'obtenir au Golden Web si vous ne l'avez pas ici. J'en ai eu là-bas l'autre soir."

Il observa attentivement mais il n'y avait aucun signe de suspicion ; le leader ne semblait même pas intéressé.

Hanlon a effacé l'écran, a obtenu la liste et l'argent de Zeller et est sorti. Le Bacchus n'avait pas de stock de Cola, alors il prit un taxi jusqu'au Golden Web.

Faisant semblant d'être à moitié ivre, il entra et commanda la caisse de boisson à son collègue. Tout en en buvant un verre, il parlait sur un ton plus ou moins bavard. Entre deux mots sans importance, il informa le barman SS qu'il partait le lendemain midi pour une autre planète dont il n'avait pas encore pu connaître le nom et l'emplacement.

"Mais j'ai un bon patron," marmonna-t-il d'une voix épaisse. "Très bon patron, bien sûr, il en sait beaucoup. Quartier général au Bacchus."

Hooper, aussi prompt à comprendre que doivent l'être tous les SS, se contenta de prononcer à haute voix le conventionnel « Vols sûrs », mais Hanlon savait qu'il ferait tout ce qu'il pouvait pour obtenir cette information planétaire.

Et Hanlon était très content lorsqu'il se rendit à l'hôtel et se coucha. Ce qui pouvait être fait avait été fait.

Dès qu'il eut pris son petit-déjeuner le lendemain matin, Hanlon quitta son hôtel, puis sortit et acheta les vêtements spéciaux et autres articles sur sa liste. Le tout emballé dans des valises de voyage, il se présenta au Bacchus peu avant treize heures.

Alors qu'il descendait du taxi et donnait l'ordre au portier de garder ses bagages jusqu'à ce qu'il soit prêt à partir, Hanlon fut réconforté de voir Hooper, apparemment en train de lire une nouvelle feuille , appuyé contre la façade de la terrasse à proximité.

Dans l'arrière-salle, le leader et trois autres personnes, dont l'omniprésent Panek , l'attendaient. On lui a remis une enveloppe.

"Quand vous arriverez, donnez ces lettres de créance à Peter Philander, le surintendant. Il sera votre patron là-bas. Faites simplement ce qu'il vous dit, ne vous intéressez pas à ce qui se passe, et tout ira bien."

"Ne t'inquiète pas si je garde mon nez propre. J'emporte une douzaine de mouchoirs supplémentaires."

Ses derniers doutes quant à l'idée de quitter Simonide pour se rendre sur la planète inconnue étaient désormais levés. Il était sûr que c'est là qu'il trouverait les pistes dont il avait désespérément besoin — et c'est probablement là seulement qu'il pourrait les obtenir.

Ils récupèrent ses bagages, puis tous montèrent dans un grand wagon noir et, au moment où celui-ci démarrait, les hommes baissaient les rideaux des fenêtres. Et pendant que Hanlon se posait cette question, l'un d'eux plaqua soudainement ses bras sur le côté pendant qu'un autre lui plaquait un morceau d'adhésif sur les yeux, le lissant fermement en place.

Hanlon haletait, mais ne luttait pas.

"C'est vrai, ne vous battez pas", la voix du leader était presque gentille. "Nous ne voulons tout simplement pas que vous sachiez où nous allons... pour le moment."

***

La voiture a parcouru quelques kilomètres, puis s'est arrêtée et ils sont tous sortis. Les hommes ont aidé Hanlon à descendre, lui ont fait faire quelques dizaines de marches, puis l'ont aidé à monter dans une autre machine. En un instant, il réalisa qu'ils étaient maintenant dans un avion qui avait décollé, et il fronça les sourcils. En supposant que Hooper l'ait suivi, il ne serait plus là. Il était seul.

Pendant plusieurs instants, Hanlon essaya en vain de lire dans l'esprit des autres où ils allaient. Il avait presque perdu espoir lorsqu'il entendit le halètement caractéristique d'un petit chien et se rendit compte que l'un des membres de l'équipage avait dû amener un animal de compagnie.

Rapidement, son esprit contacta celui du chien et se retrouva instantanément à l'intérieur, regardant à travers les yeux du chien. Il contrôla son esprit pour qu'il grimpe sur les genoux de l'homme et, avec ses pattes avant sur l'épaule de l'homme, regarde par la fenêtre de l'avion. Personne ne semblait trouver quoi que ce soit de particulier dans les actions du chien, son propriétaire se contentant de le tapoter alors qu'il se tenait là, comme Hanlon pouvait le ressentir à travers les sens du chien.

Hanlon pouvait maintenant voir qu'ils approchaient de certaines montagnes et prêta une attention particulière à tout ce qui pouvait être considéré comme un point de repère. Bientôt, ils s'installèrent dans une petite vallée cachée, où se trouvait un assez gros cargo spatial.

Ils l'ont emmené dans ce bateau, et il a perdu le chien, il ne pouvait donc pas voir exactement où ils l'emmenaient. Finalement, il sentit qu'ils se trouvaient dans une petite pièce et l'adhésif lui fut arraché au visage.

Le chef et Panek se tenaient dans la petite cabane avec Hanlon.

"Ce sera votre cabine. Désolé pour les précautions, mais vous pouvez voir pourquoi, j'en suis sûr. Mais si vous vous comportez bien et que vous faites un bon enregistrement, vous n'aurez pas à... euh... vous inquiéter pour eux. " Plus . Décollage presque immédiatement, nous devons donc partir. Vols sûrs, et j'espère que vous vous en sortirez bien. "

Il regarda fixement Hanlon pendant une très, très longue minute, et le jeune homme lui rendit son regard tout aussi fermement.

"Je ferai mon travail", a déclaré honnêtement Hanlon après ce moment, mais il parlait de son travail pour les services secrets. "Au revoir et merci. Merci aussi, Panek , pour votre aide."

"Je suis content de l'avoir fait, mon pote, content de l'avoir fait."

"On se verra dans quatre mois, alors", et les deux partirent.

Hanlon a rangé ses bagages dans les casiers prévus à cet effet, puis a commencé à sortir et à voir ce qui se passait. Mais la porte était verrouillée.

"Ils ne veulent certainement pas que je sache où nous allons," sourit-il tristement en s'asseyant sur le bord de sa couchette. "Cela me fait savoir que c'est important, et je l'aurai un jour – ils ne peuvent pas me le cacher pour toujours."

Les sirènes crièrent « décollage » et il s'attacha à sa couchette. Lorsqu'il sentit la pression diminuer et sut qu'ils étaient dans l'espace, il détacha sa ceinture et se détendit. Mais il ne pouvait rien faire.

Plus tard, il y eut un bruit de clé dans la serrure. Lorsque la porte s'ouvrit, un homme costaud portant un blaster entra.

"Recule, Bud, et garde tes mains en vue."

Hanlon leva les mains pendant que le cuisinier apportait un plateau et le posait sur sa couchette. Alors qu'ils sortaient, Hanlon parla. "Vous avez des livres à bord ? Cela ne me dérange pas d'être enfermé et cela ne causera aucun problème, mais s'il vous plaît, donnez-moi quelque chose à faire."

Ils ne répondirent pas, mais lorsqu'ils revinrent chercher les assiettes vides , ils laissèrent quelques magazines écornés.

Tard dans l'après-midi suivant, la sirène avertit de l'atterrissage et Hanlon s'attacha à nouveau. Après avoir senti l'atterrissage, un des officiers du navire est venu et a déverrouillé la porte.

Il était très désolé. "Désolé, monsieur, mais nous avons reçu nos ordres."

"Ça me va," dit joyeusement Hanlon. "L'endroit où je suis ne fait aucune différence pour moi, à condition que je sois bien payé."

"Je vois que tu as mis tes vêtements légers. C'est bien, c'est une planète chaude. Ce sont tes sacs ?"

Hanlon hocha la tête, et chacun en portant un, l'officier se dirigea vers le sas et ils descendirent sur ce nouveau monde.

L'air était épais et lourd – au moins 110° Fahrenheit, devina Hanlon. Il y avait une grande activité sur le terrain d'atterrissage. Des machines automatiques déchargeaient la cargaison et la chargeaient dans des camions. Il y avait plusieurs hommes, avec leurs bagages, debout.

L'un était un homme énorme et d'apparence brutale, un autre un jeune homme élancé du même âge que Hanlon, apparemment bien instruit, à en juger par ses manières, mais avec une certaine sournoiserie dans ses yeux ; les autres ouvriers ordinaires.

"L'un d'entre vous est déjà venu ici ?" » a demandé l'officier.

Deux des autres acquiescèrent et s'éloignèrent du terrain. Hanlon remarqua que juste au-delà de la lisière se trouvaient d'épaisses forêts – presque une jungle, mais étrange et étrangère.

Alors qu'ils s'approchaient et y entraient finalement, le jeune SS vit que cela ne ressemblait en effet à aucune jungle ou forêt qu'il ait jamais vue ou entendu parler. De grands arbres dont les branches se tordaient comme si elles étaient vivantes, mais n'en attaquaient jamais un seul. Des sous-bois si épais qu'ils semblaient infranchissables, mais qui s'éloignaient de leur approche comme s'ils avaient peur d'un contact contaminant, pour se remettre en place aussitôt que les hommes sont passés.

Hanlon, marchant et prenant tout cela en compte, semblait percevoir de légers murmures de pensées, mais ne pouvait rien en comprendre. Il se demanda de quoi il s'agissait : peut-être une vie animale extraterrestre de très bas niveau ?

Le sol était mou et boueux. Le jeune contrôleur a mis en garde les autres : « Ne quittez pas le chemin ; certaines de ces choses ressemblent presque à des sables mouvants.

"Il y a une route qui mène à la mine", répondit-il à la question supplémentaire de Hanlon, "mais elle est sinueuse et fait environ huit kilomètres, là où ce chemin ne fait qu'un demi-mille. Le sol ici ne supportera pas de lourdes charges."

"Quelle est la taille de cette planète, de toute façon ? La gravité ressemble à Simonide et Terra."

"Ce n'est pas aussi grand, mais il semble composé principalement de métaux plus lourds ou quelque chose comme ça. La gravité est d'environ 0,93. Le temps reste à peu près le même toute l'année ; très peu de tempêtes de toute sorte, bien qu'il y ait une pluie chaude presque toutes les nuits pendant environ "

"Pas étonnant qu'ils m'aient dit d'acheter des vêtements légers."

"Ouais, il fait vraiment chaud. Nous y irions presque nus, sauf que l' actinique est vraiment féroce. Assurez-vous de porter un chapeau tout le temps à l'extérieur et des gants légers. Si vos yeux commencent à vous piquer, portez des lunettes sombres."

"Merci pour les conseils, Chum, je les apprécie . J'avais commencé à remarquer des démangeaisons cutanées, mais je pensais que cela pourrait être cette jungle."

Ils franchirent le dernier mur de feuillage et Hanlon aperçut devant eux un grand espace dégagé qui devait faire environ un demi-mile de diamètre. Il y avait un certain nombre de bâtiments, pour la plupart sans fenêtres, et il décida qu'il s'agissait d'entrepôts.

"Voilà le messhall ", pointa son nouvel ami.

Ils se dirigèrent vers un autre bâtiment long et bas, de type bungalow, à l'intérieur duquel Hanlon aperçut un long hall d'où s'ouvraient des dizaines de portes de chaque côté. Les autres hommes disparurent dans l'une ou l'autre des pièces, et le jeune homme s'arrêta devant une autre porte. "Prenez la première pièce qui a une clé dans la serrure à l'extérieur", dit-il. "Ils sont tous pareils."

Le SS en trouva un, avec le numéro « 17 » sur la porte, et entra. La pièce était petite mais confortablement meublée. Le lit était doté d'un bon matelas, constata-t-il, de draps en lin blanc et d'une fine couverture molletonnée pliée sur le pied. Il y avait un grand fauteuil, une armoire pour ses vêtements et une commode à quatre tiroirs. Des lampes Glo-light étaient installées au plafond, et il y en avait une autre sur un poteau près de la grande chaise pour faciliter la lecture. Une porte s'ouvrait sur une autre pièce qui s'est avérée être des toilettes et une douche compactes. Tout était d'une propreté impeccable et l'air était frais et doux grâce à la climatisation.

"Pas mal, pas mal du tout", dit Hanlon à voix basse alors qu'il déballait et rangeait ses affaires. Puis il a pris une douche. "Mec, est-ce que tu vas faire beaucoup d'exercices, dans cette chaleur", a-t-il apostrophé sous la douche, heureusement. Se rhabillant, il sortit pour retrouver Peter Philander, son nouveau patron.

Il s'arrêta à la messhall et y trouva le cuisinier, un homme joyeux et roublard. Il se présenta et ils discutèrent quelques minutes.

"Je vais aimer ce type, j'espère qu'ils sont tous aussi gentils et amicaux", pensa Hanlon. "Où est le bureau du surveillant ?" » a-t-il demandé, et le cuisinier l'a fait remarquer.

En entrant dans le bureau-cabane, Hanlon se retrouva dans une pièce assez grande avec un certain nombre de bureaux et plusieurs planches à dessin sur lesquelles étaient épinglés des plans et des dessins. Derrière l'un des plus grands bureaux se trouvait un homme corpulent avec une grande cicatrice de colère sur la joue gauche et le cou, allant de l'arête du nez jusqu'au-dessous de l'oreille.

Quelque chose chez cet homme inspirait un sentiment de méfiance à l'égard de Hanlon – peut-être son apparence, car cette terrible cicatrice le faisait ressembler à un pirate assoiffé de sang.

Hanlon ne laissa discrètement rien de tout cela transparaître dans sa voix ou son attitude alors qu'il s'avançait, un sourire aux lèvres et ses références à la main. "M. Philander, monsieur ? Je suis George Hanlon, un nouveau garde."

L'autre hocha la tête sans un mot et s'empara des papiers, lançant à Hanlon un regard louche et suspicieux.

Hanlon a sondé l'esprit derrière ce froncement de sourcils et a pu ressentir un sentiment de peur, de suspicion et d'inquiétude. Il capta un fragment de pensée – « un autre après mon travail ? » – et, dans un éclair d'inspiration, devina ce qui n'allait pas. Ce commissaire devait avoir un terrible complexe d'infériorité, que cette cicatrice défigurante n'aidait certainement pas. Il était sans aucun doute compétent, sinon il ne serait pas là, mais il estimait que chaque nouvel homme était un défi ou un remplaçant possible.

Sachant que ses papiers ne faisaient aucune mention de son statut de cadet, Hanlon a tenté sa chance en adoptant une ligne de conduite. "Eh bien, M. Philander, monsieur, je vous envie", dit-il au moment où l'homme leva les yeux. "Je connais tout sur les métaux, les minerais, l'exploitation minière et des trucs comme ça. J'aurais bien aimé avoir la chance d'apprendre quelque chose de précieux comme ça. Mais moi, je suppose que je suis juste du genre à avoir un dos fort et un esprit faible." ".

Le commissaire le regarda d'un air perçant pendant un long moment, comme s'il essayait de décider s'il s'agissait d'un véritable sarcasme ou d'un subtil sarcasme. Il a dû décider que c'était la première solution, car il se détendit un peu. "Ouais," grogna-t-il d'une voix grave qui semblait censée être agréable maintenant. "Il faut beaucoup d'études et un bon esprit pour apprendre ce que je sais. Très peu d'hommes peuvent réussir."

Et Hanlon, qui par nécessité devenait rapidement un bon juge de caractère, savait qu'il avait cet homme identifié, et que même s'il serait dangereux s'il était contrarié, il pouvait être manipulé adroitement.

"Quelles seront mes tâches, monsieur ? Ou avez-vous délégué la gestion de nos gardes à un homme de moindre importance ?"

"Non, je m'en occupe moi -même. 'Si vous voulez un travail bien fait, faites-le vous-même', vous savez. Je vais vous sortir et vous faire visiter. Êtes-vous tous installés et à l'aise ?"

"Oh, oui, monsieur. J'ai une très belle chambre, le numéro 17, et je suis tout défait. En cherchant votre bureau , j'ai couru dans le mess et Cookie m'a parlé des heures de repas. Je suis sûr que je m'entendrai bien ici. "- autant que cette horrible chaleur me le permettra. Ils ne plaisantaient certainement pas quand ils disaient qu'il faisait chaud ici. Et je tiens à vous assurer, monsieur, que je travaillerai dur et m'occuperai strictement de mes affaires - rien d'autre. "

Le surintendant devenait de plus en plus apaisé et moins craintif à chaque seconde. Maintenant, il souriait réellement, une parodie de sourire plutôt pitoyable, et la sympathie de Hanlon lui allait.

"Alors nous nous entendrons bien", a déclaré Philander. "N'oubliez pas que votre travail consiste uniquement à garder les indigènes au travail pendant votre quart de travail, et que pendant vos heures creuses, vous ne partez pas à la recherche de choses qui ne vous regardent pas."

"Oh, bien sûr, monsieur. Énumérez simplement les limites que je dois respecter, et j'y resterai. Tout ce que je recherche ici, c'est ces mille crédits par mois, et le plus gros bonus que je puisse gagner. Vous " Vous voyez," avec une franchise engageante, " je suis un gars qui veut faire sa pile le plus rapidement possible, donc je n'aurai pas à travailler toute ma vie. Je dois travailler pour les avoir, bien sûr , mais Je n'ai pas pour objectif de travailler éternellement."

" Hmmpfff " Philander se leva de derrière le bureau. "Allez, je vais te faire visiter."

Chapitre 13

Pendant une heure, le surintendant Philander escorta George Hanlon dans les fouilles, lui montrant les différents bâtiments et la palissade des ouvriers. ("Prison" serait un meilleur mot, pensa Hanlon, furieux qu'il y ait encore des hommes qui asserviraient les autres pour leur propre gain personnel.)

Le jeune Terrien eut un véritable choc de surprise à sa première vue de l'indigène. Ils étaient tellement différents de tout ce qu'il avait jamais soupçonné d'exister. Ils étaient grands et minces et leur peau brun verdâtre était rugueuse et irrégulière. Ils semblaient cependant dotés d'une force considérable.

Hanlon avait le sentiment étrange qu'ils lui étaient en quelque sorte familiers, comme s'ils étaient liés à quelque chose qu'il connaissait déjà, même s'ils étaient si étrangers. Mais, malgré ses efforts, il ne parvint pas, dans un premier temps, à faire reconnaître cette pensée insaisissable.

Il examinait plus particulièrement chaque élément de l'apparence des indigènes. Ils avaient de petits yeux triangulaires, largement espacés sur leur visage étroit, presque comme ceux d'un oiseau mais pas aussi éloignés. Ils pouvaient voir vers l'avant et un peu de chaque côté, supposa-t-il, avec un champ de vision beaucoup plus large que celui des humains. Ils avaient également une bouche de forme triangulaire qui fonctionnait quelque peu sur la méthode du sphincter. Même si leurs visages étaient plutôt idiots, ils avaient en quelque sorte une étrange beauté.

Il remarqua que lorsque deux ou plusieurs se faisaient face, ils travaillaient souvent la bouche et devinait qu'ils conversaient, même si aucun son ne pouvait être entendu venant d'eux, autre qu'un léger bruissement particulier lorsqu'ils se déplaçaient.

C'est ce dernier qui lui a donné l'indice. *Des arbres animés !* C'est ce qu'ils lui ont rappelé. Leur peau était comme une écorce neuve ; leurs membres étaient irréguliers, suggérant les branches d'un arbre, plutôt que la rondeur gracieuse des membres des humains et des animaux terriens.

Il se tourna avec enthousiasme vers Philander. "Hé, ces indigènes sont en partie végétaux, n'est-ce pas ? Comme des arbres qui peuvent bouger et penser ?"

"C'est ce qu'ils disent", dit brièvement Philander, "même si je ne connais pas la partie 'penser'. Personne n'a jamais été capable de les comprendre. Ils ne parlent pas et ne semblent pas nous entendre. , peu importe à quel point nous crions fort. Nous devons leur montrer tout ce que nous voulons qu'ils fassent et leur donner des ordres par signes. Les fouets ne servent à rien quand ils traînent - ils ne semblent pas les sentir . Nous utilisons donc des tiges de décharge électrique, comme vous voyez ce garde là-bas.

Hanlon resta silencieux pendant plusieurs instants, mais son esprit essayait de sonder celui de l'indigène le plus proche de lui. Il ne fut pas non plus surpris de découvrir que cet indigène avait un esprit vraiment respectable, alerte et vif.

Hanlon pouvait lire assez facilement des images de diverses choses, mais il ne pouvait pas les interpréter. Pourtant, il pouvait ressentir leur sentiment de honte et de dégradation face à une telle condition d'esclavage, ainsi que la colère sourde qu'ils ressentaient envers les humains qui les avaient rendus ainsi.

Cela promettait d'être un champ d'étude fertile, et le jeune SS éprouvait un plaisir à l'idée de pouvoir rôder et étudier beaucoup sans paraître enfreindre les règles que Philander avait établies pour sa conduite. "C'est certainement mon domaine", pensa-t-il. "Je suis vraiment heureux d'avoir décidé de prendre le risque de venir ici. Le Corps doit être informé de cette situation."

Le surintendant interrompit ses réflexions. "Je dois retourner au bureau avant le dîner. Allez au magasin de l'intendance, là-bas, et faites échanger votre chronomètre contre un chronomètre fonctionnant à l'heure algonienne . Le vôtre sera stocké en lieu sûr et restitué si ou quand vous partez d'ici. ".

Alors qu'il s'éloignait, Hanlon était ravi de savoir qu'il avait obtenu deux informations précieuses.

Tout d'abord, et c'est le plus important, le nom de cette planète : Algon . Deuxièmement, mais celui-ci était un peu consternant, car il pouvait y avoir un doute quant à savoir s'il partirait un jour d'ici ou non. Y avait-il ici un danger dont on ne lui avait pas parlé... ou était-ce que la promesse du chef de quatre mois de travail et ensuite de vacances de retour à Simonide ne signifiait peut-être rien du tout – n'était-elle qu'un « allez » ?

C'était plus que la transpiration causée par la chaleur terrible qui mouillait la peau de Hanlon alors qu'il se dirigeait pensivement vers le magasin. Pourtant, il frissonnait à l'idée qu'au moins il savait où il se trouvait. Désormais, sa seule préoccupation était de transmettre ces informations au Corps.

Au dîner, un peu plus tard, il eut pour la première fois l'occasion de rencontrer tous les hommes avec lesquels il travaillerait. Le surintendant les présenta tout autour lorsqu'ils s'assirent à la longue table.

Il y avait onze autres gardes, tous plus âgés, tous plus grands que lui. Ils se ressemblaient en ce sens qu'ils semblaient tous être des tyrans fanfarons, et il pouvait facilement imaginer à quel point ils étaient prêts à utiliser ces barres de choc, ou d'autres formes de brutalité, pour torturer les Algoniens à la moindre provocation ou sans aucune provocation. Sans exception, ces gardes avaient des visages lourds, la plupart mal rasés et la plupart avec des sourcils épais et hirsutes. Même dans cette pièce refroidie par air, leur état généralement non lavé était perceptible.

Hanlon savait instinctivement qu'il ne se ferait aucun ami parmi eux. "J'espère seulement ne pas me faire d'ennemis. Pourquoi ai-je été choisi comme garde, si radicalement différent d'eux ? Qu'est-ce que ce chef a dans son esprit sournois, de toute façon ?"

Il y avait quatre ingénieurs des mines, et ces hommes étaient des gars vifs et alertes. L'un semblait avoir environ quarante-cinq ans, un autre dans la trentaine et les deux autres jeunes hommes ne semblaient visiblement pas avoir quitté l'école depuis longtemps. Ils étaient rasés de près et amicaux alors que les gardes étaient hargneux et se moquaient de la jeunesse et de la minceur de Hanlon.

Il y avait un comptable, le commis du magasin, deux contrôleurs qui comptaient le minerai apporté à chaque quart de travail. Une demi-douzaine d'autres, qui étaient apparemment des camionneurs et des treuils , complétaient, avec Philander, le cuisinier et le nettoyeur du dortoir, l'équipage humain de cette mine.

Hanlon était assis entre l'un des gardes, un homme énorme du nom de Groton, et l'un des jeunes ingénieurs. Celui-ci le accueillit et lui demanda d'où il venait.

"Je venais de déménager à Simonides quand j'ai eu la chance de venir ici", a expliqué Hanlon. "Je suis né et j'ai grandi sur Terra."

« Terre ! » » la voix du jeune homme était intéressée, et plusieurs autres personnes autour de la table relevèrent la tête à ce nom. "J'ai toujours voulu voir le Monde Mère."

Quand tout le monde eut fini de manger, plusieurs autres hommes qui n'avaient jamais vu Terra se rapprochèrent de Hanlon, posant de nombreuses questions.

"Je comprends que Terra possède les meilleurs techniciens de l'univers", a déclaré l'un des hisseurs .

"C'était le cas avant", répondit honnêtement Hanlon, "mais maintenant je comprends que c'est le cas de Simonide, tout comme elle est la planète la plus riche. Bien sûr, Terra étant le monde originel, elle devait forcément avoir le meilleur que la race puisse produire de tous. Mais lorsque tant de gens ont migré vers d'autres planètes, elle a progressivement perdu bon nombre de ses meilleurs cerveaux. Plus tard, ces autres planètes ont offert des salaires si fabuleux à des hommes et des femmes dotés de compétences et de formations qui manquaient à ses premiers habitants, que Terra a été encore plus épuisée. ".

"C'est dommage pour la colonisation", soupira l'ingénieur aîné. "Il construit de nouvelles terres aux dépens des anciennes, en prenant tous les plus forts, les plus aventureux et les plus imaginatifs. Bientôt, le pays, le continent ou la planète d'origine n'est peuplé que de la lie."

"Je n'aime pas penser que Terra n'a plus que la lie. Après tout, je viens de là, vous savez," sourit Hanlon et ils lui rendirent leur sourire amicalement. "Mais je sais que vous avez en partie raison – du moins, ce sera probablement le cas avec le temps. Tout comme ce sera le cas pour les autres planètes, où leurs meilleurs et leurs plus jeunes talents s'efforceront d'ouvrir encore plus de mondes."

Au milieu de cette première nuit sur Algon , quelque chose, peut-être son subconscient, a réveillé George Hanlon, toutes ses facultés mentales étant claires et alertes.

Cliquez sur! Cliquez sur! Cliquez sur! ... comme les pièces d'un puzzle qui se mettent en place, de nombreux bric-à-brac d'informations et d'expériences apparemment sans rapport se sont mis en place dans cette énigme.

Il se souvenait clairement maintenant d'un incident qui n'avait fait que susciter un émerveillement momentané à l'époque. Ces dernières minutes avant le décollage du navire. Le chef l'avait regardé longuement et perçant dans les yeux et Hanlon, se demandant et perplexe quant à ce que l'homme cherchait, se contenta de lui rendre son regard bêtement. Maintenant, il se souvenait de la pensée éclair – rapidement rejetée comme ridicule – que même s'il découvrait où il allait, il ne devrait jamais le dire à personne ; doit l'oublier entièrement et instantanément sous peine de graves tortures.

Eh bien, ce chef a dû essayer d'implanter une contrainte hypnotique dans son esprit... et a dû penser qu'il avait réussi, sinon Hanlon ne serait jamais arrivé ici vivant. C'était pourquoi il n'avait jamais pu lire cette information dans l'esprit des personnes qu'il avait contactées et qui participaient à ce jeu – pas même de l'officier du navire, qui aurait certainement dû le savoir.

Mais attendez une minute. Et Philandre ? Il savait. L'hypnose n'avait-elle pas fonctionné sur lui ? Ou est-ce que ce nom " Algon " était simplement un surnom utilisé à la place du vrai nom qu'il ignorait connaître ? Ou encore, se pourrait-il qu'on lui fasse si confiance que la connaissance ne lui ait pas été fermée ?

Parmi les trois, Hanlon a soutenu que la dernière était probablement la vérité.

Un autre point. Cette vague référence à « si ou quand vous partirez d'ici » était sans aucun doute un lapsus. Philander avait probablement deviné – ou peut-être que c'était le cas de tous les hommes novices – que Hanlon était ici en probation. "Si tel est le cas", la pensée était insistante, "je devrai certainement faire attention à mes pas à chaque minute et ne pas laisser échapper ce que j'essaie de faire ici." Mais d'autres moments de réflexion l'ont amené à la conclusion raisonnable qu'il pouvait apaiser leurs soupçons en s'attachant et en établissant un véritable record d'efficacité.

Ou… et cela lui donna un instant des frissons, de sorte qu'il s'enfonça instinctivement un peu plus sous le drap, comme si celui-ci pouvait le protéger et le réchauffer… savaient-ils déjà tout de lui et avaient-ils envoyé qu'il soit là pour se débarrasser de lui ? Allait-il devenir une nouvelle victime d'un des « petits accidents » du leader ?

Oui, s'ils ne croyaient toujours pas à son histoire concernant son licenciement, ils pourraient bien être déterminés à se débarrasser de lui d'une manière qui ne les incriminerait pas. Ils sauraient que si Hanlon était encore un membre du Corps, sa mort ferait l'objet d'une enquête très approfondie.

Peut-être… mais si tel était le cas, pourquoi le laisser venir ici ? Son « accident » – mortel bien sûr (donc désolé !) – aurait tout aussi bien pu se produire en chemin. Non, il était plus probablement encore en probation. Ils n'étaient pas tout à fait sûrs de lui, mais lui accordaient le bénéfice du doute. Le chef semblait l'apprécier, d'une manière curieuse.

Eh bien, il était maintenant prévenu, et il se surveillerait plus attentivement que jamais… et il avait beaucoup appris, et il en apprendrait encore davantage. Il sourit avec contentement et se rendormit.

Le lendemain, il eut pour la première fois l'occasion de garder les indigènes pendant qu'ils travaillaient. C'est le surintendant lui-même qui l'a intronisé à cette tâche.

Peu avant l'heure de travail, Philander est apparu dans la chambre de Hanlon au moment où le jeune homme enfilait les vêtements spéciaux qu'on lui avait demandé de porter en service dans la mine.

"Prêt?" Philander était étrangement courtois et coopératif. "Allons récupérer votre équipage."

Ils se dirigèrent vers la palissade, le surintendant donnant une clé à Hanlon alors qu'ils déverrouillaient les portes. Hanlon vit que le corral était divisé en douze sections.

"Un garde est responsable de tous les indigènes dans une section, et ils travaillent tous à chaque équipe", a expliqué Philander.

"Et si l'un d'eux est malade ?"

"Ils ne tombent pas malades", la voix de l'homme était bourrue, et la première pensée de Hanlon fut que ce qu'il voulait vraiment dire, c'était que les indigènes travaillaient, peu importe ce qu'ils ressentaient. Mais il eut vite honte de cette pensée : il ne savait encore rien d'eux, et peut-être qu'en réalité ils ne tombèrent jamais malades. Il devrait cesser de tirer des conclusions hâtives de cette façon – cela retarderait sérieusement sa capacité à faire des déductions correctes.

Dans la section la plus en arrière, Philander a ouvert une autre porte avec la même clé et a allumé son glo-light portable à l'intérieur de la grande hutte qui couvrait la majeure partie de l'espace de la section. Hanlon, juste derrière lui, pouvait voir une vingtaine de « Greenies », comme il avait appris qu'on les appelait habituellement, debout ou allongés. Il n'y avait aucun meuble à l'intérieur, ni chaises, ni tabourets, ni tables, ni lits.

"Ils mangent et dorment debout, c'est pourquoi les cabanes n'ont pas besoin de meubles", a expliqué Philander.

A la vue des hommes et de la lumière, la plupart des indigènes se dirigèrent vers la porte. Quelques-uns à l'arrière ne bougèrent pas assez vite pour satisfaire Philander, et avec un juron il revint en courant et les toucha avec le bâton de choc qu'il portait.

Hanlon pouvait voir une expression d'agonie sur les visages de ceux qui étaient touchés, et tandis qu'ils s'éloignaient du bâton , il réalisa que cela devait être très douloureux, voire une torture exquise pour eux. Ils bondirent alors en avant et se blottirent pathétiquement près de la porte.

Philander sortit de sa poche une ligne longue, légère mais très résistante. Il contenait une série de nœuds coulants, et il en glissa un autour du poignet de chaque indigène, en le serrant bien. Puis il les conduisit à moitié, à moitié les traîna hors de la palissade, jusqu'à l'entrée de la mine, et descendit la galerie jusqu'à la montée qu'ils devaient gravir pour se rendre au chantier où l'équipe de Hanlon devait travailler.

Une fois sur place et libérés de la corde, les indigènes semblaient savoir ce qu'ils étaient censés faire et se mirent à le faire d'un air maussade.

"Vous utilisez généralement trois pickmen , quatre pelleteuses , quatre pour votre équipe de bûcherons, trois trieurs et six sur les brouettes", a expliqué Philander. "Parfois, si la veine s'élargit suffisamment, vous avez des mains supplémentaires pour travailler sur le visage plus large, mais cette taille d'équipage fonctionne généralement mieux. Vous vous y habituerez bientôt et vous saurez de combien vous en avez besoin. Si plus, criez simplement et vous les aurez . Si cela arrive, la veine se rétrécit et vous ne pouvez pas utiliser tout cela au mieux, quelqu'un travaillant sur une veine plus large peut utiliser vos extras temporairement.

"Je comprends", Hanlon était très attentif. Il était déterminé à apprendre ce travail rapidement et à fond et à faire un bon disque.

Philander montra à Hanlon la différence entre le minerai et la roche environnante et lui expliqua très soigneusement comment il devait surveiller en particulier les veines secondaires qui s'écartaient de la veine principale. "Assurez-vous que les Verts nettoient tout le minerai au fur et à mesure, avant qu'il ne soit boisé."

"Je comprends tout jusqu'à présent."

"Faites avancer les mendiants paresseux à toute vitesse", a été très catégorique Philander. "Ne les laissez pas prendre du retard, sinon ils vous épuiseront. Ne les laissez jamais devenir incontrôlables et ne vous imposez rien, en particulier pour trier le minerai de la roche. Ils sont délicats. Utilisez votre " Chocez la tige au moindre signe de mutinerie ou de flânerie. Faites-leur vous respecter. Ils savent mieux qu'essayer de s'enfuir, parce qu'ils détestent la tige. "

"Qu'est-ce que ça leur fait ?"

"Nous ne le savons pas exactement, sauf qu'ils le ressentent et qu'ils feront tout pour s'en éloigner."

"Peut-être que ça leur fait terriblement mal."

"Ecoute, punk !" Philander perdit son amitié et gronda Hanlon avec un visage tordu. "Nous ne nous soucions pas de savoir si cela leur plaît ou non. Ils connaissent leur travail et ils n'ont pas à être choqués s'ils continuent à travailler. C'est donc strictement à eux de décider. Ne vous faites pas d'idées molles sur ces moche Greenies. . Ce ne sont que des brutes stupides aptes au travail, alors travaillez- les !

"Je vais les travailler " , a déclaré Hanlon.

Chapitre 14

Oui, Hanlon travaillerait avec les indigènes, mais sans cruauté. Ses pensées bouillonnaient de mépris pour ces voyous brutaux. Il était prêt à parier, sur-le-champ, sans rien connaître de cette situation, que ces indigènes pourraient être contrôlés sans les intimider ni les blesser – et mieux encore.

Ayant reçu une formation militaire, Hanlon savait qu'il était possible d'imposer la discipline la plus stricte sans de tels moyens, et que n'importe quel homme... ou entité, probablement... pourrait et se soumettrait à une discipline appliquée de manière juste et décence, avec beaucoup moins de problèmes et animosité, et avec une productivité bien plus grande que s'il y était poussé.

"Tout le monde travaille mieux pour une tape dans le dos que pour un coup de pied dans le pantalon !" pensa-t-il avec indignation.

Philander resta debout pendant une heure, et quand il vit que Hanlon comprenait exactement ce qu'on attendait de lui et de son équipage – quand il vit Hanlon corriger à plusieurs reprises les trieurs qui avaient laissé trop de roches avec les minerais – il se tourna pour partir.

"Vous entendrez la sirène une fois le quart de travail terminé", a-t-il déclaré. « Ramenez votre gang et enfermez- les dans la palissade. Assurez-vous de verrouiller soigneusement les deux portes. »

"Cookie m'a offert un déjeuner à la mi-temps", a déclaré Hanlon. "Et les indigènes ? Est-ce qu'ils mangent aussi ?"

" Non , ils ne mangent pas", fut la réponse surprenante. "Une fois par jour, ils mettent leurs mains dans la terre pendant près d'une heure. Ils doivent se nourrir de cette façon."

"Cela semble prouver qu'il s'agit de matière végétale. Leurs doigts doivent être une sorte de racines nourricières", observa sagement Hanlon. "Ce sont certainement les êtres les plus étranges dont j'ai jamais entendu parler."

Le commissaire haussa les épaules et partit sans autre mot.

Hanlon regarda autour de lui et trouva un rocher près des trieurs et l'utilisa comme siège. Il regardait les indigènes travailler et spéculait à leur sujet et aussi sur ce dont il s'agissait. La mine lui paraissait très riche et, en utilisant le travail des esclaves, ces hommes pourraient bien en tirer une immense fortune. Pas étonnant qu'ils puissent se permettre de payer mille gardes par mois.

Au bout d'un moment, l'un des indigènes, voyant Hanlon simplement assis là au lieu de monter la garde près d'eux, laissa tomber sa pelle et se détourna de son travail. Hanlon se leva tranquillement, mais se dirigea résolument vers le Greenie. Il sourit et fit signe au natif de retourner au travail.

Le visage du Greenie montra de la surprise face à l'action de Hanlon, mais il ne fit aucun mouvement pour partir. Il semblait cependant garder les yeux vigilants sur cette redoutable tige de choc qui pendait librement dans la main de Hanlon. Le gardien a pu voir que les autres avaient également arrêté de travailler et regardaient attentivement le petit drame.

Hanlon sourit et fit de nouveau signe à l'indigène de se remettre au travail, et comme il ne bougeait pas, il tendit la main, le saisit doucement par l'épaule et, toujours doucement, le poussa en direction de sa pelle, avec ce qui était en réalité une tape sur le dos.

Il y avait des airs de surprise qui équivalaient presque à de la stupéfaction sur les visages de tous les indigènes. Celui qui s'était arrêté le premier reprit sa pelle et se remit au travail, et les autres suivirent son exemple. Hanlon reprit sa place, toujours avec ce sourire amical sur le visage. Il remarqua avec satisfaction qu'ils travaillèrent bientôt plus dur et plus vite qu'avant l'incident.

"J'avais raison", se dit-il presque avec suffisance.

Le poste de six heures a finalement pris fin sans aucune autre manifestation de résistance. Autrement dit, il s'agissait de six heures selon l'heure algonienne , mais d'environ huit heures selon les normes Terra. Car sur Algon , alors que la journée avait été divisée par les humains en vingt-quatre heures, comme sur Terre, chaque heure durait près de soixante-dix-huit minutes. Cependant , ils ont divisé l'année en semaines de cinq jours , donc la moyenne était à peu près la même.

Lorsque la sirène retentit, Hanlon sourit joyeusement à son équipage alors qu'il les rassemblait et faisait des mouvements d'applaudissement avec ses mains, se demandant s'ils comprenaient ce qu'il voulait dire.

Après avoir enfermé les indigènes dans leur palissade, il partit à la chasse aux dames. "Comment j'ai fait ?" Il a demandé. "Tu t'es rapproché de ce que j'étais censé sortir ?"

L'un des contrôleurs fit le total de ses chiffres, puis leva les yeux avec surprise. "Hé, gamin, tu as bien fait. Près de cent livres de plus que la production habituelle, et propre aussi. C'est vraiment bien pour un nouveau garde, et plus encore. Tu n'as pas eu de problème, hein ?"

"Inquiéter?" » demanda naïvement Hanlon. « Étais-je censé en avoir ? Puis il ne put s'empêcher de sourire. "Merci pour l'info", et il se rendit dans sa chambre, prit une douche pour se rafraîchir après cette chaleur étouffante dans la mine, puis tomba sur sa couchette pour faire une sieste jusqu'à l'heure du dîner.

Ces premiers jours dégoûtèrent tellement George Hanlon, en voyant la brutalité continue et insensée des gardes envers leurs « esclaves » indigènes, qu'il eut du mal à cacher ses sentiments. Il continuait à traiter ses Greenies avec le respect qu'il estimait leur dû, et il ne pouvait s'empêcher de remarquer qu'ils semblaient le considérer de plus en plus comme leur ami. Ils souriaient toujours quand il les regardait, et quelques jours plus tard, il découvrit que son équipe faisait plus de travail que n'importe lequel des autres. Son examen mental l'avait convaincu qu'ils étaient suffisamment élevés dans l'échelle d'évolution pour connaître le sens de la gratitude, et il pouvait dire qu'ils payaient sa gentillesse par leur coopération.

Il avait commencé à donner beaucoup plus de sens aux images qu'il voyait dans leur esprit et à avoir quelques lueurs de compréhension sur leurs concepts extraterrestres. En outre, il lui était de plus en plus évident qu'ils « se parlaient » et il devinait astucieusement que la raison pour laquelle personne ne pouvait les entendre était parce que leurs voix étaient au-dessus… ou en dessous ? ... la portée de l'audition humaine. "Au-dessus", déduit-il finalement.

Cela lui a donné l'idée d'une expérience, et il a commencé à siffler aussi fort qu'il le pouvait, augmentant progressivement le ton jusqu'à ce qu'il soit au sommet de sa gamme. Il vit avec intérêt et excitation que les dernières notes les plus aiguës semblaient attirer leur attention. Leurs petites oreilles triangulaires idiotes se dressèrent et commencèrent à trembler. Ils se retournèrent, comme s'ils cherchaient la source de ce son, tandis que chaque bouche commençait à travailler avec des signes de plus grande excitation, et que son esprit capturait des concepts de surprise et d'émerveillement.

Cela l'a convaincu et ainsi, au cours de ses heures de repos suivantes, il a collecté subrepticement divers objets et morceaux de tissu et a commencé dans sa chambre la construction d'une petite machine. Son cours à l'école du Corps avait inclus beaucoup de mécanique et d'électronique, ainsi que le démontage et la reconstruction de nombreuses machines et instruments utilisés par le Corps.

Ce qu'il essayait de fabriquer maintenant était un « transformateur de fréquence ». Si cela produisait ce dont il était sûr, et s'il avait raison sur le fait que les Algoniens avaient des capacités vocales, ils devraient être capables de s'entendre, et un jour il apprendrait peut-être suffisamment bien leur langue pour converser avec eux.

Il l'a terminé et a introduit clandestinement la petite machine en forme de boîte chez lui dans la mine. Une fois son équipe là-bas occupée à leurs tâches, il a sorti la petite boîte. Il alluma le courant provenant de la petite batterie installée à l'intérieur, puis commença à parler en même temps qu'il tournait de plus en plus haut un rhéostat. Finalement, il remarqua que ces oreilles mobiles commençaient à se contracter, et à mesure qu'il montait le ton de plus en plus fort, de plus en plus d'indigènes arrêtaient de travailler et se tournaient vers lui. Finalement, il remarqua une excitation plus intense parmi eux, et ils laissèrent leurs outils et se rapprochèrent de lui et de sa machine, leurs petits yeux émettant presque des étincelles d'excitation.

Il était ravi de réaliser que cela fonctionnait. Maintenant, il tournait de plus en plus un autre bouton, et peu à peu du haut-parleur sortait un fouillis de sons très semblables à « mob-mutter », mais très faibles. Il continua à tourner le rhéostat jusqu'à ce que les voix entrantes semblent avoir à peu près la même tonalité que sa propre voix.

L'excitation des indigènes avait atteint des proportions énormes, et la sienne égalait la leur. Leurs petites bouches travaillaient plus vite, et une expression presque semblable à un rire apparut sur leurs petits visages particuliers, alors qu'ils entendaient sa voix et savaient qu'il pouvait maintenant entendre la leur.

Le propre sourire de Hanlon faillit lui faire craquer le visage. Il se rendit compte qu'il avait appris quelque chose qu'aucun des Simonides avides et fous de pouvoir ne connaissait, et sentit que c'était là le début possible de sa campagne visant à libérer ces pauvres esclaves indigènes.

Il fit signe à l'un des indigènes les plus proches de venir à ses côtés, puis fit signe aux autres de retourner à leur travail. Ils le regardèrent d'un air interrogateur pendant un moment, mais il leur sourit d'un air rassurant et eux, ayant appris qu'il n'avait jamais utilisé cette redoutable tige de choc sur eux, retournèrent tous à leur travail, laissant le seul indigène debout là.

Hanlon regarda sérieusement le Greenie, pointa un doigt directement sur lui-même et parla dans le microphone de son transformateur. "Hanlon," dit-il lentement et distinctement, et il le répéta plusieurs fois, se tapotant la poitrine à chaque fois qu'il le disait.

Un sourire de compréhension apparut sur le petit visage de l'indigène et il se tapota de la même manière et prononça un mot qui sortit du haut-parleur ressemblant à " Geck ".

Hanlon tendit la main et toucha l'indigène et dit " Geck ". Le Vert à son tour tapota Hanlon et dit « An-yon », et ils avaient fait les premiers pas de la compréhension mutuelle.

À partir de ce moment-là, cet indigène fut libéré de tout autre travail pendant que l'équipage du Hanlon était en service, et les deux hommes consacrèrent tous leurs efforts à apprendre à se parler.

Hanlon était heureux, mais pas particulièrement surpris, de constater que le reste de l'équipage – maintenant presque entièrement sans sa supervision – travaillait plus dur que jamais et que leur production quotidienne de minerai augmentait progressivement à chaque équipe, et que tout le minerai était propre.

La première pensée exultante de Hanlon avait été de courir vers Philander et de lui raconter ce qu'il avait appris concernant la capacité de parole des indigènes et comment il avait permis aux humains de leur parler.

Mais des réflexions plus sobres au cours de cette longue journée de travail ont amené à la prudence. Il décida que c'était une connaissance qu'il ferait mieux de garder pour lui le plus longtemps possible. Il espérait pouvoir le conserver jusqu'à ce qu'il ait appris à parler avec ces gens et à en apprendre beaucoup sur eux, leur situation et la meilleure façon de l'améliorer.

Les autres hommes, il le savait, considéraient les indigènes comme de simples bêtes et emporteraient probablement son transformateur, au lieu de l'utiliser pour en apprendre davantage sur les Greenies comme il avait prévu de le faire.

Au bout d'un mois , Geck et lui discutaient comme des frères. Chacun avait suffisamment appris la langue de l'autre pour qu'en utilisant un mélange des deux, ils puissent échanger presque tous les concepts de pensée souhaités. La capacité de Hanlon à lire les pensées superficielles des autochtones l'a beaucoup aidé, d'autant plus qu'il a commencé à comprendre leurs façons de penser extraterrestres. Malgré cela, il était surpris de la rapidité avec laquelle Geck apprenait sa propre langue.

Hanlon a découvert que ces personnes, même si elles n'avaient aucune connaissance ou formation scientifique ou mécanique propre, avaient des principes éthiques très développés qui régissaient toutes leurs actions individuelles et collectives. C'était un peuple simple et naturel, doté d'une dignité indigène que Hanlon enviait presque.

Il découvrit également que sa première hypothèse était correcte : leurs corps étaient constitués de matière végétale plutôt que protoplasmique . Ils se reproduisaient par bourgeonnement, et il vit un certain nombre de « femelles » auxquelles étaient attachés des bourgeons de différentes tailles. Un jour, il observa avec intérêt l'un des bourgeons mûrs, un individu pleinement développé mais mesurant seulement environ dix pouces de haut, se détacher de son parent et tomber au sol. Il resta là pendant quelques minutes tandis que la « mère » le surveillait attentivement. Puis il se leva tout seul et partit au trot avec elle alors qu'elle reprenait son travail – un « enfant » indigène miniature mais pleinement vivant. Il lui faudrait environ deux ans pour atteindre sa maturité, lui informa Geck . » a demandé Hanlon, et Geck a répondu qu'il pouvait prendre soin de lui-même dans la forêt, alors Hanlon a réussi à le faufiler dans les bois, où il serait libre.

Geck lui a dit qu'environ quatre ans auparavant, un grand « œuf » avait atterri ici sur Guddu , qui était le nom qu'ils donnaient à la planète. Des hommes étaient venus de l'intérieur et s'étaient dispersés partout, à la recherche des minerais métalliques qu'ils exploitaient actuellement.

Les indigènes, amicaux et d'une curiosité enfantine, s'étaient rassemblés en force pour observer ces étranges nouvelles créatures et, en raison de leur nature confiante, ils avaient été facilement piégés, emprisonnés et forcés de travailler de longues et dures heures dans des trous qui s'approfondissaient rapidement.

"Nous mourons rapidement à cause du soleil", dit tristement Geck . "Nous avons une très longue durée de vie, mais le travail souterrain nous fait dépérir et mourir rapidement. L'idée est souvent discutée entre nous de mettre fin à la race, car de toute façon, nous serons bientôt tous partis."

Cette déclaration calme et désespérée rendit Hanlon plus fou qu'un chat mouillé.

"Que te font les barres de choc ?" » demanda-t-il au bout d'un moment.

"Nous affectons notre système nerveux d'une manière ou d'une autre. Nous avons des crampes les plus terribles. C'est une horrible agonie. Nous sommes si reconnaissants que vous n'en utilisiez jamais."

"Je savais que tu travaillerais sans eux tant que tu serais traité équitablement."

Hanlon s'est juré avec détermination de terminer complètement cette affaire, d'une manière ou d'une autre. Il a réalisé ses limites – un jeune homme inexpérimenté contre vingt voyous impitoyables, avides de richesse et de pouvoir… et cela seulement ici, dans cette seule mine. On ne sait pas combien d'autres il y avait sur Algon , en plus de tous ceux de Simonides, et qui savait quelles autres planètes participaient à ce complot.

Son cœur réclamait une action rapide – son cerveau conseillait la prudence et une planification minutieuse.

Chapitre 15

Hanlon était assis à sa place habituelle dans la mine un jour lorsqu'un des hommes des brouettes accourut et parla rapidement à Geck , qui se tourna vers Hanlon, l'alarme sur le visage. "Le grand patron, viens."

Hanlon se leva d'un bond. "Mettez tout le monde au travail ; dites-leur d'être très occupés !" » cracha-t-il. "Toi aussi!"

Il enfonça le transformateur de fréquence dans un trou préparé pour une telle urgence, attrapa sa tige de choc et se rapprocha des indigènes. Il se tenait là, selon toute apparence strictement occupé à faire fonctionner ses charges, lorsque Philander est arrivé en rampant jusqu'à la poche où cette équipe extrayait le minerai d'uraninite brillant et brillant à blanc.

"Comment ça va ?" Le surintendant accueillit Hanlon avec au moins une apparence de gentillesse.

"Très bien", répondit le jeune homme. "Tout est sous contrôle."

"J'ai parcouru les rapports et j'ai vu que votre équipe sort plus que les autres," la voix du super était juste teintée d'anxiété, et Hanlon commença à sonder cet esprit pour voir s'il pouvait découvrir exactement ce que tout cela signifiait. présageait.

"Je les garde juste comme ça", a-t-il haussé les épaules.

"Aucune difficulté?"

"Non, pas de problème. Regardez- les ," il fit un signe de la main à l'équipage occupé.

Le grand homme les observa attentivement et put voir que chacun des indigènes travaillait à ce qu'il savait être leur vitesse de pointe, et sans un seul fainéant. Même les hommes des brouettes se déplaçaient presque au trot plutôt qu'au pas paresseux que la plupart des indigènes utilisaient dans le but de ne faire que ce qu'ils étaient obligés de faire.

Philander secoua la tête avec étonnement. "Comment fais-tu?" Il a demandé. "Les autres gardes sont obligés de choquer les uns après les autres les chiens paresseux, mais vous n'avez fait aucun mouvement contre un seul et ils continuent de se bousculer. Je n'ai jamais vu une équipe travailler aussi dur."

Hanlon voulait désespérément le lui dire, mais il décida que le moment n'était pas encore venu. Il a donc simplement écarté la question, car cela n'avait que peu d'importance. "Je ne sais pas , monsieur. Je reste juste à les regarder et ils travaillent." Il sourit au visage du super. "Ça doit être mon charme viril, euh, sumpin '", rigola-t-il. Puis dégrisé. "Peut-être qu'une des raisons est que je les fais tourner . Tout travail devient monotone, donc toutes les heures environ, je les laisse changer, de la cueillette à la brouette en passant par le tri, et ainsi de suite."

Un froncement d'agacement apparut sur le visage de Philander , mais il l'effaça rapidement. Après tout, cet homme extrayait plus de minerai que les autres, et c'était pour cela qu'il était là. Après tout, la manière dont il s'y prenait n'avait pas beaucoup d'importance, du moment qu'il tenait à jour son dossier.

Mais Hanlon, lisant ces pensées superficielles, savait que le fonctionnaire était toujours très méfiant – et extrêmement inquiet. Hanlon savait qu'il devait désarmer le super d'une manière ou d'une autre, pour le sortir de cette humeur. Il décida que son air naïf pouvait encore faire l'affaire.

"M. Philander, monsieur," sa voix était très naïve, "je ne veux pas me mêler de quoi que ce soit qui ne me regarde pas, mais cela vous dérangerait-il de me dire ce que nous avons ici ? Ce n'est pas le cas. quelque chose de dangereux, n'est-ce pas ? Je veux dire, ce n'est pas un de ces... ces minerais de radium qui rendent un homme stérile, n'est-ce pas ? Je voudrais peut-être me marier un jour , donc je ne veux pas prendre de risques. ".

L'ingénieur des mines le regarda d'un air vide pendant un moment, puis rejeta la tête en arrière et les rires éclatèrent jusqu'à ce qu'ils semblent remplir le chantier. Hanlon regarda l'esprit de l'autre se débarrasser de tout soupçon… du moins pour le moment.

Philander posa amicalement sa main sur l'épaule du jeune homme. "Non, ce n'est rien de tout ça, alors tu peux arrêter de t'inquiéter. Et le bonus que tu obtiendras, si tu peux maintenir ce rendement, te soignera afin que tu puisses t'offrir une femme quand ton temps sera écoulé et que tu retourneras à Sime. "

"Eh bien, c'est bien," Hanlon montra avec sa voix et son visage à quel point il se sentait soulagé. "Cela m'inquiétait, même si je n'ai pas encore de fille."

Le commissaire semblait désormais de bonne humeur. Hanlon a compris que ce punk était un bon gardien et brillant, et il a fait sortir le truc. Le plan de rotation des travailleurs était bon : il ordonnerait aux autres gardes de l'utiliser. Ce Hanlon ne représentait probablement aucune menace pour leurs plans ici, après tout. En fait, peut-être plus tard, ils pourraient l'utiliser pour un travail plus important. Il (Philander) le recommanderait à Son Altesse lors de son prochain rapport.

Après quelques mots plus décontractés, le super partit et Hanlon se laissa tomber dans son endroit de repos préféré, réfléchissant très sérieusement et contemplativement à toute cette affaire.

Une fois de plus, il avait pensé à quelqu'un appelé « Son Altesse », mais jamais aucune indication sur qui était cet homme, ni quelle position il occupait. Il était désormais évident que cet individu était l'homme qu'il lui faudrait dénicher et dont il lui faudrait connaître les plans avant que le Corps puisse entreprendre une action vraiment efficace.

Il espérait certainement que l'un d'entre eux serait le meilleur. Cela allait être déjà assez difficile de trouver une trace sur lui – sans parler de quelqu'un d'encore plus haut placé.

Un soir, au dîner, quelque temps plus tard, Hanlon se rendit compte que le garde, Gorton, grondait après lui. Il leva les yeux avec surprise et se força à prêter attention aux paroles du grand homme.

"Je te demande , quoi tu essaies de le faire, punk ?" Les petits yeux de cochon lui lançaient un regard rouge, et la voix était dure et amère. " Tu essayes de nous montrer d'autres gardes ? C'est quoi une grande idée, sortir plus souvent que nous ? »

Hanlon lui rendit son regard avec étonnement, et sa voix lorsqu'il répondit était un bégaiement de surprise. "Pourquoi... pourquoi... je n'essaie de faire rien... sauf mon travail", a-t-il ajouté avec plus de force.

"Nous sortions régulièrement trois tonnes par équipe ", le visage laid se rapprocha du sien, et Hanlon recula devant la puanteur d'alcool brut qui lui respirait. « Quelle est cette idée qui amène votre équipage à trois heures et demie ou quatre ? »

"On m'a dit de faire travailler mon équipe, et je l'ai fait... et seulement ça !" » claqua Hanlon. "Et éloigne ton visage laid et puant du mien!"

Le dégoût qu'il ressentait face à la brutalité de ces gardes l'avait rendu si malade qu'il n'allait pas se moquer de l'un d'eux. Même si Gorton pesait bien soixante livres et avait probablement au moins dix centimètres de plus, Hanlon n'avait pas peur de lui.

cet instant précis, il était tout aussi d'humeur à se battre que le garde semblait l'être, car aux mots de Hanlon, l'énorme main en forme de jambon de Gorton se tourna soudainement vers le jeune homme. Hanlon n'était pas entièrement capable d'esquiver en toute sécurité, assis aussi près qu'eux. Sa tête a sonné à cause du coup terrible. Il attrapa sa tasse de café fumant et la lança du revers de la main au visage de Gorton.

Hurlant de douleur et de colère, le garde se releva d'un bond, renversant le banc et presque Hanlon avec. Mais le plus jeune était agile et gardait ses pieds. Alors que Gorton se précipitait, agitant ses bras longs et lourds, Hanlon s'éloigna et sauta suffisamment en arrière pour prendre pied solidement sur un espace dégagé.

Tous les cadets du Corps étaient bien entraînés à la boxe du Marquis de Queensbury, au judo et aux bagarres sans limites dans les bars. Il connaissait toutes les questions... et toutes les réponses.

Hanlon revint donc rapidement. Alors que Gorton n'était pas dans sa position suite à ce puissant mouvement avorté, il enfonça son poing jusqu'au poignet dans le ventre mou du grand homme. Alors que Gorton se dédoublait avec un grognement explosif, Hanlon sauta des talons. Son uppercut frappa le gros gaillard à la mâchoire et le fit chanceler.

Mais Gorton parvint à le prendre et chargea à nouveau en hurlant des jurons. Par son seul poids, il repoussa Hanlon sur le sol et reçut quelques coups violents. La joue droite de Hanlon était gravement contusionnée et son œil presque fermé. Mais il se battait méthodiquement, presque vicieusement. Il allait et venait, coupant et déchirant le visage de Gorton en lambeaux.

Les autres gardes avaient crié leur joie face au combat et leur haine envers le nouveau venu impétueux qui détruisait leur installation facile. Il était clair qu'ils étaient tous du côté de Gorton et espéraient voir Hanlon se faire fouetter complètement.

"Coupe-lui les oreilles, Gort !"

« Donnez-lui du sens ! »

« Montrez-lui qui est le meilleur homme du coin ! »

L'un d'eux ne s'est pas contenté de crier. Alors que Hanlon s'écartait pour éviter une autre poussée de Gorton, ce garde tendit la jambe et fit trébucher Hanlon, qui tomba en arrière. Instantanément, Gorton fut sur lui, et un grand pied lourdement chaussé jaillit dans un coup de pied qui aurait brisé chaque côte de Hanlon. Mais le SS guettait précisément ce genre de stratagèmes. Ses pieds s'étendirent et hissèrent Gorton si haut et si loin que lorsqu'il atterrit, il s'écrasa comme un grand arbre qui tombe. Hanlon sauta sur ses pieds et se tourna pour affronter son ennemi. Mais la tête de Gorton saignait abondamment, ses yeux étaient fermés et son visage déformé. Il était sorti comme une allumette brûlée.

Instantanément, Hanlon tomba à genoux près de l'homme tombé, levant doucement la tête et criant pour obtenir de l'eau froide et une serviette. Lorsque le cuisinier arriva en courant avec eux, Hanlon travailla aussi rapidement pour réanimer le garde qu'il l'aurait fait pour son ami.

Les autres gardes furent si surpris par cet acte de miséricorde qu'ils restèrent assis comme des mottes ternes. Mais quelques ingénieurs se levèrent et arrivèrent rapidement pour aider Hanlon. L'un des contrôleurs a couru au bureau de Philander pour récupérer la trousse de premiers secours.

Les hommes travaillaient désespérément pour arrêter l'écoulement du sang lorsque le surintendant Philander arriva en courant avec le commis et la trousse. Constatant la situation d'un coup d'oeil, il exigea une explication.

"Ce punk a sauté sur Gort et a essayé de le tuer !" » a crié l'un des gardes, mais a été réprimandé par les ingénieurs, les contrôleurs et le cuisinier avant que les autres gardes, à l'esprit lent, ne reprennent suffisamment la raison pour corroborer les affirmations mensongères de leur camarade.

L'ingénieur principal a expliqué de manière complète et concise ce qui s'était réellement passé. "Et pourtant, après tout ça, le gamin a été le premier à l'aider, même si Gorton a commencé le combat sans raison."

À ce moment-là, le garde tombé gémit et commença à reprendre ses esprits. Les hommes l'ont aidé à se relever. Il cligna des yeux pendant quelques instants, comme pour essayer de comprendre ce qui lui était arrivé, puis le souvenir lui revint.

"Eh bien, cette petite giclée qui me frappe avec une chaise !" » cria-t-il, et il se démena pour atteindre à nouveau Hanlon, et les hommes n'eurent pas non plus de facilité à le retenir.

Philander se planta carrément devant l'homme en colère. "Fermez-la!" il s'enflamma, et le ton du commandement arrêta le gros gaillard ; il regarda bêtement son patron, comme s'il n'en croyait pas ses oreilles. « Ne touchez pas à Hanlon ! Le surveillant a souligné ses paroles en tapotant Gorton sans douceur sur la poitrine. "J'entends parler d'autres choses de ce genre, et c'est la cruche jusqu'à l'arrivée du prochain navire, puis retour à Sime."

Il se retourna pour faire face à la table. "Cela vaut aussi pour vous tous, les rats ! Si Hanlon fait mieux son travail que vous, c'est parce qu'il est un homme meilleur. Essayez de lui ressembler - ne vous lancez pas dans sa poursuite !"

"C'est ton animal de compagnie, Pete ?" » demanda-t-on d'un ton moqueur.

"Non, ce n'est pas mon animal de compagnie, Pete," la voix du super imitait le ton, bien que son visage devienne rouge à l'accusation. "Je ne veux tout simplement pas que ce camp soit gâché par des querelles. Cela réduirait la production, et le Big Boy veut que ce minerai soit disponible rapidement. Si Hanlon peut faire travailler son équipe plus rapidement, plus dur que le reste d'entre vous, vous feriez mieux de découvrir comment il le fait, pas d'essayer de réduire sa prise. Aimeriez-vous retourner à Sime et essayer d'expliquer à Son Altesse pourquoi vous ne divulguez pas autant de choses qu'il a été prouvé possible ? »

Cela les a arrêtés net. Hanlon, observant leurs visages et lisant dans leurs pensées, les vit frissonner à l'idée de devoir faire face à cet individu redouté, quel qu'il soit. Ils avaient plus peur de lui que du Diable, c'était évident.

Les hommes reprirent leur repas sans ajouter un mot – cette menace les avait intimidés comme aucun châtiment physique ou autre punition n'aurait pu le faire. Philander entreprit de recoudre et de panser la blessure à la tête de Gorton ainsi que son visage coupé et saignant.

Hanlon reprit sa place après s'être lavé et soigné ses propres bleus avec l'aide du cuisinier. Pendant qu'il mangeait, il cherchait esprit après esprit dans le vain effort de découvrir la moindre bribe d'information possible sur cette Altesse énigmatique et inconnue.

Mais il dessinait blanc sur blanc, en ce qui concerne les données précises, comme il l'avait toujours fait. Les pensées superficielles de chaque homme présent montraient clairement leur peur de ce cerveau implacablement froid et vicieux, mais aucun d'eux n'avait une image de lui.

Ils savaient qu'aucune excuse pour l'échec n'était jamais acceptée. Ils savaient que de terribles punitions s'ensuivraient certainement lorsque quelqu'un aurait la malchance de susciter le mécontentement de ce monstre.

Mais Hanlon frissonna lui-même en voyant à quel point ces criminels endurcis craignaient le mécontentement de cet homme mystérieux. Il frémit momentanément à la pensée de ce qui lui arriverait s'il était surpris en train d'essayer de localiser cet homme et son complot.

Hanlon connut un long moment de découragement total. Il lui restait tellement de choses à savoir avant de pouvoir diriger le Corps pour mettre de l'ordre dans ce gâchis. Il y avait eu tellement de mentions d'un « complot principal » qu'il savait que cette exploitation minière illégale et cet esclavage n'étaient qu'une petite partie de ce qui se passait… ce qui devait se passer.

Non, il lui faudrait juste continuer à essayer, continuer à travailler. En y réfléchissant bien, il s'en était plutôt bien sorti jusqu'à présent – il estimait qu'il avait le droit de se sentir bien à ce sujet.

Mais il n'en avait pas encore fini, avec tout un plein d'essence.

Le problème persistait même dans son sommeil, mais le matin, il eut une idée.

Dès qu'il a fait descendre son équipe dans la mine et qu'il a travaillé, il a sorti le transformateur de fréquence et a appelé Geck .

"Pouvez-vous découvrir ce qui se passe dans d'autres parties de Guddu ?"

Les réponses de l'indigène l'étonnèrent.

"Oui, An-yon, tout ce que nous pouvons dire avec n'importe quel Guddu n'importe où. Que souhaites-tu savoir ?"

Chapitre 16

Le fait de savoir que ces Guddus d' Algon étaient télépathiques fit reculer George Hanlon sur ses talons. C'était une chose qu'il n'avait même jamais imaginée. C'était une race si simple, presque enfantine, qu'une telle capacité était très éloignée de ses pensées.

"Si tu peux parler avec ton esprit ?" il a demandé à Geck avec émerveillement, "pourquoi vous donnez-vous la peine de vous parler avec la voix ?"

"Parce que les discussions mentales nous fatiguent davantage", fut l'explication simple. "Cela prend une grande partie de nos forces. Nous nous affaiblissons après une grande partie de celles-ci."

"Cela me fait donc hésiter à vous demander de faire quoi que ce soit", dit le jeune SS. « J'espérais que vous pourriez découvrir pour moi combien de mines sont exploitées sur la planète, et si elles vous utilisent toutes, Guddus , comme esclaves.

"Oh, oui, An-yon, je le sais déjà." Le petit visage particulier de Geck , devenu si amical avec Hanlon grâce à une longue association, éclata en un sourire qui fut rapidement assombri par le chagrin en pensant au sort de son peuple. . "Il y a neuf mines. Des maîtres humains font travailler Guddu dans chacune d'elles."

« Neuf heures, hein ? Hanlon réfléchit rapidement pendant un moment. « Est-ce qu'ils produisent tous les mêmes minerais que celui-ci ?

"Je vais devoir trouver ça pour toi, An-yon. Tu attends peu de temps."

Le Greenie devint silencieux et tendu par la concentration. Hanlon sonda l'esprit de l'indigène, se demandant s'il pouvait le suivre. Et de manière hésitante au début, mais avec une capacité croissante à mesure qu'il apprenait le modèle, il découvrit qu'il pouvait rouler sur ce rayon télépathique.

Les pensées étaient bien trop rapides pour qu'il puisse saisir plus qu'un concept occasionnel, mais il était ravi de réaliser qu'il télépathait réellement, même s'il était de seconde main.

L'un après l'autre, il pouvait sentir qu'il se joignait à cette conférence. Il y avait beaucoup d'hostilité et de peur lorsque Geck essaya pour la première fois d'expliquer à propos de l'humain qui était leur ami et qui avait appris à parler avec eux. Les Guddus à l'autre bout de cette « ligne » étaient extrêmement sceptiques, effrayés et très, très méfiants à l'égard des motivations de tout être humain.

Mais Geck s'est montré éloquent et convaincant. Bientôt , leurs craintes commencèrent à s'atténuer, et plus tard ils semblèrent accepter son assurance selon laquelle "An-yon" était, en effet, à la fois amical et désireux de les aider à échapper à leur esclavage.

"L'humain An-yon n'est que l'un des humains les plus gentils, justes et éthiques", il fut surpris d'entendre Geck télépather lorsqu'il parvint à comprendre. "Ce sont quelques-uns, comme les autres qui sont ici, qui ne le sont pas. Ce sont des hommes méchants qui viennent ici juste pour obtenir des choses à des fins égoïstes, et les hommes bons, qui sont le plus nombreux, les arrêteront dès qu'ils Tout le monde vient ici juste pour ça, pour découvrir ce que font ces méchants hommes et pour les arrêter.

Ce discours fut un autre choc pour Hanlon : il n'avait jamais dit tout cela à Geck .

Les indigènes lointains se sont finalement inclinés devant Geck importunings , et lui a donné les informations spécifiques qu'il demandait parce que l'humain amical voulait les connaître.

Il y avait deux autres mines qui produisaient le même minerai d'uraninite que celle dans laquelle Hanlon était stationné. Il y avait trois mines de fer, et Hanlon ne fut pas trop surpris d'apprendre que dans chacune de ces mines des fonderies avaient été érigées. Il apprit que les humains étaient principalement utilisés dans les usines, les indigènes étant utilisés uniquement pour du travail à l'extérieur parce qu'ils ne supportaient pas la chaleur.

"Nous brûlons rapidement", était la pensée triste et horrifiée.

Il y avait trois autres mines, mais les indigènes ne connaissaient pas les noms anglais ou grecs des métaux qui s'y trouvaient. Même après de nombreux interrogatoires par la méthode du rond-point « Hanlon à Geck, aux Guddus , retour à Geck , retour à Hanlon », il n'a toujours pas pu obtenir cette information spécifique.

"Si cela ne vous fatigue pas trop, Geck , demandez-leur s'il y a des bâtiments en cours en dehors des fonderies des mines de fer ?" » demanda Hanlon.

Bientôt, d'autres esprits sur la planète sont apparus, et l'histoire a commencé à se dévoiler : plusieurs usines fabriquaient de nombreuses machines. Mais aucun des indigènes n'avait la moindre idée de quel type ou de quel usage ils étaient fabriqués.

"Je pense qu'ils vont être placés dans de grandes huttes métalliques que les humains fabriquent", a couru une pensée, et Hanlon s'est rapidement saisi de cette idée.

"Quelle sorte de cabanes métalliques ?"

"Des choses qui ressemblent à d'énormes œufs."

« Des vaisseaux spatiaux, tu veux dire ?

Une autre pensée l'interrompit. "Oui, ils aiment les vaisseaux humains qui entrent, mais en bien plus grand."

Hanlon fulminait. Oh, si seulement il pouvait voir… mais attendez, peut-être qu'il pourrait obtenir les informations dont il avait besoin. "Demandez si quelqu'un regarde un de ces 'œufs' en ce moment", ordonna-t-il à Geck via le transformateur.

"Oui, An-yon, beaucoup de Guddu juste au bord d'un grand lieu de fabrication. Mon frère, Nock, lui est là."

"Demandez-lui, s'il vous plaît, de décrire ce qu'il voit. Peut-être que cela me donnera une bonne idée de ce que c'est."

"Je serai ravi d'essayer, mais ne connaissant pas votre langue et n'ayant pas de comparaison avec les nôtres, je ne suis pas sûr de pouvoir faire ce que vous souhaitez", sentit-il dire Nock.

Cela aussi a surpris Hanlon. Cet indigène avait certainement un véritable esprit, pour saisir si bien cette difficulté et se rendre compte des limites des communications télépathiques avec un étranger à sa race.

"S'il vous plaît, imaginez-le dans votre esprit tel que vous le voyez et utilisez certains objets courants de la planète pour comparer leurs tailles", a exhorté Hanlon dans l'esprit de Geck . "De cette façon, je pense que nous pouvons nous entendre."

Presque instantanément, l'image d'un œuf gigantesque se forma dans son esprit, mais avec suffisamment de variations par rapport à un œuf réel pour que Hanlon se rende compte qu'il s'agissait bien d'un vaisseau spatial que le natif regardait. Bientôt, Hanlon vit un grand arbre représenté à côté du navire, et au pied de l'arbre se tenait un indigène.

Hanlon estima rapidement. Les indigènes adultes qu'il avait vus mesuraient presque tous environ six pieds. Autant qu'il pouvait en juger, cet arbre mesurait quinze fois la hauteur du Guddu , et le navire avait la même hauteur que l'arbre et près de trois fois plus long.

Ouah! Quel navire ! Mais ça doit être faux. Même les navires de guerre du plus grand Corps étaient loin d'être aussi énormes. Ni même aucun des plus gros cargos qu'il ait jamais vu. Il doit se tromper dans ses mesures.

Il a appelé Geck , en utilisant le transformateur. « Voyez-vous ce que je suis dans la tête de Nock ?

"Oui, An-yon, et tu as raison. Est-ce que c'est gros."

Hanlon secoua lentement la tête avec étonnement. Si cela était destiné à un navire de guerre, cela causait certainement des problèmes à quelqu'un. Il réfléchit sérieusement pendant plusieurs instants, puis télépatha à Nock. "Y a-t-il plus d'un navire en construction ?"

"Oh, oui, il y en a beaucoup, beaucoup ." L'image se composait de toute une rangée de navires, et Hanlon compta rapidement.

Dix-huit!

Dans quel but une telle flotte a-t-elle été construite ? Les hommes ne défieraient pas l'ISC et les planètes fédérées de cette façon simplement pour des raisons commerciales, il en était sûr. Il y avait certainement un complot qui se tramait – et quel complot !

Il sentit la main de Geck sur son bras et entendit sa voix. "Il y a deux autres endroits où les humains construisent de nombreux vaisseaux , An-yon. Pendant que tu penses que je parle de beaucoup d'esprits. Un endroit est quatorze autres grands. Dans un autre il y en a beaucoup, beaucoup beaucoup de petits cinq à dix Guddu de long.

Choc sur choc ! Quelqu'un construisait une énorme flotte ici ! Il doit transmettre cette nouvelle au quartier général du Corps le plus rapidement possible. Si ces navires étaient une fois terminés, ils seraient capables de dominer le système. Car le Corps n'avait qu'une flotte nominale. Ils n'en avaient jamais eu besoin d'un grand.

À sa connaissance, le Corps ne disposait que de trente et un cuirassés de première ligne, bien plus petits que ceux-ci. La flotte comptait également cinquante croiseurs lourds, cent cinquante croiseurs légers et un millier d'éclaireurs allant de un à douze hommes.

"S'il vous plaît, découvrez si l'un des navires qu'ils construisent a déjà quitté le sol."

"Quelques petits seulement", rapporta Geck après un moment . "Quelques-uns disparaissent dans le ciel puis reviennent après un certain temps, puis recommencent."

Des voyages d'essai, ou des voyages de formation pour les équipages, en déduisit Hanlon.

Eh bien, il avait au moins quelques données maintenant. Assez pour qu'une fois qu'il aurait reçu cette nouvelle au quartier général , ils attaqueraient cet endroit avec suffisamment de force pour arrêter ce travail... SI... il pouvait leur en informer assez tôt.

« Voyons voir maintenant », pensa-t-il rapidement. "Je suis ici depuis presque douze semaines. Cela signifie encore six ou sept semaines avant que je sois censé être éligible pour retourner à Simonides. Hmmm. J'aurais aimé savoir à quel point ces gros chariots de bataille sont presque terminés."

Encore des moments de réflexion intense. "Je n'ose pas prendre le risque d'essayer de me faufiler jusqu'aux chantiers", raisonna-t-il logiquement. "Je dois faire tout ce que je peux pour m'assurer de pouvoir revenir lorsque mes dix-huit semaines seront écoulées. Si j'étais pris hors des limites, cela gâcherait tout – je serais vraiment dans le pétrin."

De plus, même s'il pouvait atteindre les chantiers navals, dès qu'il serait repéré en train d'essayer de pénétrer à l'intérieur de l'un de ces navires, il serait sans aucun doute tué par des gardes qui tireraient certainement en premier et poseraient des questions plus tard, le cas échéant.

Il ne restait plus non plus d'oiseaux ou d'animaux indigènes sur Algon qu'il pouvait utiliser : il avait appris que les hommes les avaient tués peu après leur arrivée.

"Non, je vais juste devoir continuer d'essayer et obtenir autant de drogue que je peux sans m'exposer. Dans un mois et demi, je devrais pouvoir en obtenir beaucoup plus, et avec ce que je sais déjà, les hauts gradés du Corps je ferai des pas, mais vite !"

Soudain, une nouvelle idée lui vint à l'esprit. Où était « ici » ? Dans son enthousiasme et sa planification, il avait complètement oublié de finir de comprendre ce point.

Ce soir-là, après le dîner, il resta dehors, marchant ostensiblement sans but, regardant et étudiant en réalité les étoiles alors qu'il était sûr que personne ne le regardait.

Il ne pouvait repérer aucune des constellations les plus familières telles que la Grande Ourse, l'Ours ou la Croix du Sud. Il savait qu'il se trouvait loin d'un côté de la galaxie par rapport à Terra : alors que de là, on pouvait voir « l'avant » de ces configurations, il aurait désormais une vue « latérale ». Mais il a pu identifier un certain nombre de plus grands soleils et de nébuleuses lointaines.

Il repéra plusieurs géantes bleu-blanc et rouge qu'il était sûr de connaître. C'était Andromède là-bas ; celui-là était sans aucun doute Orion – aucun autre ne contenait autant d'étoiles de 4,0 à 5,2, à part les gigantesques Rigel, Bételgeuse et Bellatrix.

Bien, il pouvait suffisamment bien enregistrer tout cela dans son esprit pour le dessiner à son retour, et les planétographes du Corps localiseraient certainement ce système depuis ces directions. Distance, voyons ? Il s'efforça de se souvenir du temps qu'il avait fallu à ce cargo pour arriver jusqu'ici, et estima qu'avec sa vitesse plus lente, ce monde se situait entre dix et quinze lumières. Il le chronométrerait plus soigneusement, en remontant en arrière, et estimerait la vitesse du navire aussi précisément que possible.

Le jeune George Hanlon grandissait rapidement sous le stress de la tâche énorme qu'il entreprenait. Il apprenait qu'il devait réfléchir et planifier longtemps à l'avance. Il réalisa qu'il ne pouvait pas se permettre de commettre de graves erreurs, de peur que non seulement sa tâche ne reste inachevée, mais que sa vie soit également perdue.

Il savait maintenant qu'il était absolument impératif qu'il retourne à Simonide le plus tôt possible, et que le moyen d'en être sûr était d'impressionner tellement Philander qu'il se sentirait obligé d'accorder à Hanlon ses vacances à la fin du voyage. temps minimum.

donc consacré de nombreuses heures de réflexion sérieuse à ce problème et a finalement trouvé plusieurs pistes d'action. Le lendemain, dès la fin de son quart de travail, Hanlon traversa l'enceinte et frappa à la porte du siège social. Lorsqu'on lui a demandé d'entrer, il l'a fait, son chapeau à la main.

« Avez-vous environ une demi-heure pour parler, M. Philander, monsieur ? » Il a demandé. "J'ai quelques idées dont j'aimerais discuter avec vous et qui, je pense, pourraient accélérer encore plus la production."

L'homme leva les yeux avec surprise, et ses yeux s'enfoncèrent profondément, avec méfiance, dans ceux de Hanlon. "Tu penses que tu peux me dire comment gérer mon travail ?" » râla-t-il.

"Oh, non, monsieur. Je ne parlais pas de l'ingénierie ou de la supervision. Il s'agit de s'occuper des indigènes et d'en tirer le meilleur parti. Vous avez dit que je extrayais plus de minerai que les autres, et je pense que peut-être je J'ai quelques idées, une sorte d'intuition pour rendre les Verts eux-mêmes plus productifs.

"Eh bien, entrez, entrez alors. Qu'est-ce qu'il y a ?"

" J'ai beaucoup réfléchi aux Greenies, monsieur. Vous vous souvenez, je pensais qu'ils étaient de la matière végétale, et que pour la façon dont ils se nourrissent, ils auraient besoin d'un sol contenant beaucoup de produits chimiques naturels, ou qui a été bien fertilisés, pour les garder en bonne santé et forts. Dans ce cas, la terre qui forme le sol de leurs huttes et de leurs palissades s'épuiserait très rapidement de ces produits chimiques vitaux, et les indigènes commenceraient à souffrir de malnutrition, semble-t-il. Moi. Mon gang a ralenti récemment, même s'ils semblent toujours faire autant d'efforts que jamais.

"Pourquoi... pourquoi, oui", les yeux du surintendant s'étaient agrandis de surprise pendant que Hanlon parlait. "Cela a du sens. Imaginez qu'aucun de nous ne pense à cela ! Mais nous les avons toujours considérés comme de simples bêtes stupides."

" Je me demandais donc si ce ne serait pas une bonne idée soit de déplacer les palissades tous les mois environ, soit de laisser les indigènes se "nourrir" dans la jungle ouverte tous les jours - la lumière du soleil les aiderait probablement aussi. , étant un légume. Ils pouvaient bien sûr être attachés ensemble et gardés, afin qu'ils ne puissent pas s'échapper.

Philander s'affala sur sa chaise, plongé dans une profonde réflexion, et Hanlon rayonnait intérieurement avec l'espoir que quelque chose résulterait de ce plan. Cela l'aiderait avec Philander, si cela fonctionnait. En outre, cela aiderait les Guddus , car Geek était souvent devenu presque hystérique en se plaignant de la terrible faim qu'ils ressentaient tous si continuellement.

Soudain, Philander se redressa. "Je crois que nous avons quelques sacs de nitrates commerciaux dans l'entrepôt. Expérimentons et voyons s'ils peuvent les utiliser."

Il se leva résolument de son bureau et tous deux se précipitèrent vers l'un des entrepôts. Là, Philander trouva bientôt les sacs de produits chimiques, et Hanlon en porta un alors qu'ils se rendaient au corral.

"Pouvons-nous d'abord l'essayer sur mon équipage, monsieur ?" » demanda-t-il anxieusement. "Ils semblent m'aimer un peu, et j'ai plus ou moins appris à deviner leurs réactions grâce aux mouvements de leur visage, donc je pense que je pourrais dire s'ils aiment ça ou non."

"Bien sûr, c'est une bonne idée", et ils se dirigèrent vers le complexe qui abritait l'équipage spécial de Hanlon.

À l'intérieur, alors qu'Hanlon avait apparemment choisi au hasard, c'était en réalité Geck à qui il faisait signe. Lorsque l'indigène s'approcha, feignant la peur et la réticence (Hanlon cacha un sourire soudain face au talent inattendu de Geck), le jeune homme ouvrit le sac et versa un peu de nitrate.

Il se pencha et enfonça ses doigts dans l'étoffe, puis se releva et fit signe à Geck d'y mettre ses doigts pour se nourrir de la même manière. Pendant ce temps, Hanlon transmettait par télépathie les informations exactes à son ami, du mieux qu'il pouvait avec ses capacités limitées.

Avec précaution, Geck se baissa et, après quelques faux départs, finit par mettre un de ses doigts dans le petit tas de nitrate et activa les sens de l'alimentation . Pendant quelques instants, il resta ainsi, dubitatif, puis son attitude indiquait clairement la joie et le bonheur surpris. Il commença à travailler sur cette petite bouche de forme triangulaire, et les autres se rapprochèrent.

Par télépathie, il informa Hanlon que c'était merveilleux — exactement l'élément alimentaire dont les indigènes avaient désespérément besoin.

"Il semble que tout va bien", dit Hanlon à Philander. "Je vais en répandre un peu plus pour eux tous", et sans attendre la permission, il a fait un long et étroit tas d'engrais sur toute la largeur de la cabane. Immédiatement, le reste des indigènes se rassemblèrent le long de cette ligne et y insèrent leurs doigts pour se nourrir. Bientôt, leurs visages idiots exprimèrent l'équivalent de sourires heureux d'entière satisfaction, et l'esprit de Hanlon fut imprégné de pensées de plaisir et de gratitude pour sa gentillesse.

Chapitre 17

Le surintendant Philander regardait les indigènes se nourrir et il ne pouvait s'empêcher de voir à quel point ils semblaient apprécier la nouvelle nourriture. Au bout d'un moment , il dit avec admiration : « On dirait que tu as trouvé quelque chose, George. Si ça continue à marcher, nous les nourrirons tous avec ça , et j'en réquisitionnerai beaucoup plus la prochaine fois que le cargo arrivera. dans."

Ils quittèrent l'enceinte, verrouillant soigneusement les deux portes derrière eux, et retournèrent au bureau. Une fois sur place, Hanlon dit : "Je vois que vous avez un jeu d'échecs, monsieur. Jouez-vous ? J'adore ce jeu."

"Tu fais?" Les yeux de Philander brillèrent. "Cela faisait longtemps que personne ici ne l'avait fait."

" Alors j'espère que vous me laisserez venir de temps en temps pour un match. Je me sens seul ici. Les autres gardes ne valent pas la peine de parler, et je ne suis pas suffisamment instruit en science ou en technologie pour participer aux arguments des ingénieurs et autres techniciens .

" Bien sûr, bien sûr, venez à tout moment. Je serai très heureux de vous avoir, car j'adore les échecs. Je me sens seul aussi et je dois rester une année entière à la fois. N'hésitez pas à venir n'importe quel soir. ".

De retour dans sa chambre, Hanlon repartit extrêmement satisfait du travail de la soirée. Il avait fait quelque chose pour les indigènes qui contribuerait à rendre leur situation intolérable plus supportable jusqu'au moment où ils pourraient être libérés de leur esclavage... et il s'était fait un nouvel ami qui pourrait s'avérer très utile.

Il était très anxieux pour la prochaine période de travail à venir, afin de pouvoir parler à Geck via le transformateur de voix. Car il n'était pas encore assez doué en télépathie pour être sûr d'avoir obtenu toutes les informations nécessaires sur l'utilisation des nitrates dans l' alimentation du Guddu .

Mais le lendemain, lorsqu'il alla rassembler son équipage depuis leur enclos jusqu'à la mine, il ne put s'empêcher de remarquer au premier coup d'œil à quel point ils avaient l'air plus vifs que les autres équipages. Dès qu'ils furent arrivés au chantier, il sortit la machine de sa cachette et entra en conversation avec le sympathique Guddu .

"La nourriture ? " » demanda-t-il avec impatience. "Est-ce que c'est quelque chose que tu peux utiliser ?"

"Oh, oui. An-yon," bredouilla presque Geck dans son empressement, et les mots tombaient si rapidement que Hanlon pouvait à peine les traduire. "C'est merveilleux ! Pouvez-vous réparer pour que tout ce que nous puissions avoir ?"

"Oui, ils en recevront tous des rations à partir de maintenant, mais peut-être pas beaucoup jusqu'à ce que le vaisseau puisse en apporter davantage d'une autre planète. Je ne sais pas combien nous avons sous la main. Mais le Boss a aimé mon idée. , et va veiller à ce qu'il y en ait toujours sous la main pour tous les indigènes. Il fera probablement passer le message aux autres mines et usines aussi.

"Nous en avons presque ingéré trop la nuit dernière ", a lancé Geck , ce que Hanlon savait être un rire honteux. "C'est tellement bon de nous manger...", hésita-t-il.

"Ivre, tu veux dire ?" Hanlon rit. "Je peux voir que ça pourrait te faire ça. Tu devras en avertir les autres."

Ils discutèrent pendant quelques minutes, se demandant à quel point les Guddus appréciaient la prévenance de Hanlon.

"Dis, je me demandais juste," Hanlon interrompit les remerciements de Geck . "Avez-vous une idée de l'endroit où se trouve votre planète dans l'espace ? Je veux dire, connaissez-vous les soleils les plus proches du vôtre, leurs distances ou leurs magnitudes ?"

de Geck étaient vides, et il lui fallut la majeure partie de la période de travail pour lui faire comprendre ce que Hanlon essayait de demander. Lorsqu'il parvint enfin à saisir le concept-pensée, sa réponse fut résolument négative.

"Non, An-yon, nous ne savons rien des autres soleils des autres planètes. Avant l'arrivée des humains, supposons que nous ne vivons que de manière intelligente n'importe où. Les choses que vous appelez des soleils, nous pensions que de petits feux éclairaient le ciel la nuit. Je me demande si beaucoup de nuits construisent. Je me demande ce qui brûle où " Ce n'est rien. Je me demande pourquoi un seul grand incendie arrive le jour. Je me demande pourquoi un grand feu meurt la nuit. "

La déception de Hanlon à ce sujet fut quelque peu tempérée lorsque le contrôleur entra en courant dans sa chambre où il se reposait avant le dîner, pour lui dire que son équipe avait soudainement sorti près d'une demi-tonne de minerai de plus ce jour-là que n'importe quel précédent record qu'il avait réalisé.

Un nouveau cuisinier était arrivé récemment à la mine. Il avait un fox-terrier et Hanlon a pris l'habitude de jouer avec le chien, pour maintenir sa capacité à gérer les esprits des animaux et pour en apprendre davantage sur la technique. Il prenait toujours soin de donner à haute voix l'ordre du tour qu'il voulait que l'animal exécute, mais en réalité, il contrôlait son cerveau, ses nerfs et ses muscles.

Un soir, il travaillait ainsi avec le chien lorsque Gorton, sa blessure à la tête encore bandée, entra dans la mess . En voyant Hanlon avec le terrier, ses lèvres lourdes se retroussèrent.

"Alors ce garçon blond est aussi un dresseur d'animaux, hein ?"

"C'est vrai", dit Cookie depuis la porte menant à la cuisine. "Et bien aussi ! Il demande à Brutus de faire des choses que je n'aurais jamais imaginé qu'un chien puisse faire."

Gorton ricana encore. " Enseigner des tours à un chien, c'est un truc d'enfant."

"Pouvez -vous le faire?" » demanda sarcastiquement le cuisinier.

"Qui prendrait la peine d'essayer ?"

Hanlon leva les yeux, d'un air doux. "On ne pouvait pas s'attendre à cela de M. Gorton, Cookie. Pour apprendre à un animal à faire des tours, il faut en savoir plus que lui."

"Eh bien, vous..." Gorton s'avança, le visage enflammé, tandis que les autres hommes éclataient de rire face à cet esprit brutal.

Mais la grande garde n'atteignit pas Hanlon. L'un des nouveaux gardes, un Suédois géant nommé Jenssen , l'arrêta. "Oh, laisse tomber le gamin, Gort . Il va bien. Cette cascade consistant à donner de l'engrais aux Greenies leur fait faire beaucoup plus de travail, et nous obtiendrons de plus gros bonus grâce à cela."

Mais Gorton n'était pas du genre à savoir quand arrêter. Il n'était pas non plus assez haut sur l'échelle éthique pour apprécier le fait que c'était l'homme même qu'il avait injurié qui était le premier à lui venir en aide lorsqu'il était blessé.

Hanlon avait réalisé que le grand homme était déterminé à le provoquer à un autre combat. Il savait que les esprits étaient nerveux et explosifs dans cette chaleur énervante, et il essayait généralement de supporter en silence les insultes et les mesquineries de Gorton . Il ne se rabaisserait pas en descendant au niveau bas du grand garde... même si parfois, quand la chaleur était trop forte même pour lui, comme ce soir, il ne pouvait s'empêcher de répondre.

Gorton, avait-il décidé depuis longtemps, faisait partie de ces hommes qui, n'ayant rien de valable à offrir au monde, faisaient tout leur possible pour abattre et humilier tous ceux qui l'avaient. Et sa petitesse d'âme et d'intellect se manifestait par le genre de tours qu'il faisait continuellement, les trouvant intelligents.

Comme gribouiller à la craie sur la porte de la chambre de Hanlon, « l'animal de compagnie de Super » ; renverser continuellement le gobelet de Hanlon, ou faire tomber « accidentellement » des objets dans l'assiette de nourriture de Hanlon.

Le jeune SS aurait pu changer de place à la table, mais il ne donnerait pas cette satisfaction au grand garde.

Mais l'une des astuces de Gorton s'est retournée contre lui à tel point qu'elle a eu des résultats désastreux pour Gorton lui-même. C'était la nuit où, sachant que Hanlon avait été le dernier dans l'enceinte, il s'est faufilé et a déverrouillé toutes les portes. Il pensait, bien sûr, qu'il serait évident pour tout le monde que c'était la négligence de Hanlon qui avait permis à tous les Verts de s'échapper.

Mais à la surprise de tous – à l'exception de Hanlon – il n'en restait plus un seul ; tous étaient dans leurs huttes le lendemain matin.

Philander accourut quand il en entendit parler. "Qui l'a fait?" » demanda-t-il avec colère.

"C'est un punk là-bas, bien sûr !" Gorton ricana.

Philander pivota sur lui-même, la surprise sur le visage. "Toi, George ? As-tu oublié de verrouiller les portes ?"

"Non, monsieur, je les ai tous verrouillés quand je suis allé dîner."

"Il ment . Il a été le dernier à évoquer sa bande."

"C'est vrai, je l'étais. Mais je sais que j'ai verrouillé toutes les portes très soigneusement, comme toujours."

L'un des ingénieurs a pris la parole. "Je l'ai vu faire cela, Pete. J'ai aussi vu l'un des autres gardes quitter le mess pendant quelques minutes juste avant que nous nous asseyions pour manger. Quand il est revenu, je l'ai vu sourire mystérieusement comme s'il était très satisfait de quelque chose. "

"Qui était-ce?"

"Désolé, je ne donne aucun nom."

"Je le dis", dit le grand Jenssen . "C'était Gort . Il s'en prend à George. C'est un grand imbécile !"

Philander se retourna de rage. "Je t'ai dit, espèce d'idiot sans cervelle, de laisser Hanlon tranquille, et par Jupiter, je le pense vraiment ! Arrête ça ! Encore un coup, et tu te mets aux fers, puis retourne à Sime pour un entretien avec Son Altesse. Tu reviens en arrière prochain voyage de toute façon. J'en ai fini avec toi.

Le reste des hommes restait là dans un silence hostile, et il était clair, d'après leur attitude, que cette fois Gorton était allé trop loin. Comment cela s'est-il produit, aucun des indigènes ne s'était enfui, tous étaient perplexes.

Mais Hanlon devina, et après avoir emmené son équipe au travail , il appela Geck et, au moyen du transformateur, lui posa des questions.

"Est-ce qu'un Guddu dans la cabane près de la porte principale a vu pour la première fois que la porte était ouverte. Lui a dit à tous de courir loin dans la forêt. Cet équipage nous a tous arrêtés. Dites aux autres Guddu à quel point vous êtes gentils. Comment obtenez-vous notre ' oigm ' -nourriture. Dites comment vous travaillez pour que nous soyons tous libres ; libérons tous les Guddu partout. Nous disons que peut-être pour que nous soyons tous libres maintenant peu de temps. Mais disons, venez les humains avec une tige de choc, chassez-nous, faites-nous du mal, faites-nous travailler davantage . dur , soyez plus cruel envers nous. Dites alors que vous n'aurez jamais la chance de libérer tout ce que nous avons à tout moment.

Hanlon baissa la tête en signe de remerciement silencieux pour ce formidable compliment. "J'espère seulement pouvoir justifier votre confiance en moi, Geck ," dit-il humblement. "Ce serait un miracle si j'y parvenais, mais j'ai certainement l'intention de continuer à essayer. Cela prendra du temps, vous le savez. Je ne pourrai rien faire avant de partir d'ici. Mais si c'est humainement possible , j'amènerai la flotte ici pour vous libérer.

"Nous savons que ce sera difficile, que peut-être que nous ne serons jamais libres", a déclaré le Guddu . "Mais nous savons que vous n'êtes qu'un espoir. Alors nous vous aidons autant que possible. Les Guddu dans les mines essaient d'extraire plus de roches comme vous le dites. Mais les Guddu qui aident les humains à construire de gros œufs que vous appelez "navires" le font le plus. Chaque jour, certains d'entre eux le font. Trouvez un moyen de casser quelque chose, de faire une mauvaise chose. Deux Guddu gâchent beaucoup de métal lorsqu'ils sautent dans une cuve où le métal fond .

"Oh non!" Hanlon a pleuré, choqué et angoissé. "C'était merveilleusement courageux de leur part, mais aucun des autres ne doit jamais faire des choses pareilles ! Dites-leur de ne pas sacrifier leur vie de cette façon ! Je suis sûr, d'après tous les rapports, que ce n'est pas nécessaire. J'y retournerai. encore quelques semaines, et les humains n'auront plus aucun de ces plus gros vaisseaux prêts d'ici là. Ce sont les seuls que nous devons craindre : les petits vaisseaux ne comptent pas.

C'était dommage qu'Hanlon ne sache pas ce que les humains construisaient d'autre, à part les navires, dans les chantiers navals.

La campagne de Hanlon pour « s'entendre » avec Philander portait des fruits savoureux, car les deux devenaient rapidement amis. Ils passèrent de nombreuses soirées autour d'un échiquier très disputé. Il était clair maintenant que le surintendant nerveux et inquiet sentait qu'il pouvait se détendre en compagnie de ce jeune gardien naïf, car celui-ci ne représentait manifestement pas un défi à sa position. En outre, il était également très évident qu'il appréciait Hanlon en tant qu'homme. De jour en jour, son attitude devenait plus paternelle .

Hanlon, pour sa part, en est venu à prendre davantage conscience de la véritable mesure innée de la valeur inhérente de Philander en tant qu'homme, gentleman et ingénieur. Il avait un esprit fin, était instruit et réfléchissait profondément sur de nombreux sujets en dehors de sa propre ligne technique.

"Tout ce dont il a besoin, c'est de traitements psychiatriques pour réduire son terrible complexe d'infériorité", pensa Hanlon une nuit alors qu'il retournait lentement vers sa chambre. "Alors il sera vraiment l'homme grand et bien qu'il est capable d'être, et oubliera toutes ces absurdités de complot."

Ainsi, Hanlon sentit qu'il ne prenait aucun risque particulier une nuit où les deux se tenaient sur le petit porche du bureau, leur partie terminée et Hanlon sur le point de partir. Il leva les yeux vers le ciel nocturne brillant.

" Bien sûr , l'aspect est différent ici que sur Terra, " dit-il en conversation. "Naturellement, vu que nous sommes si loin de là. Mais je ne me lasse jamais de le regarder et d'essayer de voir si je peux comprendre certains des soleils les plus brillants." Il désigna une étoile brillante juste au-dessus de lui. "C'est Sirius, je sais. C'est toujours directement au-dessus de toi."

Philander rit de bon cœur. "Non, Sirius est presque exactement à l'opposé. N'oubliez pas que nous sommes à environ cent années-lumière de Sol."

Hanlon eut l'air découragé. "Et là, j'étais sûr d'en connaître au moins un." Il bâilla avec prétention. "Eh bien, je suppose que je vais aller dans le foin. Je pense que les étoiles resteront en place, que je puisse les repérer ou non."

Philander rit encore et lui donna une tape dans le dos en toute camaraderie. "Je ne me le demanderais pas. Bonne nuit, George."

"'Bonne nuit, M. Philander." Et alors que Hanlon retournait dans sa propre chambre, son cœur était léger. Il avait appris un autre fait important sur leur emplacement dans l'espace : la distance approximative du Soleil.

Chapitre 18

Quelques nuits plus tard, l'un des jeunes ingénieurs arriva en courant dans le bureau où Hanlon et Philander jouaient aux échecs.

"Problème au niveau quatre", haleta-t-il.

Philander sursauta, bouleversant le plateau. Il attrapa son glo-light et partit.

"Vous voulez que je vous accompagne, monsieur ?" » demanda Hanlon.

"C'est aussi bien", et Hanlon courut avec eux.

Dans la mine, ils ont constaté, après examen, que la situation n'était pas aussi grave qu'il y paraissait au premier abord. Certains bois avaient pourri – ou n'étaient pas du bon bois au départ – et une chute de pierres s'était produite. Mais une fois qu'ils ont commencé à y travailler, ils ne l'ont pas trouvé trop grand. Hanlon fut envoyé courir pour le reste des hommes et, en quelques heures, tout était à nouveau tendu.

De retour au bureau, Hanlon ramassa les pièces d'échecs tombées pendant que Philander et les ingénieurs parlaient pendant un moment. Lorsqu'ils quittèrent Hanlon, il demanda : « Tu veux terminer la partie, ou plutôt, puisque l'échiquier était bouleversé, tu veux en jouer une autre ?

"Je ferais mieux de faire un chèque de pluie. J'ai quelques formalités administratives à faire. Faites-le demain."

"Ça me va. Je vais aller au foin."

"Merci pour votre aide ce soir, George. Vous avez participé si volontiers, tandis que les autres étaient maussades et grogneurs. C'était très visible et je l'apprécie. Vous êtes un bon garçon. J'aurais aimé en avoir un comme vous."

Hanlon rougit un peu et ne parvint pas à regarder son ami dans les yeux. "J'étais content de le faire", dit-il boiteusement. "'Nuit", et il s'est enfui. Au diable, pensa-t-il, je déteste utiliser Pete de cette façon, parce qu'il est vraiment un œuf gonflé en dessous. Mais le travail est plus important.

Quelques nuits plus tard, ils avaient terminé la deuxième partie et l'aîné avait gagné les deux. Il était donc de très bonne humeur, car les deux étaient si à égalité qu'il était rare que l'un ou l'autre gagnât deux matchs dans la même soirée.

Philander se pencha en arrière sur sa chaise et sourit au jeune homme. "Eh bien, George, le cargo sera là dans trois jours, et je te renvoie en vacances."

"Eh bien, merci, chef. C'est formidable de votre part. Vous allez me manquer, mais j'avoue que je serai heureux de m'éloigner de cet horrible climat pendant un moment. Cet endroit attire certainement ma chèvre - je peux Je n'ai pas l'air de m'habituer à tout ça."

"Alors tu ne voudras pas revenir ?" Il y avait une déception dans la question.

"Oh, non, je ne voulais pas dire ça. Je reviendrai certainement si j'y arrive. Peut-être que ce travail n'est pas exactement ce dont j'avais rêvé," il dut cacher un peu cette déclaration et essaya de faites une explication sincère, "mais ces mille crédits par mois le sont!"

"Cela me rappelle... je veux être sûr de vous recommander pour un bon bonus. Vous le méritez plus que n'importe quel garde que nous ayons jamais eu ici. Et puis aussi, vos idées sur la rotation de votre équipage, et surtout ce contrat d'engrais, " J'ai compris, et ils s'en sortiront à bas prix s'ils vous donnent ce que je recommande : deux mois de salaire en prime. "

« Yowie ! » Cria Hanlon, faisant apparaître sur son visage l'excitation et cette curieuse avarice qu'il avait si soigneusement bâtie dans l'esprit de ces hommes suspects. "Cela me fera six mille dollars en quatre mois. Je serai encore riche !"

"Toi et ton besoin d'argent", rit Philander, mais il y avait une curieuse nuance de presque mépris dans sa voix. "Pourquoi es-tu si branché sur ce sujet ?"

Hanlon a souri et a mal cité : "La vie est réelle, la vie est sérieuse et la sauce est mon objectif." Puis il redevint sérieux et dit : " Parce qu'avec de l'argent, tu peux tout faire. Quand j'ai fait un gros tas, alors je peux aller où je veux, être ce que je veux être et faire savoir aux gens que je suis quelqu'un. " ".

Philander haussa les épaules. "Peut-être que tu as raison, mais je dirais qu'il y avait de meilleures façons, George."

Hanlon avait l'air dubitatif. "J'ai le plus grand respect pour vos idées et votre plus grande expérience, monsieur, mais quoi de mieux qu'une grosse liasse de crédits."

Philander avait l'air plus sérieusement pensif que Hanlon ne l'avait jamais vu auparavant. Il resta silencieux un moment, puis répondit lentement : « Cela peut paraître « vieillot », mais je crois que l'avancement constant dans le travail que vous choisissez ; la connaissance croissante de beaucoup de choses ; l'imagination créatrice mise à profit de manière constructive ; le respect croissant et l'avancement qui en résulte. responsabilité de la part de vos employeurs si vous travaillez pour quelqu'un, ou de la part de vos voisins si vous êtes en affaires à votre compte - ces choses ont, à mon avis, une bien plus grande valeur que la simple accumulation d'argent. c'est que si vous grandissez de cette manière, cet argent supplémentaire vous reviendra, mais simplement comme un corollaire aux plus grandes réalisations.

"Je comprends votre point de vue", Hanlon fut grandement impressionné par le sérieux de Philander . "Peut-être que vous avez raison. Je ne suis encore qu'un enfant, je suppose, avec l'attitude immature d'un enfant. C'est pourquoi j'apprécie tant votre amitié et vos conseils, monsieur. Vous avez été presque comme un deuxième père pour moi." C'était honnête : il aimait Philander plus que jamais.

L'expression du visage de l'aîné défiait également toute description, mais il était évident qu'il était secrètement content.

"Eh bien, vas-y, je m'occuperai de cette lettre. Pendant ce temps, prépare tes affaires, ainsi tu seras prêt à partir quand le navire arrivera. Et George, mon garçon, j'espère que tu reviendras. C'est Je serai très seul ici sans toi.

"Je ferai certainement de mon mieux pour revenir, monsieur. Bonne nuit et merci encore... pour tout."

Hanlon détestait ce mensonge apparent, et tandis qu'il retournait lentement à sa chambre , il était déterminé à éloigner l'homme de ces conspirateurs et à le placer dans une position meilleure et plus légitime.

Il le recommanderait certainement au haut commandement des services secrets une fois que ce gâchis aurait été nettoyé.

jours suivants , Hanlon passa presque tout son temps de travail sous terre à parler sérieusement à Geck .

"Je veux faire comprendre à vous et à tous les autochtones ici que je travaillerai de mon mieux pour eux à chaque minute de mon absence", a-t-il déclaré de manière impressionnante. "Ne les laissez pas faire quoi que ce soit de stupide à moins ou jusqu'à ce qu'il soit complètement sûr que j'ai échoué. Si je peux faire quoi que ce soit, ce devrait être dans un délai d'un quart d'année après mon départ, et probablement beaucoup plus tôt. Si je réussis, vous serez tous libres, et ces hommes seront soit chassés de votre planète, soit tués. »

"Tout ce que nous comprenons, An-yon. Nous savons que vous êtes un véritable ami, que vous voulez nous aider. Nous continuerons à travailler, ne tenterons pas de nous échapper. Nous savons si nous serons simplement tués, ou pourchassés et rattrapés. Condition " De nous avant que vous veniez si mal que nous en étions venus à ressentir que la seule fin pour nous était la mort de la race. Maintenant, vous apportez de l'espoir. Maintenant, nous connaissons la plupart des humains de bonnes personnes, alors nous attendons dans l'espoir que vous réussirez bientôt. "

"C'est ça l'esprit. Je sais que c'est dur pour vous tous, mais je sais aussi ce qu'est le Corps Inter-Stellar, et ce qu'ils peuvent et feront lorsqu'ils apprendront votre sort."

Il lia son esprit à celui de Geck tandis que ce dernier télépathait aux indigènes d'autres parties de la planète, et fut ainsi en mesure d'obtenir des descriptions définitives de ce qu'ils pouvaient dire de ce qui se faisait dans chaque mine, usine et chantier naval. Il savait exactement combien de navires avaient été construits ou étaient en construction, et approximativement jusqu'où les coques des plus gros étaient achevées. Il a également pu acquérir une très bonne connaissance générale de la taille et de la description structurelle de chaque type de navire.

Mais sur leurs armements ou leurs méthodes de propulsion, il n'avait pu obtenir aucune information – de telles choses dépassaient trop les simples capacités des indigènes à les décrire ou à les imaginer.

La capacité de Hanlon à télépather, via Geck , devenait beaucoup plus forte, bien qu'il ne soit toujours pas capable de télépather directement vers l'un des Guddus lointains . Il pourrait cependant le faire, dans une certaine mesure, auprès d'un proche.

Mais il ne pouvait toujours rien lire dans l'esprit humain, sauf les pensées superficielles. Et comment il pourrait utiliser cette capacité ! Avec cela, sa tâche serait beaucoup plus simple.

Mais il avait appris à se contenter de ce qu'il avait, réalisant que c'était sans aucun doute unique dans l'histoire de l'humanité. Cela l'avait amené jusqu'ici, et il avait rassemblé beaucoup d'informations qu'il n'aurait pu obtenir d'aucune autre manière – des informations qu'il pourrait rapporter au Corps dès son retour à Simonides et avoir la chance de se rendre à la banque ou contactez-la d'une autre manière.

Le « Jour de la Libération », comme Hanlon avait pris l'habitude de l'appeler dans son esprit, arriva enfin. Il était tout emballé et attendait le navire. Lorsqu'il fut aperçu, lui et Philander se rendirent sur le terrain pour le rencontrer.

Lorsque le capitaine sortit, les trois hommes discutèrent tandis que l'équipage déchargeait en toute hâte les fournitures qu'ils avaient apportées et que ceux qui partaient étaient montés à bord. Le capitaine remit quelques lettres à Philander, mais celui-ci les fourra pour le moment dans sa poche sans s'arrêter pour les regarder.

Finalement, ce fut l'heure du décollage, et Hanlon fit ses derniers adieux au surintendant, puis entra ranger ses bagages dans sa cabine et se préparer au décollage. Il s'était attendu à être de nouveau enfermé et a simplement essayé d'ouvrir la porte par curiosité. Mais à sa grande surprise, la porte n'était pas verrouillée, alors il sortit. Il fut assez sage pour ne pas tenter d'envahir la salle de contrôle, mais il chercha un écran de visualisation et s'attacha à la chaise devant celui-ci.

Il manipulait les cadrans et venait juste d'avoir une vue extérieure lorsque le pilote commençait à activer les tubes. Hanlon vit Philander qui sortait en courant du petit sentier à travers la jungle et revenait vers le champ, agitant une lettre pour essayer d'attirer l'attention.

Mais de toute évidence, ni le capitaine, ni le pilote, ni aucun officier de quart ne l'ont vu, car à ce moment-là, le grand jet de flammes provenant des tubes a effacé la scène, et Hanlon a été forcé de s'enfoncer profondément dans son fauteuil d'accélération pendant que le navire soulevait des graviers .

Le voyage de retour s'est déroulé sans incident. Hanlon surveillait attentivement l'heure et mettait à rude épreuve tous ses sens d'astronaute pour évaluer leur vitesse. Tandis que le vaisseau freinait pour atterrir sur Simonides, il compléta ses calculs et fut tout à fait sûr que la distance entre les deux planètes était de douze années-lumière et quart , plus ou moins pas plus de deux pour cent, et qu'Algon était proche de l'ascension droite de dix-huit heures. , et déclinaison plus quinze degrés.

Alors qu'il franchissait le sas et commençait à descendre la planche, il fut surpris et un peu consterné de voir Panek et deux des autres hommes armés qu'il avait vus dans cette pièce du fond, l'attendant, leurs visages impassibles et illisibles.

"Un comité d'accueil, hein ?" il les salua avec un sourire qui essayait de cacher sa déception. "Hiya, Panek ! Salut les gars !"

Mais son cœur faisait des volte-face. Ces hommes n'étaient pas là simplement parce qu'ils étaient heureux de le voir, il en était sûr. Il a sondé leurs esprits et avant même que Panek ne parle, il le savait.

"Le patron nous a envoyé vous amener le voir à la première heure, c'est le patron qui l'a fait," la voix de Panek était bourrue, mais quelque peu amicale.

"C'est vraiment gentil de sa part," Hanlon essaya de ne pas laisser transparaître ses sentiments, mais de prendre cela comme une courtoisie naturelle. Mais il avait tellement envie de se rendre immédiatement à la banque. "Je venais faire un rapport, bien sûr", a-t-il commenté. " J'ai reçu une lettre pour lui du surintendant Philander. En plus, j'ai reçu une multitude de crédits à venir. Bon sang, les ai-je gagnés ! C'est une planète puante et chaude là-haut. Ce sera bien de revoir les lumières vives, en plus de vivre dans un climat décent une fois de plus."

Les deux hommes poussèrent un rire mystérieux, mais Panek se contenta d'indiquer le chemin vers l'avion. Hanlon avait encore une fois les yeux bandés, mais maintenant il s'en fichait : il connaissait l'emplacement de ce champ de cratère.

Le silence régnait pendant la majeure partie du voyage. Hanlon babillait d'abord, mais comme personne ne lui répondait , il ralentit progressivement ses paroles et finit par se taire complètement.

Ses sondes mentales lui disaient qu'il traversait une période difficile, et il avait le sentiment qu'il n'était pas censé être là du tout, pour une raison ou une autre.

"Oh, oh !" pensa-t-il, presque paniqué. "Quelque chose ne va pas. Ai-je glissé quelque part ? Ont-ils eu vent de ce que j'ai appris ? Mais comment... comment ont-ils pu ?"

Au lieu de l'emmener dans l'arrière-salle du Bacchus, Hanlon découvrit, lorsque le bandeau fut finalement retiré, qu'il se trouvait dans une pièce aux murs de pierre qui, selon lui, était une sorte de cave dans un immense bâtiment. Elle était dépourvue de mobilier, à l'exception de deux chaises et des lampes glo, dont l'une était fixée sur un poteau comme un projecteur.

Avant qu'il n'ait eu le temps d'essayer de comprendre les choses, la porte s'ouvrit et l'homme qu'il considérait simplement comme « le chef » entra et s'assit sur l'une des chaises. Il fit un geste, et les hommes poussèrent Hanlon sur le siège en face et ajustèrent la lumière pour qu'elle brille dans ses yeux. Puis ils se rangèrent derrière lui.

"Alors tu es revenu ?" dit doucement le chef.

"Bien sûr," Hanlon se força à agir comme si de rien n'était, mais c'était un effort pour sourire et parler naturellement quand sa bouche devint soudainement sèche et ses nerfs se contractèrent presque au point de crier. "Mon temps était écoulé, alors M. Philander m'a renvoyé. J'ai une lettre de sa part pour vous."

Il commença à fouiller dans sa poche, mais Panek baissa la main et en sortit la lettre, la tendant au chef, qui l'ouvrit et la lut silencieusement.

Puis l'homme leva les yeux, le visage perplexe. "Vous semblez avoir... euh... très bien réussi là-bas," dit-il presque agréablement. "Notre surintendant rapporte que vous avez fait un excellent gardien. Il semble très content de vous."

"Je t'avais dit que je ferais tout ce que je pouvais pour réussir", répondit Hanlon, mais sa voix semblait maintenant très vexée. "Quelle est la grande idée de tout ça ? Cela ressemble à un accueil très drôle, après avoir essayé si fort. Pourquoi cette lumière dans mes yeux, et ces voyous prêts à me frapper si je cligne des cils. C'est presque comme si tu le faisais" tu ne me fais pas confiance, ou quoi ?

"Je n'en suis toujours pas tout à fait sûr", dit lentement le chef.

"Tu continues à insister là-dessus ?" » demanda Hanlon avec chaleur. "Qu'est-ce qui te fait penser que je ne suis pas au top ? J'ai travaillé dur sur cette planète chaude et puante. J'en suis sorti plus que quiconque ne l'a jamais fait. Et ma suggestion à propos des nitrates..."

"Ah, oui, la question du... euh... engrais. Qu'est-ce qui t'a poussé à en parler ?"

"Dès que j'ai vu ces Greenies, j'ai deviné qu'il s'agissait d'arbres animés. Quand j'ai vu comment ils se nourrissaient en enfonçant leurs doigts dans le sol de la cabane, j'ai pensé que la terre perdrait progressivement toute la nourriture qu'elle contenait, tout comme les champs d'un agriculteur perdent bientôt leur Toutes les plantes que je connais extraient l'azote et d'autres minéraux du sol. J'ai donc pensé que les Greenies auraient besoin d'engrais pour compenser le sol épuisé de leurs huttes. Cela m'a semblé simple.

" Ummm . Vous aviez raison, apparemment. Cela a été une grande contribution à notre travail et nous vous en sommes reconnaissants. " Il regarda Hanlon un long moment, puis demanda brusquement : « Comment Rellos est -il mort ?

"Un chien lui a arraché la gorge."

"Nous le savons, mais vous avez dit que vous l'aviez tué."

"À votre avis, qui a lancé le chien sur lui ? Nous marchions dans la rue et j'ai donné un coup de pied au chiot du chien. Quand elle a chargé, j'ai poussé Rellos sur son chemin, et c'est lui que le chien a tué."

"Ah ! Bien ! Très inhabituel ! Très... euh... ingénieux !" Le chef semblait content, mais lentement son sourire s'éteignit et il fronça de nouveau les sourcils. "Tout cela me donne envie de te croire, Hanlon, mais d'une manière ou d'une autre, je n'arrive pas à me débarrasser de la croyance que tu es toujours lié au Corps. Oh, je sais," alors que Hanlon commençait à protester, "tout à propos de ton le renvoi et la disgrâce, et la bagarre que vous avez eue quelques jours plus tard avec certains de vos anciens camarades de classe. N'était-ce pas d'ailleurs une coïncidence assez pénible que ce soit un amiral qui soit arrivé juste à temps pour vous sauver ? Cela a facilement été fait exprès. Je ne suis… euh… pas si simple, jeune homme.

"Non, mais tu es fou de penser comme ça !" avec dégoût.

"Je pense que vous le découvrirez différemment," le ton fit frissonner les nerfs du jeune SS, et il eut du mal à contrôler l'envie de mouiller ses lèvres soudainement sèches. "Je me trompe peut-être - je l'espère très sincèrement - mais je n'ai pas encore réussi à me résoudre à ressentir cela. Mais j'ai l'intention d'en être sûr avant de quitter cette pièce. Panek , amène notre autre. .. euh... invité."

Hanlon entendit le tireur partir et revenir aussitôt. Il apparut dans le champ de vision de Hanlon, poussant devant lui un homme menotté.

À la vue de cet autre homme, Hanlon dut haleter.

Chapitre 19

"Oh!" » dit triomphalement le Leader en voyant le début de surprise de George Hanlon. "Je vois que vous reconnaissez notre invité."

" Bien sûr que je le connais, " rétorqua Hanlon, se forçant à reprendre le contrôle de manière rigide. "C'est Abrams. Je pensais l'avoir tué."

"Ah, maintenant, c'est vrai ?" Le chef sourit à nouveau , mais cette fois d'un air sombre. "Maintenant, nous arrivons au cœur du problème. Vous dites que vous pensiez l'avoir tué, mais vous savez que ce n'est pas le cas. Votre prétendu assassinat d'une manière si intelligente n'était qu'une ruse - vous ne l'avez pas du tout empoisonné. Vous il a simplement fait semblant de mettre quelque chose dans sa tasse. »

"C'est un mensonge. Peut-être que ça n'a pas marché sur lui, mais moi oui..."

"Désolé, M. Hanlon," gémit Abrams tremblant lors de l'interruption. "J'ai été obligé de raconter toute l'histoire à Son Altesse après qu'il ait découvert où je me cachais."

Son Altesse!

donc le monstre fabuleux dont tout le monde avait si peur. Le cœur de Hanlon tomba à genoux. Quelle chance avait-il maintenant ? Il ne s'en sortirait jamais vivant, ni ne remettrait son rapport au Corps.

"Oui, M. Hanlon," imita cette voix soyeuse de manière significative et venimeuse. "Nous avons... euh... des moyens de faire parler les gens. Cet Abrams, comme un imbécile, ne s'est pas contenté de continuer à travailler comme mon secrétaire. Il a dû acquérir des notions stupides d'éthique et de patriotisme, et essayer de... euh... vous opposer à certaines de mes politiques. Pourquoi lui avez-vous laissé penser que vous étiez toujours un membre du Corps... si ce n'est pas le cas ? » craqua-t-il soudainement.

Hanlon se força à lui rendre son regard insolent. Peut-être qu'ils le tueraient… non, pour être honnête, ils le feraient sans aucun doute … mais par l'Ombre de Snyder, ils n'allaient pas lui faire montrer la peur qu'il ressentait.

"Utilise ta tête, mon pote. Je devais faire bonne impression sur Panek pour qu'il me présente à quelqu'un ici sur Sime qui me montrerait comment gagner rapidement et beaucoup d'argent, c'est tout ce que je recherche", dit-il. rétorqua avec une bravade qu'il ne ressentait certainement pas, mais dont il espérait qu'elle leur ferait croire qu'il le ressentait. "Quand j'ai découvert que Panek allait écraser Abrams, je me suis mis à l'écoute. Et quel moyen plus simple de faire jouer Abrams avec moi - je n'avais rien contre lui et je ne voulais pas vraiment le tuer - que de le laisser Je pense que j'étais encore un membre du Corps, après qu'il m'ait vu quand j'étais encore cadet. Je ne savais pas qu'il deviendrait jaune et couinerait.

Il regarda Abrams avec mépris, puis se tourna vers le chef et rendit sa voix très sérieuse, très emphatique. « Mais je vous ai dit la vérité ! Je n'ai pas encore de lien avec cette tenue pourrie, et vous vous trompez si vous pensez que je le suis !

"Ne mentez pas à Son Altesse !" Intervint Panek . "Il n'aime pas qu'on lui mente, il n'aime pas ça."

"Oh, tais-toi et reste en dehors de ça, petit fretin !" Hanlon ricana et fut récompensé par un coup dur sur le côté de la tête qui le fit grimacer. Mais Son Altesse est intervenue.

"Ça fera l'affaire, Panek . Je vais m'en occuper. Maintenant, Hanlon, je pense que tu ferais mieux de réfléchir très sérieusement. Tu peux voir pourquoi nous sommes toujours sceptiques à ton égard. Tout pointe contre toi... euh... sauf votre propre parole, et le fait que vous avez apparemment travaillé dur et pour nos meilleurs intérêts à la mine. Ce point, je vous l'accorde volontiers, est tout à fait en votre faveur. Je suis très patient avec vous parce que, si vous " Si vous dites la vérité, vous pouvez être un homme très précieux pour moi. Vous avez de réelles capacités et d'autres atouts. Mais si vous n'êtes pas entièrement pour nous, vous êtes clairement sur notre chemin. "

"Je vous le dis ..."

"Ne m'interrompez pas, s'il vous plaît. Je pourrais vous informer que je vous ai envoyé sur l'autre planète à la fois pour vous tester et pour vous tenir à l'écart pendant que nous enquêtions plus en détail et que je pourrais prendre une décision. Vous n'étiez pas censé revenir. J'ai envoyé à Philander une lettre à cet effet, mais il a envoyé par radio spatiale que vous étiez déjà sur le chemin du retour lorsqu'il l'a lu.

Une lumière s'est levée sur Hanlon alors que le souvenir revenait à ce décollage. Philander avait simplement mis le courrier dans sa poche lorsqu'on le lui avait remis, et il avait visiblement commencé à le lire sur le chemin du retour à la mine. Cela expliquait son running back, agitant une lettre et essayant d'attirer l'attention juste au décollage.

La petite partie de son esprit qui prêtait attention aux hommes présents dans la pièce entendit Son Altesse dire : « Emmenez Abrams. Il… euh… ne nous est plus d'aucune utilité. Et attendez dehors jusqu'à ce que j'appelle — tout le monde. toi."

Lorsqu'ils furent partis, Son Altesse se pencha en avant, et Hanlon savait qu'il ferait mieux d'être très attentif et de garder son sang-froid pour saisir toute opportunité susceptible d'améliorer sa position périlleuse.

"Je vais parler plus franchement, maintenant que nous sommes seuls, Hanlon. Je suis impressionné par toi. Je pense que tu as... euh... d'énormes capacités, et je te veux à mes côtés. Mais je dois être sûr . Je vous conseillerais, pour votre bien, d'être honnête et franc avec moi.

"Je le suis, mais vous ne me croirez pas", dit Hanlon avec sérieux. "Quand je prends le salaire d'un homme, monsieur, je lui donne tout ce que j'ai. Vous m'avez donné une chance d'obtenir le genre d'argent que je veux gagner, et je fais tout ce que je peux pour gagner à la fois cet argent et votre confiance. " J'ai été expulsé du Corps, et je ferai *tout ce* que je peux pour me venger ! "

"Comme je l'ai déjà dit, nous avons... euh... moyens de vous faire dire la vérité", poursuivit le chef comme si Hanlon ne l'avait pas interrompu, "mais vous ne seriez d'aucune utilité ni pour nous, ni pour le Corps, ni pour nous. vous-même si nous devons utiliser... euh... la persuasion. Je ne veux pas vous voir brisé. Vous vous souvenez peut-être que vous m'avez demandé une fois si je pouvais « le dire » ? Laissez-moi vous assurer que je peux.

"Mais comment puis-je prouver quoi que ce soit alors que tu as déjà décidé de ne pas me croire ?" » demanda Hanlon d'un ton plaintif. "Je fais de mon mieux pour vous faire croire. J'admets que certains des points que vous avez évoqués pourraient paraître louches d'un certain point de vue, mais je vous assure que vous leur donnez une mauvaise interprétation. Si vous Je les regarderai de mon point de vue , vous verrez qu'ils sont tout aussi vrais. »

Son Altesse regarda Hanlon en silence mais avec une concentration constante pendant quelques minutes. "Cela pourrait être vrai. J'avais presque commencé à te croire lorsque nous avons trouvé Abrams, et lorsque nous l' avons interrogé , il... euh... a admis ce que tu avais fait et pourquoi. Cela a ravivé mes doutes. Êtes-vous prêt à être testé sous un médicament de vérité ? »

Hanlon faillit haleter de consternation, mais il le réprima. Il ne connaissait que trop bien l'efficacité des médicaments de vérité modernes. Ils révéleraient toutes ses pensées et toutes ses connaissances – tout sur le Corps, les Services Secrets et tout le reste.

Ce regard blessé revint sur son visage. "Vous en demandez certainement beaucoup, monsieur", dit-il. "Je n'ai rien à vous cacher, mais aucun homme n'aime voir tout son esprit envahi de cette façon, toutes ses pensées et ses sentiments privés. Je ne vois pas pourquoi vous devriez suggérer une telle chose. Je vous ai dit le la vérité sur les sujets que vous voulez connaître. »

"Il semble que tu l'aies fait, et je veux honnêtement te croire. Car tu vois, Hanlon, je te veux avec moi. Tu es mon genre d'homme. Je t'aime bien parce que tu as un dynamisme, une imagination et une capacité formidables - oui, et peut-être un peu parce que tu es le seul homme que j'ai jamais rencontré qui n'avait pas... euh... peur de moi. J'ai de formidables projets pour l'avenir - et j'aimerais t'avoir comme mon Je vous formerais comme vous n'auriez jamais imaginé qu'un homme puisse être formé. Et puis, *ensemble, Hanlon, nous pourrions gouverner l'Univers* !"

Mais George Hanlon n'écoutait qu'à moitié, même cette dernière, cette proposition choquante, totalement inattendue, son véritable objectif. Voilà le complot qu'il recherchait, le complot que le Corps avait si désespérément besoin de connaître. Pourtant, sa crise personnelle était, pour le moment, plus importante s'il voulait un jour apporter un quelconque bénéfice aux services secrets ou au corps. Pour utiliser ses connaissances tout juste découvertes, quelque chose d'autre doit passer en premier.

Son esprit cherchait donc une issue. Il savait très bien qu'une fois le médicament de vérité administré – et cette Altesse ne se contenterait plus de rien de moins – il était pour ainsi dire mort. Ils découvriraient la vérité en quelques minutes, et n'auraient alors d'autre recours que de le tuer.

Son moral tomba au plus bas en sachant qu'il avait échoué… il avait échoué dans les services secrets et le Corps, avait échoué avec son père, avait échoué avec les Guddus , avait échoué lui-même. Curieusement, peut-être, à ce moment-là, la pensée de l'échec était bien plus importante pour lui que l'imminence de la mort en tant que telle.

Il avait remarqué à moitié consciemment, lors de son premier coup d'œil autour de cette pièce, qu'il y avait un petit ventilateur près du plafond, dans un coin. Désespérément, il y poussa son esprit et put sentir qu'elle s'ouvrait sur un espace ressemblant à un parc, probablement autour d'un des palais de la ville.

Hanlon entendit enfin Son Altesse appeler : " Panek , toi et les autres apportez-moi l'hypodermique. Nous devrons lui donner le sérum de vérité. Je suis désolé, Hanlon, " s'adressa-t-il maintenant au jeune homme, " mais ceci C'est le seul moyen. J'espère que nous n'aurons pas besoin d'en utiliser suffisamment pour vous faire du mal, mais cela dépend de votre coopération. Si vous nous dites la vérité rapidement et volontairement, je peux, comme je l'ai dit... euh.. ... utilisez-vous, et vous en tirerez un grand profit.

Hanlon n'a pas lutté lorsqu'ils l'ont attaché fermement à la chaise avec des menottes aux mains et aux pieds. Il savait que ce serait inutile de toute façon. Il laissa son corps s'affaisser sur sa chaise et dirigea de nouveau son esprit vers cet évent. Il ne doit pas les laisser le vaincre ! Il a dû survivre – pour faire savoir – au Corps !

Puis son esprit inquisiteur en contacta un autre – un esprit faible et primitif, mais un esprit. Il s'y accrocha avidement, se fondit avec lui... et se retrouva dans le cerveau d'un de ces pigeons simonidiens.

Ah ! C'est merveilleux ! Les pigeons volent rarement seuls. Là où vous en trouvez un, vous trouvez presque toujours un numéro. En activant le cerveau de l'oiseau , il envoya un appel aux autres oiseaux de son espèce indiquant qu'il avait trouvé de la nourriture en abondance. Bientôt, de plus en plus d'entre eux s'envolèrent vers l'endroit où se tenait le pigeon désormais asservi, et à mesure que chacun arrivait, Hanlon envoyait dans son cerveau tout son esprit qu'il pouvait contenir.

À l'intérieur de la cave, Son Altesse se leva et s'approcha du corps de Hanlon, l'hypodermique à la main. "Enlevez son manteau et retroussez sa manche", ordonna-t-il à Panek , et la petite partie de l'esprit de Hanlon restant encore dans son corps sentit ce dernier le faire, et un instant plus tard, la piqûre de l'aiguille.

Lentement d'abord, puis de plus en plus rapidement, il sentit son esprit s'engourdir et sa volonté s'affaiblir. Son corps s'est affalé contre les menottes qui le retenaient.

"Peux-tu m'entendre, George Hanlon ?" il entendit vaguement la voix de Son Altesse.

"Oui." Cela ressemblait à un murmure.

« Êtes-vous membre du Corps Inter-Stellar ?

"Je... je...", lutta-t-il pour ne pas répondre.

"Dites-moi!"

"Je... je..." et puis, dans un dernier effort désespéré pour ne pas dire ce qu'il ne devait pas dire, George Hanlon fit une chose qu'il n'avait jamais osé tenter auparavant. Il envoya toutes les parties restantes de son esprit dans le dernier des pigeons.

L'un des premiers oiseaux qu'il avait déjà envoyé dans le ventilateur afin de pouvoir regarder à travers celui-ci dans la pièce du dessous. Il y arriva juste à temps pour entendre le cri de consternation du chef lorsqu'il vit le corps de Hanlon s'affaisser encore plus, apparemment sans vie.

"Est-il mort, patron, n'est-ce pas ?" il entendit le cri anxieux de Panek .

Son Altesse sentit le pouls du poignet de Hanlon et celui de sa gorge. "Non, il est toujours en vie."

L'homme se tenait là, plongé dans une profonde réflexion, le front plissé par un froncement de sourcils concentré. "Il y a quelque chose qui ne va pas ici", dit finalement le chef à haute voix. "Quelque chose de très faux et de très étrange. Ce n'est pas un évanouissement ordinaire. C'est... euh... au-delà de mon expérience précédente."

Il se redressa et s'adressa une fois de plus au corps de Hanlon. "Pouvez-vous encore m'entendre, George Hanlon ?"

Il n'y eut aucune réponse, aucune indication que ses paroles furent entendues. Il tendit la main et souleva le corps dans une position plus verticale sur la chaise. "Répondez-moi, George Hanlon. M'entendez-vous ? Je vous ordonne de me dire, êtes-vous un membre du Corps ?"

Toujours pas de réponse, pas de contraction musculaire, pas de mouvement de conscience. Il secoua un peu le corps et éleva encore la voix.

"J'exige une réponse, George Hanlon ! La drogue de la vérité doit vous faire parler !"

Mais seulement le silence, et quand il lâcha le corps, celui-ci tomba en arrière sur la chaise, et la tête pencha en avant comme si le cou était brisé.

"Laissez-moi travailler sur lui, patron", a plaidé Panek . "Laisse-moi lui faire un tour, laisse-moi."

Attendant à peine de voir que Son Altesse ne l'interdisait pas, le voyou a soulevé un petit et laid morceau de tuyau en caoutchouc et a frappé le corps qui ne résistait pas encore et encore - au visage, sur le dessus et l'arrière de la tête, des coups violents au niveau du corps. côtes et même à l'aine.

Mais il aurait tout aussi bien pu écraser un sac de farine. Le corps s'affaissait sous les coups, devenait ensanglanté et décoloré, mais il ne faisait aucun mouvement, aucun mouvement conscient.

"Cela suffira, Panek ", ordonna finalement Son Altesse. "Cela ne sert à rien. Cela, je ne peux pas le comprendre, mais je sais qu'il y a... euh... quelque chose de très particulier ici. C'est presque comme si...", il fit une pause et fronça à nouveau les sourcils. "Mais c'est ridicule !"

"Qu'est-ce qui est ridicule, patron, qu'est-ce que c'est ?"

"C'est presque comme s'il n'y avait... euh... plus d'esprit dans le corps," dit lentement Son Altesse. Puis, brusquement : « Etes-vous sûr qu'il y avait du sérum de vérité dans cette solution hypodermique ?

"Vous l'avez réparé vous-même, patron."

Son Altesse se retourna brusquement, brutalement réveillée de ses réflexions par le grand bruit de tir *que* faisait l'un des gardes. Il fut étonné de voir l'homme faire de vains mouvements vers un pigeon dont la tête dépassait, les ailettes du ventilateur.

Mais l'oiseau n'est pas parti.

"Arrête ça!" » ordonna le chef avec impatience. "Nous avons plus d'importation..."

Il s'arrêta et se retourna pour regarder avec émerveillement l'oiseau, qui le regardait avec des yeux perçants apparemment ineffrayés , tournant la tête d'un côté puis de l'autre, comme pour mieux voir tout ce qui se passait.

"C'est étrange," dit pensivement Son Altesse. "Je n'ai jamais vu un oiseau agir ainsi auparavant. Hmmm, je me demande ?... Mais non, c'est absurde."

Il se tourna vers le corps de Hanlon comme s'il était dégoûté d'avoir eu une idée aussi fantastique. Les mains derrière le dos, cet air renfrogné de concentration gravant de profondes rides sur son visage, le chef allait et venait sur le sol de la petite pièce, son regard revenant toujours et encore pour fixer avec exaspération cet affalé, mort mais- corps vivant.

Qui était ce jeune homme extraordinaire ? Quels genres de talents et de capacités possédait-il pour pouvoir réagir ainsi à un sérum de vérité ? Avait-il été traité de telle manière par les experts du Corps que son esprit serait vidé dans de telles urgences ? Était-il une sorte de mutant doté de pouvoirs jamais connus auparavant ? Ou – pensée surprenante – était-il réellement un être humain ?

Mieux que quiconque, Son Altesse pouvait apprécier le fait que l'univers contenait de nombreux types de vies sensibles et hautement mentales autres que celles originaires de Terra. Depuis qu'il était venu ici, à Simonide, et qu'il s'était frayé un chemin jusqu'à la position la plus élevée sous son empereur – un vieil homme faible qu'il n'avait eu aucun mal à dominer – il se méfiait naturellement de quiconque pourrait tenter de découvrir et de détruire soigneusement son... établi des plans.

Tel était ce jeune Hanlon, il en était désormais convaincu. Ce serait la chose la plus simple de tuer ce cadavre presque mort maintenant, mais cela ne résoudrait pas ce problème déroutant. S'il s'agissait de Hanlon, peut-être que d'autres membres du Corps avaient des pouvoirs similaires. Non, celui qui possède de telles capacités ne doit pas être tué. Il doit être gardé et étudié, et le secret doit être appris si possible.

Mais ses pensées furent interrompues par Panek . "Cet oiseau idiot est toujours là, toujours là. Est-ce un autre de vos animaux de compagnie, patron ?"

Son Altesse fit volte-face. Il avait oublié l'oiseau. Était-il possible que Hanlon ait, d'une manière inexplicable, transféré... en apparence, c'était un concept absurde. Mais il y avait des magiciens sur sa planète natale qui pouvaient faire des choses presque aussi insondables.

Il se décida soudain. "Tue le!" ordonna-t-il.

Quoi qu'il soit ou non, Panek était rapide avec une arme à feu. Les mots étaient à peine prononcés qu'il avait dégainé et tiré.

Chapitre 20

La vingtième partie de l'esprit de Hanlon, activant le pigeon dans le ventilateur, lui ordonna de reculer dès qu'il sentirait ce que serait cet ordre. Mais ce n'était pas assez rapide.

Il ressentit la sensation de brûlure le long du côté de l'oiseau et l'agonie qu'il souffrait. L'aile avait été presque sectionnée par le tir et sa vie était en déclin rapide.

Il devait sortir de ce corps et vite... mais il n'y avait plus de pigeons dans les environs, à l'exception des dix-neuf autres qu'il occupait déjà. Aucun d'entre eux n'avait non plus une capacité cérébrale suffisante pour contenir plus d'un vingtième de son esprit.

Désespérément, il envoya le reste du troupeau tourbillonner dans les airs, à la recherche d'autres formes de vie à proximité. Il n'y avait pas d'autres pigeons assez près pour entendre leurs appels ni pour arriver à temps s'ils le faisaient, car l'oiseau blessé mourait rapidement.

Il n'y avait pas non plus de chiens, ni de chats, ni d'animaux d'aucune sorte. En désespoir de cause, Hanlon a même essayé les arbres ou les plantes là-bas, pour voir s'ils avaient un esprit comme celui des Guddus , mais aucun d'entre eux n'y est parvenu.

Il redoutait de penser à ce qui se passerait si le cerveau qu'une partie de son esprit occupait mourait alors qu'il était sous son contrôle. Cette partie de son esprit serait-elle alors perdue ? Il n'avait aucun moyen de le savoir, et il n'était pas impatient de tenter sa chance, car il avait terriblement peur qu'il en soit ainsi. Et il avait certainement prouvé qu'il n'avait pas d'esprit à revendre, pensa-t-il avec dégoût. Il avait vraiment gâché cette mission. Le seul moyen pour lui de communiquer avec le Corps était à travers son corps, et s'il y retournait son esprit, il deviendrait un canard plus mort qu'il ne semblait l'être. Car même cette vingtième partie pourrait être amenée à parler.

Pourquoi ces pigeons ne se sont-ils pas dépêchés ?

Pourtant, il savait qu'ils cherchaient frénétiquement. C'était la sensation la plus étrange qu'on puisse imaginer. Les gens avaient souvent exprimé le souhait de pouvoir se trouver à deux endroits à la fois... il en était à vingt. Et chaque corps était relié aux autres par un mince fil de conscience, tout en pensant et en agissant de manière indépendante.

Son esprit composite sourit presque. Si quelqu'un lui avait dit il y a un an qu'une telle chose était possible, il aurait appelé le chariot à riz et transporté cette personne en toute hâte jusqu'à la maison de fous la plus proche.

Les autres parties de son esprit volaient partout dans le parc clos qui faisait partie du grand palais, cherchant, cherchant désespérément une autre forme de vie qui pourrait servir de logement à la partie mourante de l'esprit de Hanlon.

Soudain, l'un d'eux poussa un cri qui entraîna les autres vers lui sur des pignons rapides, pour voir attaché à l'un des arbres un énorme essaim d'abeilles simonidées.

"Est-ce que la reine fera l'affaire ?" » demanda anxieusement la seule partie de l'esprit.

Il y eut un frémissement convulsif dans tous les esprits, car les oiseaux savaient – et Hanlon l'avait entendu – à quel point ces abeilles indigènes étaient venimeuses mortelles ; comment ils ont été pourchassés et exterminés une fois trouvés. Elles étaient deux fois plus grandes et bien plus vicieuses et mortelles que les abeilles terriennes. Déjà maintenant, deux jardiniers couraient vers l'arbre avec un grand filet métallique et des lance-flammes.

Mais Hanlon était désespéré. "Il faudra qu'elle le fasse", décida l'esprit global.

Aussitôt, la partie de son esprit de l'oiseau mourant se détacha et pénétra dans le cerveau de la reine des abeilles. Il y eut de longs et décourageants moments de torsion et de lutte pour s'intégrer dans cet étrange et vicieux cerveau d'insecte. Il a finalement réussi à prendre le contrôle, mais n'était pas totalement en rapport. La vue à travers ses yeux aux multiples facettes était presque impossible avec le peu de temps qu'il pouvait consacrer à l'apprentissage de leur texture.

Mais le rapport étroit entre les différentes parties de son esprit était un bon guide. La Reine vola rapidement vers ce ventilateur, son essaim la suivant de près sous ses ordres.

Dans et à travers l'évent, elle a volé, et presque avant que les quatre hommes à l'intérieur ne se rendent compte de l'étrange bourdonnement, elle dirigeait son essaim vers eux.

"Les abeilles!" Panek a crié de terreur, et les quatre ont commencé à combattre les centaines qui envahissaient chacun d'eux. C'était peut-être leur erreur : si Panek et les deux autres étaient restés parfaitement immobiles, ils auraient pu survivre, même si dans l'état d'esprit sinistrement déterminé de Hanlon, cela était désormais douteux.

Non pas que Hanlon soit en colère, même contre Panek pour les terribles coups portés sur son corps inconscient. Car il réalisait que c'était la nature cruelle et sadique de cet homme ; qu'il n'aurait pas pu agir autrement.

Mais Hanlon savait désormais que la paix de la Fédération exigeait qu'il vive et soit libre de faire son rapport, et seule la mort de Son Altesse et des autres pourrait désormais le sauver.

Ainsi, même si cela le rendait malade, Hanlon dut continuer, et comme ces piqûres d'abeilles plongeaient par centaines dans les quatre, le poison agissant bien plus rapidement que ne le fait le venin des abeilles terrestres, plus proche de celui du mamba. l'un après l'autre, les quatre tombèrent au sol et restèrent silencieux – piqués à mort.

Hanlon a ensuite renvoyé la reine et son essaim à l'extérieur, après lui avoir d'abord fait comprendre qu'elle devait voler très loin si elle voulait survivre. Il ne pouvait pas l'envoyer à la mort par les jardiniers après qu'elle lui ait sauvé la vie.

Alors qu'elle s'envolait, il rappela son esprit d'elle et des dix-neuf oiseaux, dans son corps. Il se redressa une fois de plus, mais instantanément une telle vague de douleur l'envahit qu'il faillit s'évanouir. Car toute l'agonie de ce terrible passage à tabac l'a frappé immédiatement:

Son esprit aussi était lent et lent une fois de retour dans son propre cerveau, là où le médicament avait fait effet. Mais il éprouvait un sentiment de satisfaction et de gratitude d'avoir traversé cette terrible épreuve en toute sécurité. Le médicament disparaîtrait, les blessures guériraient et la douleur disparaîtrait avec le temps. Pendant ce temps, il était vivant... aussi impossible que cela paraisse, il était *vivant* !

Mais George Hanlon avait assez de puissance mentale pour fonctionner malgré la drogue de la vérité pour se rendre compte qu'il n'était pas encore sorti du gouffre. Son corps était toujours menotté à la chaise, elle-même fixée au sol afin qu'il ne puisse pas la bouger.

Il était toujours à l'intérieur du palais des conspirateurs, et il ne faudrait sans doute pas longtemps avant que quelqu'un entre dans la pièce à la recherche de Son Altesse et ne le retrouve ainsi que les morts.

Pendant des minutes désespérées, Hanlon examina tous les aspects de la question et ne trouva qu'une seule possibilité qui pourrait offrir une chance de libération et de sécurité.

Une fois de plus, il envoya une partie de son esprit à travers le ventilateur et trouva l'un des oiseaux ressemblant à des pigeons toujours à proximité. Il en prit de nouveau possession et enferma dans son petit cerveau tout son esprit qu'il pouvait contenir. Puis l'oiseau s'envola rapidement vers le haut et au-dessus des toits du palais, dans le ciel sombre.

Haut dans les airs, il flottait sur des pignons déployés pendant qu'il surveillait la ville sous lui, à la recherche de points de repère. Il localisa assez facilement le quartier du centre-ville car ses lumières étaient allumées maintenant que le soir était là.

Cela l'a orienté, mais le fait qu'il soit si tard l'a consterné. Les officiers du Corps seraient-ils rentrés chez eux ? Et si oui, comment pourrait-il localiser l'un d'entre eux, ce soir, avec qui il pourrait éventuellement communiquer ? Il n'y avait pas pensé auparavant – il se considérait comme un homme, pas comme un oiseau.

Mais alors même que ces pensées et questions déroutantes le tourmentaient, il volait aussi vite que les ailes de l'oiseau le permettaient, directement vers le grand bâtiment qui abritait le contingent du Corps ici sur Simonides.

En fait, il ne fallut que quelques minutes avant que l'oiseau soit à l'extérieur de la grande structure et regarde rapidement par les fenêtres. Les lumières brillaient dans presque toutes les pièces, et l'esprit de Hanlon était reconnaissant qu'un si grand nombre d'officiers supérieurs soient encore au travail.

Fenêtre après fenêtre, l'oiseau regardait avec une hâte furieuse, à la recherche du bureau d'un amiral. S'il pouvait pénétrer à l'intérieur, Hanlon avait pensé à plusieurs façons de communiquer... à condition que l'amiral ne soit pas un chapeau d'airain orthodoxe.

Mais, se dit-il, pour garder courage, tout homme capable d'accéder à une position aussi élevée que n'importe quel type d'amiral aurait dû faire preuve de son ingéniosité à maintes reprises. Autrement, vous n'auriez pas atteint un tel niveau dans le Corps.

La chance et la persévérance ont atteint ses objectifs, car il a finalement localisé lui-même les bureaux de l'Amiral Planétaire, et cet officier et sa secrétaire étaient toujours à l'intérieur au travail.

Hanlon a fait atterrir l'oiseau sur le rebord de la fenêtre, puis a commencé à taper avec son bec sur la vitre. Cela se produisit à maintes reprises, jusqu'à ce que les deux à l'intérieur, attirés par le son, cherchent sa source.

"Regardez, amiral Hawarden, c'est un pigeon qui tape à la fenêtre", a ri le secrétaire.

"Je dois penser qu'il y a quelque chose à manger ici", sourit l'officier en retour.

"C'est vraiment comme si cela essayait d'attirer notre attention", commenta la jeune fille quelques secondes plus tard.

"Hmmm, je me demande", dit l'amiral à mi-voix, puis tandis que l'oiseau poursuivait son tapotement délibéré, il reconnut le code inter-stellaire SO S. Il se leva rapidement, se dirigea vers la fenêtre, l'ouvrit et recula.

L'oiseau, ne montrant aucune peur des humains, entra et vola vers son bureau. La secrétaire s'était également levée, et maintenant elle se recroquevilla contre le mur, la main devant la bouche étouffant un cri.

"C'est magique", dit-elle effrayée. "Aucun oiseau n'a jamais agi ainsi."

"C'est certainement inhabituel", dit-il, les yeux perplexes. "Je n'arrive pas à comprendre."

L'oiseau s'est envolé vers l'officier et, avec ses ailes battantes, il s'est dressé dans les airs devant lui, ses yeux brillants et brillants regardant directement dans les siens. Puis il s'est envolé vers la porte. Comme l'amiral ne faisait aucun mouvement pour le suivre, l'oiseau répéta la performance.

"On dirait presque qu'il voulait que j'aille quelque part avec", a déclaré l'officier d'un air hébété. "Est-ce qu'on rêve de ça, Thelma ?"

"Je… je ne sais pas, monsieur. Nous… nous devons l'être", balbutia-t-elle. "Cela ne pourrait tout simplement pas être possible autrement."

Mais maintenant, l'oiseau a apparemment remarqué autre chose dans la pièce, car il s'est envolé vers le bureau du secrétaire et s'est posé dessus. Cela a sauté jusqu'à son écrivain électro.

C'était trop. La jeune fille se précipita en agitant les mains. « Bouh ! » gronda-t-elle. « Lève-toi de mon bureau, espèce de folle ! »

Mais l'amiral Hawarden n'était pas idiot. C'était bien au-delà de toute expérience qu'il avait jamais vécue, mais il y avait une telle détermination dans les actions de l'oiseau, aussi étranges et inhabituelles soient-elles, qu'il estimait que ce petit drame devait se jouer sans interruption.

"Laisser seul!" » ordonna-t-il brusquement, d'un ton qui la surprit, tant il était différent de son attitude polie habituelle.

Le regardant avec étonnement, elle recula et assista avec lui à cette action sans précédent.

Avec sa patte, Hanlon fit actionner l'oiseau sur le petit interrupteur qui activait le mécanisme d'écriture, puis, avec son bec, il se mit à picorer les touches. Heureusement qu'il y avait du papier dans la machine, une lettre qu'elle n'avait pas finie. L'amiral s'approcha là où il pouvait voir, mais fit signe à la jeune fille de revenir lorsqu'elle commença à le suivre. Il semblait impossible que l'oiseau puisse écrire quoi que ce soit de sensé… mais l'amiral commençait à n'en être plus sûr.

Ses yeux s'écarquillèrent de surprise en voyant les lettres apparaître une à une sur le papier :

andrème 7

Il ne doutait plus. Comment cela a-t-il été possible, l'avenir nous le dira. Mais il connaissait la signification et l'urgence de ce message. Il arracha le papier de la machine et le mit dans sa poche, puis sauta sur son bureau et actionna l'interrupteur de l'interphone.

"Capitaine Jessup ! Une compagnie de marines, en armure complète et toutes armes, à la porte principale dans des camions dans deux minutes. *Hipe !* "

Il courut vers un placard dans un coin de la pièce et ouvrit la porte. "Venez m'aider!" » ordonna-t-il à la jeune fille étonnée, sortant sa propre armure spatiale inutilisée depuis longtemps et commençant à y grimper. Avec son aide, il fut complètement enveloppé dans l'instant présent et attacha ses armes. "Tu peux rentrer chez toi maintenant", lui dit-il.

Il se tourna vers le bureau où l'oiseau observait de ses yeux perçants et tendit son bras courbé au niveau du coude. Avec un rapide bruissement d'ailes, le pigeon se lança vers la silhouette adaptée et s'appuya sur le poignet tendu.

L'amiral franchit la porte et pénétra dans le hall, où l'attendait son ascenseur privé. "Sol!" » cria-t-il, et l'oiseau fut soulevé de son poignet par la descente plongeante soudaine, mais il vola en arrière et chevaucha ce poignet tandis que l'amiral se précipitait hors de l'ascenseur, traversait les couloirs et sortait par la porte d'entrée vers les camions remplis de marine qui attendaient. Des mains volontaires l'ont hissé à bord du camion de tête et il a lancé le pigeon en l'air.

"Suivez cet oiseau !" ordonna-t-il, et le conducteur incrédule s'exécuta, se demandant secrètement si le vieil homme n'était pas soudainement devenu chauve-souris.

Lorsqu'il vit sans aucun doute la destination de l'oiseau, l'amiral Hawarden haleta, mais il était un trop vieux militant pour être arrêté maintenant. Il y avait quelque chose ici qui avait besoin de lui et de ses hommes, et il irait jusqu'au bout, peu importe où cela mènerait.

Il connaissait le calibre des hommes des services secrets, et même s'il ne pouvait pas savoir comment il était possible pour l'un d'entre eux de dresser un oiseau de cette manière, il savait que son travail consistait à soutenir ce que cet individu puissant était en train de faire. faire.

Alors que les camions s'arrêtaient à l'entrée du palais orné du Premier ministre, celui-ci a donné des ordres rapides. Ses hommes, ignorant les cris d'indignation des gardes du palais, qui se sont précipités pour arrêter cette incroyable atteinte à leurs droits, se sont déployés aux positions désignées, les armes à la main.

A l'officier de la garde qui tentait de lui barrer le passage, l'amiral lança sèchement : "Je m'excuserai plus tard. Maintenant, écartez-vous de mon chemin !" Puis, avec une escouade de marines costauds à ses trousses, il suivit le pigeon flottant à travers la porte ouverte, le long d'un couloir et dans quelques escaliers.

Mais ici, l'oiseau semblait perdu, voletant de porte en porte, à la recherche de cette certaine pièce.

Comme Hanlon l'avait si judicieusement deviné, l'amiral Hawarden n'était pas idiot, mais il était prompt à comprendre. "Ouvrez toutes ces portes !" sa voix résonnait avec autorité.

Aussi vite que les portes étaient ouvertes – qu'elles soient verrouillées ou non, cela ne faisait aucune différence pour les marines – le pigeon s'est précipité en avant et a jeté un coup d'œil dans chacune d'elles avant de s'envoler vers la suivante. Puis il disparut par une des portes, et l'amiral, qui s'en était tenu le plus près possible, cria : « Ici ! et courut dans la pièce, ses hommes courant après lui.

"Bienvenue dans notre nid douillet, Monsieur", appela une voix venant des profondeurs d'une grande chaise, et l'officier courut là où il pouvait voir. "Vous avez certainement gagné du temps, et je suis heureux de vous voir, soldats. Sortez-moi de ces choses", et Hanlon fit trembler ses chaînes.

Au geste de l'amiral, les marines ne firent qu'une bouchée des menottes, et Hanlon se releva, chancela un instant et serait tombé sans le bras amical rapidement tendu de l'amiral. Il était toujours groggy, même si le sérum commençait à s'estomper. Mais il contrôlait presque totalement son esprit.

"Nous sommes arrivés à temps, alors ?" anxieusement.

"Oui, grâce à mon petit ami ici." Hanlon prit l'oiseau et le remit à l'un des marines, tout en lui faisant comprendre qu'il était en sécurité entre amis. "Prenez soin d'elle." Et a retiré son esprit.

"Elle reçoit de bons soins pour le reste de sa vie", ordonna l'amiral aux marines étonnés. "Attends dehors."

Hawarden regarda autour de lui. "Qui sont ces hommes... et que leur est-il arrivé, au nom de Snyder ?"

"Ils ont été piqués à mort par des abeilles", a déclaré Hanlon, avec une trace de vengeance dans sa voix. "L'un d' eux est le Premier ministre, les autres ses hommes armés."

"Grand John!" » souffla l'amiral. « Ça va faire monter la puanteur ! »

"Il y en aura un plus gros avant que j'aie fini", était sombre Hanlon. "Ramenez-moi à votre bureau et appelez un médecin. Ils m'ont donné du sérum de vérité, et tout n'est pas encore dissipé. Et j'ai faim", ajouta-t-il si plaintivement qu'Hawarden, suffisamment habitué à voir la mort, ça ne l'a pas trop affecté, a ri.

« Qu'allons-nous faire des corps ?

« Surveillez de près le Premier ministre. Informez simplement les gens ici où trouver les autres. »

Hawarden a rappelé deux des marines. "Amenez ce corps avec nous", et ils sont partis.

A l'entrée, l'amiral rappelle ses hommes. Il expliqua en partie à l'officier du palais. "Le Premier Ministre a été tué et nous emportons son corps avec nous. Il y a trois de ses hommes, également morts, dans la salle 37-B là-bas. J'en informerai l' Empereur et j'en assumerai l'entière responsabilité."

Il sauta sur le siège avant du camion à côté de Hanlon et du chauffeur.

"Retour à la base!"

Chapitre 21

Le médecin, prévenu par les ondes courtes du camion, attendait dans le bureau de l'amiral pour donner à Hanlon les injections d'antidote et soigner ses blessures. Il avait à peine fini qu'un serveur apporta à manger.

Ces deux-là partis, Hawarden se sentit libre de demander à Hanlon : « Ouvrez, s'il vous plaît. De quoi s'agit-il ?

"Couverture complète?" Hanlon a demandé d'un ton significatif.

L'amiral actionna quelques interrupteurs à bascule sur son bureau. "Il y a maintenant."

"Je vais vous raconter l'histoire dans un instant, mais il y a encore plusieurs choses à faire, rapidement."

Il a décrit l'emplacement du champ spatial caché . " Envoyez des éclaireurs sur place rapidement, mais si le cargo n'est pas prêt à partir, faites-les rester cachés et surveillez-le simplement. Je ne veux rien faire avant le décollage — il est important que nous arrêtions *tout* son équipage et passagers."

"Droite!" L'amiral Hawarden se tourna vers ses communicateurs et les ordres retentirent.

" Vous devrez me dire la procédure ici, monsieur, car je ne sais pas comment obtenir ce dont j'ai besoin. Je voudrais recommander que toute la flotte du Corps se retrouve immédiatement près d'ici afin que nous puissions nous rendre sur une planète appelée Algon , et " _ _ _ _

L'amiral le regarda d'un air interrogateur. "Tu n'es pas dans les SS depuis très longtemps, n'est-ce pas, Hanlon ?"

"Non," le jeune homme leva les yeux avec surprise. « C'est ma première mission. Pourquoi demandez-vous ? »

"Parce que dans des situations d'urgence comme celle-ci, vous donnez des ordres, pas demandez la permission. Chaque ressource du Corps tout entier est à votre disposition lorsque vous le jugez nécessaire."

"Pourquoi… pourquoi, je ne m'en suis pas rendu compte," Hanlon recula avec étonnement. "Tu... tu veux dire qu'ils laisseraient un chiot comme moi donner des ordres à tout le Corps ?"

"Ils le feraient certainement, monsieur. Je ne sais pas si vous le réalisez encore ou non, mais personne n'entre dans les services secrets à moins que le haut commandement ne soit sûr qu'il s'agit d'individus extrêmement puissants.

Alors , quoi que vous vouliez, criez simplement ... Je suis entièrement à votre service.

Il y eut un moment d'incrédulité dans les yeux du jeune homme, puis il se redressa, et cette profondeur de caractère que les commandants avaient prévue revint à la surface, et il donna des ordres précis. "Très bien, monsieur, je vous prends au mot. S'il vous plaît, mettez-moi en contact avec les planétographes , puis appelez-moi le Haut Amiral."

Hawarden a activé l'interphone et lorsqu'un visage est apparu sur l'écran, il a ordonné : « Donnez à ce jeune homme toutes les informations qu'il souhaite. »

"Connaissez-vous une planète nommée ' Algon ' ou ' Guddu ' ?" » demanda Hanlon. "Il se trouve à environ douze années-lumière et quart, l'ascension droite est d'environ dix-huit heures, la déclinaison est d'environ plus quinze degrés. Voici un tableau approximatif de ce que j'ai pu voir à partir de là." Il tenait devant son écran une feuille sur laquelle il s'était occupé de marquer les soleils et nébuleuses super-géants dont il se souvenait. "... Vous ne le savez pas ? Alors trouvez-le immédiatement. Faites-le passer en toute hâte. Je dois avoir son approximation la plus proche d'ici deux heures !"

Il ferma cet interrupteur et leva les yeux tandis que l'amiral Hawarden lui tendait un microphone. "Le Grand Amiral Ferguson de la Grande Flotte attend vos ordres, monsieur."

La jeune main de George Hanlon tremblait lorsqu'il prenait le micro, mais sa voix était ferme et nette. "Amiral Ferguson, monsieur, voici George Hanlon des services secrets. J'ai été affecté à l'affaire simonidée. Je reviens tout juste d'une planète que je connais à la fois sous le nom d''' Algon " et de " Guddu ". Les planétographes vérifient actuellement son emplacement exact.

« L'ennemi — et je ne sais pas encore exactement qui il est, même si le Premier ministre de Simonide était l'un des principaux hommes, sinon le véritable chef — est en train de construire là une grande flotte. Ils ont déjà au moins trente-deux des vaisseaux capitaux en construction, et chacun d'eux est environ deux fois plus grand que notre plus grand cuirassé. Oui, c'est vrai, deux fois la taille. Cependant, d'après ce que j'ai pu découvrir, aucun d'entre eux n'est encore assez loin pour voler, et peut-être même pas pour combattre. Ils disposent également de près d'une centaine de croiseurs moyens et légers, et de plus de deux cents navires plus petits – éclaireurs, destroyers, etc. La plupart de ces deux dernières classifications sont entièrement achevées et au moins partiellement équipées.

"Cette flotte doit être capturée ou détruite avant qu'ils puissent la terminer. Je sais que vous le réalisez mieux que moi, monsieur, mais il faut s'en occuper immédiatement... Oh, non, monsieur, vous ne pouvez pas simplement faire exploser la planète. Il y a là-bas des indigènes qui sont suffisamment élevés dans l'échelle culturelle pour que la planète ne puisse pas être colonisée, mais ils doivent être libérés de l'esclavage dans lequel ils sont actuellement détenus. Ce sont des gens bien et amicaux. rendez-vous immédiatement avec la flotte ? C'est très bien, monsieur. Oh, encore une chose, veuillez informer l'amiral régional SSM Newton d'envoyer tous les hommes SS disponibles ici en même temps. Il y a beaucoup de nettoyage à faire ici sur Simonides.... Merci, monsieur, j'espère que j'étais à temps avec cette information.

Hanlon rompit la connexion, puis se laissa tomber sur sa chaise pendant quelques minutes, réfléchissant sérieusement, et l'amiral respecta son silence. Mais après un certain temps , l'odeur de cette nourriture délicieuse fit réaffirmer la faim et la faiblesse de Hanlon. Sentant qu'il avait fait tout ce qu'il pouvait pour le moment, il se redressa, rapprocha sa chaise du bureau et souleva la serviette du plateau.

"Je parlerai pendant que je mange, si vous me pardonnez le manque de courtoisie, monsieur", commença-t-il en ramassant un couteau et une fourchette. Et pendant qu'il mangeait , il rendit à Hawarden un compte rendu aussi complet que possible de la situation, à l'exception des références à ses capacités mentales et au rôle qu'elles avaient joué.

L'amiral écouta attentivement, et lorsque Hanlon s'arrêta à ce qui semblait être la fin de son récit, l'officier se redressa avec détermination.

"Alors la chose à faire maintenant est de découvrir qui est derrière tout ça. C'est pourquoi vous avez demandé tous les SS disponibles, je comprends cela. Mais à propos de Son Altesse, était-il l'homme le plus important ?"

Hanlon fronça le front en signe de concentration. "Je… ne sais pas…," dit-il lentement. "Personne n'a jamais parlé de qui que ce soit comme étant son supérieur. C'est l'homme dont ils avaient tous peur..." Il s'arrêta un instant, puis dit, encore plus lentement, "J'ai une intuition particulière. J'aurais aimé que vous l'ayez fait." vos meilleurs médecins examinent ce corps. Demandez-leur d'utiliser des rayons X et des fluoroscopes, plutôt qu'une autopsie. Je ne suis pas entièrement convaincu qu'il était un être humain.

"Quoi?" Il y avait de l'incrédulité dans cette question. "Qu'est-ce qui te donne cette idée ?"

"Désolé, monsieur, je ne peux pas vous donner mes raisons pour le moment," le visage de Hanlon rougit et ses yeux étaient attrayants. « Ce n'est pas que je ne vous fais pas confiance, monsieur, mais il y a un secret qui, à mon avis, ne devrait pas être révélé maintenant. Peut-être plus tard — et si je le révèle à quelqu'un en dehors des SS, vous serez le premier… tu le mérites."

"Bien, monsieur. Je ne voulais pas rôder", l'amiral ne montra aucun ressentiment, au grand soulagement de Hanlon. "Vos ordres partent, comme je l'ai dit."

Il toucha un bouton sur son bureau et lorsque le visage du médecin apparut sur l'écran, il donna les ordres nécessaires. "Regardez attentivement si la disposition interne des os et des organes est humaine, mais ne coupez pas sans ordres spécifiques."

« Et l'empereur, monsieur ? » demanda Hanlon. "Vous vous êtes sans aucun doute formé une sorte d'opinion à son sujet."

"C'était un merveilleux soldat et cadre, en tant que jeune et homme d'âge moyen", a déclaré Hawarden d'un ton pensif et, Hanlon le sentait, tristement. "C'est son grand-père qui a organisé le coup d'État initial qui a fait de cette planète un empire avec lui-même comme premier empereur. Son fils, le deuxième empereur, était également un très bon coordinateur et a solidifié le statut d'empire. L'empereur actuel est entré dans Il entra dans l'armée à seize ans et s'éleva rapidement grâce à son mérite plutôt que parce que son père était empereur. Tous les historiens s'accordent sur ce point. Juste avant d'atteindre trente ans , il était aux commandes. Il avait trente-six ans lorsque son père mourut et il devint le troisième empereur. »

"Alors tu penses qu'il pourrait être de retour dans cette affaire, quoi que ce soit ?"

"Non," l'amiral secoua la tête. " D'une manière ou d'une autre, je ne peux pas vraiment ressentir cela. Au cours de ses premières années en tant qu'empereur , il était l'un des dirigeants planétaires les plus coopératifs de la Fédération. "

"Qu'en est-il de son Premier ministre... et au fait, quel était son nom ? Je ne l'ai jamais entendu appeler autre chose que "Son Altesse" ?"

"Son nom était Gorth Bohr. Il semble être apparu de nulle part presque du jour au lendemain — en tant que personnage important, je veux dire. Nous l'avons retrouvé et il est arrivé à Simonides il y a environ quatorze ans, depuis Sirius Trois. Il a été Premier ministre. depuis une dizaine d'années et on constate qu'il a gagné de plus en plus de pouvoir au cours des dernières années, car l'empereur a échoué tant physiquement que mentalement.

"Je me demande ..."

"Oui?"

"Pensez-vous que les problèmes de santé et d'esprit auraient pu être causés plutôt que naturels ?"

L'amiral était visiblement surpris. "Ce qui a causé?"

Hanlon hocha la tête. "Juste ça. D'après le peu que je sais de Son Altesse, il était juste du genre à faire une chose pareille – et capable de le faire aussi." Il se replongea dans une profonde réflexion pendant un moment, tout comme Hawarden. Ils furent interrompus par une sonnerie provenant du bureau. L'amiral se redressa rapidement et alluma l'interphone. "Oui?"

"Bohr n'était certainement pas un être humain", rapporta le médecin, et Hanlon pouvait voir la surprise et l'émerveillement sur son visage sur l'écran. "Il existe des différences structurelles si éloignées des nôtres qu'il est impossible qu'il s'agisse d'Homo Sapiens."

"Avez-vous une idée d'où il vient ?" » demanda Hanlon, et l'amiral relaya la question.

"Je n'ai jamais rien vu de pareil auparavant, et je viens de faire une recherche rapide dans tous mes livres ici qui contiennent des images et des diagrammes des races que nous connaissons."

Hanlon secoua la tête avec résignation et Hawarden, après avoir remercié le médecin et donné des ordres pour le sort du corps du Premier ministre, déconnecta.

"Est-il trop tard pour obtenir une audience avec l'empereur ?" Hanlon se tenait droit.

L'amiral jeta un coup d'œil à son chronomètre- bracelet . "Assez tard, mais je verrai."

Il venait juste d'appuyer sur un interrupteur lorsque sa sonnerie d'appel retentit, et lorsqu'il activa l'écran, le planétographe rapporta : "Nous ne trouvons aucun système de ce type sur nos cartes."

L'esprit de Hanlon a coulé. "Continue de regarder!" il a commandé. " Vérifiez auprès des astronomes. C'est quelque part par là – je viens juste de cette planète. Le soleil est chaud – il ressemble au Sol vu de l'orbite de Vénus, même si je ne pense pas qu'il soit aussi grand que le Sol. "

Hawarden a ensuite appelé le palais impérial, sa position de chef local de l'ISC lui assurant un service rapide. Après quelques marchandages avec le secrétaire de l'empereur et son insistance sur le fait qu'il s'agissait d'une question de la plus haute importance qui ne pouvait attendre le matin, on lui annonça finalement que Sa Majesté le verrait.

"Compris", se leva Hawarden. "Viens."

Hanlon se dirigea vers la porte, puis baissa les yeux sur ses vêtements déchirés et sales. "Je ne suis pas très présentable."

"Nous pouvons vous procurer un uniforme à la caserne."

Hanlon réfléchit rapidement. "Non, je ferais mieux de ne pas prendre de risques, même si j'aimerais bien le faire."

L'amiral réfléchit un instant, puis revint à son bureau et appuya sur un bouton. "Roberts, entre ici."

Un jeune homme presque exactement de la taille de Hanlon, vêtu de vêtements civils, entra dans le bureau. Hawarden sourit. "C'est le cas?"

Le SS lui rendit son sourire. "Gonfler."

"Déshabillez-vous", ordonna l'amiral au commis étonné. "Nous avons besoin de vos vêtements en urgence pour cet homme. Vite", alors que le jeune homme hésitait.

Hanlon était déjà en train de retirer le sien. "Je vais vous donner cent crédits pour eux, Roberts, mais c'est absolument urgent."

L'autre rit alors et commença à retirer son costume aussi vite qu'il le pouvait. " Cent cents suffiront à m'en acheter un nouveau, c'est une bonne affaire."

L'échange s'est rapidement fait. Hanlon donna son argent au commis, puis lui et l'amiral se précipitèrent au palais, où ils furent conduits sans délai vers le bureau privé de l'empereur.

"Observez-moi d'assez près", murmura Hanlon alors qu'ils marchaient dans le couloir. "Si je secoue la tête, il ment."

Les yeux de l'amiral Hawarden s'écarquillèrent et, même s'il ne disait rien, il pensait : « C'est certainement le jeune homme le plus étonnant que j'ai jamais rencontré. Où les SS les trouvent- ils ?

Ils étaient à peine entrés dans le bureau qu'une porte de l'autre côté de la pièce s'ouvrit et l'empereur entra, appuyé sur le bras d'un assistant. Il s'assit lourdement derrière le bureau orné.

" Bien Bien eh bien , " aboya-t-il d'un ton maussade. " De quoi s'agit-il, monsieur ? Qu'est-ce qui est si important que tu me fasses sortir du lit ? »

"Je suis vraiment désolé d'avoir causé tant de désagréments à Votre Majesté", a déclaré diplomatiquement l'amiral Hawarden, "mais vous verrez bientôt que c'est en effet très urgent. C'est également très secret, et je demande respectueusement que nous soyons autorisés à parler avec toi seul."

L'empereur agita la main avec impatience et l'assistant se retira de la pièce.

L'amiral Hawarden posa une petite boîte sur le bureau et alluma un interrupteur. "Juste un bloc anti-espion portable ", s'excusa-t-il.

"Je sais, je sais," dit la voix exaspérée. "Continue, mec, je suis fatigué."

"Permettez-moi de vous présenter George Hanlon, du Corps. Nous avons d'abord une triste nouvelle à annoncer à Votre Majesté, puis quelques questions auxquelles nous vous demandons de toute urgence de répondre de la manière la plus complète possible."

L'empereur ne parut pas satisfait de cette suggestion de l'interroger, mais ne dit rien.

"Votre Premier ministre, Gorth Bohr, a été tué il y a quelques heures, Sire."

"Quoi?" L'empereur se tenait droit, son visage montrant la plus grande incrédulité, mais l'analyse mentale de Hanlon l'avait préparé à la réaction, il ne fut donc pas surpris de ne constater ni consternation ni regret.

Car le monarque se laissa soudain tomber sur sa chaise, et une longue et forte inspiration de soulagement s'échappa de lui. Il ferma les yeux et son visage se détendit enfin un peu. Soudain, il se redressa brusquement. "Es-tu sûr?" aboya-t-il.

"Positif", lui assura l'amiral. "Le corps est à la base, et ce depuis plusieurs heures."

"Comment est-il décédé?"

"Il a été piqué à mort par des abeilles, Sire", répondit Hanlon.

"Les abeilles?" incrédule.

"C'est vrai, Sire. Lui et trois de ses hommes ont été attaqués par un essaim d'abeilles dans l'une des pièces du sous-sol de son palais et sont morts en quelques minutes."

L'empereur resta silencieux pendant un moment, l'esprit en ébullition. Puis il secoua la tête comme s'il n'osait presque pas croire à cette nouvelle.

« Cela peut paraître étrange, Hawarden, » dit-il enfin, « mais je ne pense pas avoir jamais été aussi heureux de quoi que ce soit dans ma vie. " Je ne l'ai fait que des années après que je l'ai nommé ministre. Au moment où j'en ai eu la certitude, il était trop tard. Il avait... pris une sorte d'emprise sur moi... Je ne semblais plus avoir l'esprit ou la volonté de mon je n'en possède plus ."

L'amiral risqua un coup d'œil à Hanlon, qui acquiesça.

« Savez-vous ce qu'il préparait, Votre Majesté ?

" Planification ? Planification ? Vous voulez dire autre chose que diriger Simonide par mon intermédiaire, ou peut-être me supplanter entièrement ? "

« J'en ai bien peur, Sire. Saviez-vous qu'il construisait secrètement une grande flotte de guerre sur une autre planète ?

Il y eut une pause presque imperceptible avant que la réponse ne soit aboyée. "C'est absurde, monsieur. Je n'arrive pas à y croire !"

Hanlon secoua la tête. L'empereur mentait désormais. Pourquoi? Faisait-il partie – peut-être le chef – du complot ?

Son enquête mentale n'avait pas encore trouvé de réponse à ces questions importantes. Ils devraient l'interroger habilement pour lui faire réfléchir aux choses que Hanlon avait si désespérément besoin de savoir.

Chapitre 22

"Ils construisent certainement une grande flotte, Sire, sur une planète qu'ils appellent ' Algon '", déclara Hanlon d'un ton sec, et il poussa presque un cri de joie alors que l'esprit de l'empereur évoquait fugacement une image - déformée comme si elle avait seulement été décrite. pour lui – d'un des Greenies. Il continua précipitamment à frapper. "Je sais que Son Altesse était l'esprit qui a guidé tout cela, car j'étais censé travailler pour lui, et je reviens tout juste de quatre mois là-bas."

L'empereur commença à le nier, mais l'amiral Hawarden se rapprocha du bureau et fixa le monarque d'un œil sévère.

"Nous ne souhaitons pas être discourtois ou insolents, Sire, mais nous savons que vous savez quelque chose à ce sujet. Attendez, s'il vous plaît," il leva la main alors que l'empereur ouvrait la bouche, apparemment sur le point d'exiger des excuses pour le *lèse- majesté* de le traiter de menteur. "Nous ne pensons pas que vous ayez fait cela de votre propre gré, ni que vous ayez initié le complot. Mais nous sommes convaincus que vous en savez quelque chose. Et pour la paix de la Fédération , nous devons avoir toutes les informations possibles que vous pouvez donner. nous."

L'empereur devint progressivement moins hostile et, à mesure que son visage rougissait, ses yeux devenaient suppliants.

"Je... je...", il lutta pour continuer, puis réalisant que quelque chose le retenait, il changea légèrement de sujet. "J'espère, messieurs, que vous me pardonnerez. Je ne sais pas ce qui m'a pris ces dernières années. Je pense que vous savez, Hawarden, que j'ai toujours été de tout cœur en faveur de la Fédération et que j'ai fait tout ce que je pouvais pour que c'est une force de paix dans tout le système. Je sais trop bien à quel point une guerre interplanétaire détruirait toutes nos économies, et je ne veux pas de cela. Mais il me semble avoir... changé... ces dernières années... et je ne voulais pas!" C'était presque un sanglot.

L'amiral, en homme à homme, fit rapidement le tour du bureau et posa sa main d'un air réconfortant sur l'épaule impériale. "Nous avons tous ressenti cela, Sire. Vous étiez un trop grand dirigeant pour avoir changé si radicalement. Cela nous a tous intrigués et attristés, mais maintenant je crois que nous pouvons commencer à en voir la raison - et cela ne vous fait pas de mal à notre avis. maintenant que nous réalisons que vous ne pouviez pas vous en empêcher.

L'empereur leva des yeux perplexes. "Que veux-tu dire par là?"

« Puis-je répondre à cela, Sire ? Hanlon s'avança. "Nous savons maintenant que Gorth Bohr n'était pas humain, c'était un extraterrestre de..."

"Un alien?" l'empereur trébucha.

"Oui, Sire, certainement. Nous ne savons pas encore d'où il vient à l'origine, mais nous savons qu'il possédait des pouvoirs mentaux considérablement supérieurs, ou différents, à certains égards, à ceux de la plupart des humains. Vous êtes soumis à une sorte de contrainte ou d'hypnose. cela vous empêche de vous exprimer. Le fait que votre santé se soit détériorée et que votre corps se détériore si rapidement prouve que c'était contraire à vos désirs.

L'empereur en fut surpris et son corps trembla comme s'il était paralysé. Il répéta sa question d'un ton sourd : « Un extraterrestre ?

Hanlon et Hawarden hochèrent la tête en silence. Au bout d'un moment, Hanlon inspira profondément et osa la question : « Pouvons-nous avoir la permission de fouiller les quartiers et les bureaux de Bohr pour voir quelles preuves nous pouvons trouver qui nous en apprendront peut-être davantage sur ses projets ?

Sa Majesté se redressa avec décision, et des années semblèrent s'écouler de son visage et de sa silhouette. "Vous le pouvez certainement, je donnerai des ordres immédiatement, et vous pourrez envoyer autant de vos experts que vous le désirez. Je peux sentir le besoin d'agir rapidement."

Hanlon salua ses remerciements et l'amiral exprima les siens. "C'est très aimable, Sire. Le Corps vous remercie."

L'empereur gagnait en force et en son ancienne astuce. "Qu'en est-il de cette flotte dont vous dites qu'elle est construite sur... sur une autre planète ?"

Hanlon remarqua cette hésitation et en devina la raison. Mais pour le moment il laissa tomber et répondit à la question. "Ce n'est pas encore une menace sérieuse, Sire, mais elle le sera sous peu si elle n'est pas prise entre les mains du Corps."

L'amiral Hawarden expliqua en outre que la grande flotte était en cours de constitution et qu'elle résoudrait le problème en quelques jours.

"Bien. Bien. Appelez-nous pour toute l'aide que nous pouvons vous apporter."

Ils discutèrent quelque temps de bien des détails, puis l'amiral se leva comme pour prendre congé.

Mais Hanlon n'était pas encore prêt. Il voulait reprendre cette affaire qu'il avait laissée de côté quelques minutes auparavant. Il s'approcha du bureau et regarda droit dans les yeux impériaux.

"Sire, s'il vous plaît, réfléchissez bien de toute votre volonté. Je crois que vous en savez plus sur les plans de Bohr, mais que cette connaissance était scellée de manière hypnotique dans votre subconscient. Bohr avait ce pouvoir, nous le savons. S'il vous plaît, essayez de briser ce sceau. Bohr est mort maintenant – sa *contrainte* ne peut plus vous lier ! »

L'empereur semblait dubitatif, mais devant l'insistance continue et assurée de Hanlon, il accepta finalement d'essayer. Il se concentra pendant de très longues minutes angoissantes. De grosses gouttes de sueur ressortaient sur son visage blanc et tendu, et ses mains se serraient en boules serrées.

Hanlon se repentit presque et pensa rompre le sort et dire au dirigeant souffrant que cela n'avait pas beaucoup d'importance, qu'il pouvait obtenir la connaissance ailleurs. Mais il lui *fallait* connaître ces faits – et s'il pouvait souffrir comme il l'avait fait, les autres le pourraient aussi.

Mais à ce moment-là, l'empereur se détendit soudainement. Ses traits devinrent plus posés et naturels, et il sourit de soulagement.

"Ça arrive maintenant", s'essuya-t-il le visage avec son foulard en soie. "Bohr s'est vanté devant moi qu'il dirigerait un jour la galaxie. Mais ensuite il m'a dit que je devais oublier ce qu'il avait dit, et je l'ai fait."

Ce discours semblait le libérer encore davantage de l'horrible tension qui le tenait depuis tant d'années. Il était fatigué mais heureux. "Il ne m'a pas dit grand-chose en détail, autant que je me souvienne. Il a simplement indiqué que des plans étaient élaborés pour prendre le contrôle d'abord de cette planète, puis de la Fédération, et ensuite de la Galaxie entière."

"A-t-il dit qui l'accompagnait dans cette entreprise scandaleuse ?" Hawarden haleta et Hanlon ajouta : "Nous voulons dire, était-il seul à bord, ou une autre planète ou un autre système le soutenait-il ?"

L'empereur réfléchit longuement, puis secoua la tête. "Je ne me souviens pas", soupira-t-il tristement. Lui non plus ne le pouvait pas, après une demi-heure de concentration supplémentaire. "Je suis désolé de ne pouvoir vous donner cette information, messieurs. Mais vous aurez bientôt, nous l'espérons, des raisons de croire que nous sommes une fois de plus désireux de faire tout notre possible pour la paix et le bien-être de la Fédération."

Il y avait des larmes dans les yeux de l'amiral Hawarden et il s'avança impulsivement et saisit la main de l'empereur.

"Bienvenue, Sire," dit-il sincèrement.

De retour à la base, il y avait des messages en attente, arrivés pendant leur absence. L'amiral en remit un à Hanlon. C'était laconique, mais cela lui apportait un sourire heureux.

D'autres venaient de la Grande Flotte, concernant les mesures prises pour le rendez-vous de la flotte et le rôle que le secteur simonidien devait jouer. Une autre provenait des planétographes , donnant la localisation spatiale d' Algon , avec la note qu'ils l'avaient finalement trouvé sur une carte des étoiles et qu'un navire d'étude y était envoyé immédiatement.

Hanlon a frappé un poteau. "Restez à l'écart d' Algon ", a-t-il lancé lorsque le visage du scientifique est apparu à l'écran. "N'envoyez pas ce vaisseau avant d'avoir obtenu la permission. Oubliez simplement le fait d'avoir entendu parler d' Algon !"

L'aîné regarda d'un air interrogateur le jeune civil qui lui donnait de tels ordres. "Je ne sais pas ..."

"Hawarden parle," l'amiral poussa Hanlon sur le côté et regarda l'écran. "C'est un ordre ! Oubliez ça, comme on vous l'a dit !"

"Oui, monsieur. C'est oublié."

Hanlon se tourna vers l'amiral avec lassitude. "Je manque de sommeil et de force en ce moment, monsieur. Je pense que je vais aller me reposer. Dans la matinée, je reviendrai et nous commencerons à fouiller les affaires de Bohr."

"Bien, j'aurais besoin d'un peu de calfeutrage moi-même. Encore quelques commandes, puis je rentre chez moi. Veux-tu dormir ici à la Base ?"

" Non, je suppose que je ferais mieux de retourner à l'hôtel. Je ne peux pas trop apparaître ici, vous savez — je pourrais être reconnu par un officier terrien. Et cela soulève un problème. Quel sera mon statut apparent devant les équipages ? " faire la recherche ?"

"Spécialiste civil, appelé par le Corps", Hawarden était habitué aux décisions rapides. "Nous en utilisons souvent. Je signerai un laissez-passer pour vous. Mieux vaut utiliser un déguisement et un nom différent, n'est-ce pas ?"

Hanlon hocha la tête. "Fausse moustache, peau foncée, lentilles de contact pour colorer mes yeux. Et je m'appellerai Spencer Newton."

Hawarden parut surpris. "Vous choisissez un nom rapidement."

Le SS lui rendit son sourire. "C'est celui avec lequel je suis né", et puis l'amiral fut vraiment surpris, mais ne posa aucune question. Il a rempli le laissez-passer avec ce nom. "Mieux vaut venir directement dans ce bureau privé."

Lorsqu'ils se rencontrèrent dans la matinée, Hawarden complimenta Hanlon pour son déguisement, puis rapporta rapidement qu'il avait déjà rassemblé des équipes et que l'une travaillait au palais impérial et l'autre à la résidence de l'ancien Premier ministre.

"Bien," Hanlon était bien reposé et sa voix était nette. "Je pense que je vais commencer chez Bohr."

Les deux officiers ont quitté la Base, une voiture d'état-major les conduisant à la résidence ministérielle. Ils entrèrent et Hawarden les ouvrit dans un couloir menant au bureau privé de Bohr.

Mais juste au moment où ils atteignaient la porte et s'apprêtaient à entrer, Hanlon poussa soudain l'amiral devant la porte, puis sauta lui-même par-dessus l'ouverture. Hawarden se tourna avec perplexité, mais Hanlon lui fit signe de se calmer et le conduisit dans une petite salle de réception attenante.

"Il y a un homme là-dedans dont vous devrez vous débarrasser avant que je puisse entrer," expliqua-t-il dans un murmure rapide. "Jeune jeune lieutenant nommé Dick Trowbridge. Il me reconnaîtrait même sous ce déguisement. Comment est-il arrivé jusqu'à Sime ?"

"Trowbridge ? Oh, oui, il a été envoyé ici depuis Terra lorsque nous avons demandé à Prime un expert en code."

"Euh, c'est vrai, Dick était un spécialiste du code," acquiesça Hanlon. "Il a été mon colocataire tout au long de l'école des cadets", a-t-il expliqué. "S'il me voyait ici, cela trahirait toute l'œuvre."

"C'est notre seul bon décodeur", fronça les sourcils l'amiral Hawarden. "Nous avons perdu notre témoin. Nous devrons l'utiliser si un code apparaît."

"Je m'en rends compte, mais renvoie-le pour le moment. Si nous obtenons le code , nous pouvons le lui envoyer à la base."

"Bien, monsieur, je vais simuler une excuse."

Environ cinq minutes plus tard, Hawarden revint. "Tout est clair maintenant, monsieur."

Ils partirent, puis Hanlon arrêta l'amiral avec une main sur le bras. "S'il vous plaît, monsieur," son visage était enflammé, ses yeux misérables, mais sa voix était assez ferme. "S'il vous plaît, ne m'appelez pas 'Monsieur' tout le temps. Il se peut que ma position de SS porte cette distinction, mais cela me rend nerveux. Un jeune comme moi n'a pas à se faire appeler 'Monsieur' par un haut gradé. comme vous qui avez travaillé près d'un demi-siècle pour obtenir cet honneur."

L'amiral Hawarden sourit soudainement et serra Hanlon dans ses bras avec un geste paternel. "Tu vas bien, mon fils, et je suis pour toi. A partir de maintenant tu es simplement 'Newton'. Quelque chose pour te faire... hé, 'Newton' ? Etes-vous... ?"

Hanlon hocha la tête. "Son fils."

Les yeux de l'amiral brillèrent. "Un homme merveilleux, ton père. L'un des plus grands du Corps."

Le jeune homme déglutit difficilement. "Je le pense aussi."

Ils travaillaient depuis près d'un quart d'heure, à trier les volumineux papiers et dossiers du bureau du ministre, lorsqu'un autre lieutenant de corps entra, la main bandée.

« Que t'est-il arrivé, Patrick ? » Hawarden a demandé avec surprise.

"Ce foutu Toogan m'a mordu et j'ai dû me panser la main."

"Qu'est-ce que Toogan ?"

" Celui qui devait être l'animal de compagnie de Bohr. Il volait partout dans la pièce en criant et en nous injuriant. Je me dirigeais vers le coin de la pièce, là, quand il a crié et a tiré dessus, me coupant la main quand je l'ai lancé vers moi. protège mon visage.

Un autre des hommes a pris la parole. "Il nous a fallu trois pour le capturer, et je voulais lui tordre le cou, mais le capitaine Banister ne m'a pas permis, alors nous l'avons mis dans sa cage et l'avons envoyé au zoo."

Hanlon était extrêmement intéressé par cela, mais une chose le laissait perplexe. Il fit signe à Hawarden de s'écarter et demanda à voix basse : « Qu'est-ce qu'un Toogan ?

"Un oiseau indigène ici qui ressemble beaucoup à vos perroquets terriens, mais avec un plumage encore plus beau, et ils peuvent bien mieux parler que les perroquets. Ils semblent avoir beaucoup d'intelligence."

Hanlon fut instantanément alerte. "Rapportez-le ici pour moi."

Intrigué mais sans poser de questions, l'amiral se rendit au visiphone et appela le zoo. "Amiral Hawarden, conservateur. Je crois que le Toogan du Premier ministre vient de vous être livré. Il y a eu une erreur. S'il vous plaît, renvoyez-le... peu importe, monsieur, quel est le 'pourquoi', renvoyez-le simplement immédiatement."

Il éteignit l'interrupteur avec impatience et regarda le jeune agent des services secrets avec des yeux étonnés. Un togan ? Que diable voulait-il avec... c'était l'homme le plus étonnant qu'il ait jamais vu. Mais il a certainement obtenu des résultats.

Il se tourna vers ses hommes. "Encore quelque chose ?"

"Jusqu'à présent, rien que des journaux d'État ordinaires, monsieur", était le consensus.

"Continuez à chercher. N'oubliez pas que nous voulons particulièrement toute mention de toute planète dont vous ne reconnaissez pas le nom ; tout ce qui concerne la construction navale, ou l'exploitation minière ou d'autres planètes."

Hanlon remit une note à Hawarden et l'amiral envoya quelques marines partir en fuite. Une demi-heure plus tard, un camion s'est arrêté devant et les marines l'ont transporté dans un autre bureau. C'était celui de cette arrière-salle de la taverne Bacchus.

Hanlon lui-même a vécu cela, mais a été rapidement déçu. Il n'y avait rien qu'il voulait dans aucun des tiroirs. Il retourna le bureau à la recherche de compartiments secrets. N'en trouvant aucun, il ordonna aux marines de le démonter. Sur un signe de tête de l' amiral , ils démontèrent le bureau.

Mais c'était parfaitement inoffensif.

Hanlon était sur le point de se détourner, dégoûté, lorsqu'un homme arriva du zoo avec le Toogan en cage . A la vue de la pièce familière, l'oiseau se redressa.

"Hé, patron !" il criait d'une voix claire mais sifflante : « Je suis de retour à la maison. Hanlon n'eut aucun mal à comprendre ses paroles, prononcées en simonide, bien sûr, mais il était occupé à examiner son esprit. Il s'approcha du messager et lui tendit la main. "Je vais prendre l'oiseau."

Le gardien du zoo le regarda d'un air dubitatif. "C'est une chose vicieuse, monsieur", dit-il. "Faites attention, un homme a déjà été blessé. On dit que personne d'autre que le Premier ministre ne peut s'en occuper."

"Tout va bien", dit l'amiral. "Merci de l'avoir apporté. Ce sera tout."

Hanlon prit la cage et, lançant à l'amiral un regard significatif , sortit de la pièce avec.

Chapitre 23

Dans la pièce voisine, George Hanlon se laissa tomber dans un fauteuil confortable, puis ouvrit la porte de la cage et le toogan s'envola et se percha sur le bras du fauteuil. Le jeune homme adapta son esprit plus étroitement au cerveau de l'oiseau et commença à sonder. Il étudia attentivement chaque ligne et canal, complètement inconscient de tout le reste.

Son premier bref examen fit monter sur ses lèvres un léger son de surprise agréable. Cet oiseau avait un véritable esprit, bien meilleur que celui qu'il avait découvert auparavant chez n'importe quel animal ou oiseau, encore meilleur que celui d'un chien . Et il pouvait tout lire dedans.

Mieux encore, le Toogan avait un esprit de type pictural : il se souvenait aussi bien des scènes que des mots. Il transmettait une ressemblance presque parfaite de l'être que Hanlon avait d'abord connu sous le nom de Le Leader, puis de Son Altesse Gorth Bohr — les légères différences étant causées par la différence entre la capacité de voir d'un oiseau et celle des humains.

Comme dans un film tridimensionnel au déroulement rapide, Hanlon voyait le ministre travailler à son bureau, se promener dans la pièce, recevoir des visiteurs, jouer avec l'oiseau, manger — et partager sa nourriture avec lui — lui parler en toute confidentialité comme il aurait pu le faire pour lui. un assistant de confiance.

Pendant plus d'une heure, Hanlon resta assis là, et l'oiseau, apparemment endormi, s'assit sur le bras du fauteuil sans bouger. Finalement , Hanlon se releva et le toogan vola sur son bras tendu comme un faucon le ferait. Ils retournèrent ainsi au bureau principal où les autres travaillaient encore.

Ils étaient tous étonnés de cette situation particulière, mais seul l'amiral Hawarden était sur le point de deviner ce qui se passait. Le souvenir de cette performance étonnante du pigeon lui fit penser que peut-être ce jeune homme surprenant avait réellement lu dans les pensées de l'oiseau — ou quelque chose d'aussi fantastique.

Hanlon posa le toogan sur un coin du grand bureau, puis commença à se diriger vers un placard d'angle. À mesure qu'il s'en approchait, l'oiseau semblait prendre vie. Il a commencé à crier : "Pas besoin de regarder là-bas ! Il n'y a rien là-dedans. Personne ne doit jamais regarder dans ce placard ! Sic'em , Pet !"

Il a plongé directement sur Hanlon, le bec ouvert et hurlant de rage. Mais la main et l'esprit de l'homme étaient plus rapides. Reprenant possession de l'esprit de l'oiseau, il le fit taire et l'attrapa par le cou, le tenant doucement mais fermement sous son bras.

"Ouvrez ce placard et fouillez-le soigneusement", a lancé Hawarden.

Plusieurs membres du corps sautèrent en avant, et le toogan se débattit à nouveau, mais Hanlon le tenait fermement par la force, tout en renforçant son contrôle mental, que la puissante contrainte que Bohr avait implantée dans l'esprit de l'oiseau avait momentanément brisé.

En quelques minutes, tout était sorti du placard, et tandis que certains agents examinaient chaque élément du contenu, d'autres, équipés de puissantes lampes glo-light portables, parcouraient les murs et les étagères. Il y avait un tabouret-échelle de trois pieds dans le placard, et l'un d'eux commença à le monter pour fouiller le plafond.

Mais au moment où l'homme toucha le tabouret, l'esprit de l'oiseau donna à Hanlon une image claire d'une procédure dont il avait été témoin à plusieurs reprises. Il haleta et appela les Corpsmen : "Ce tabouret ! Peu importe de regarder le placard lui-même ou ces autres trucs. Apportez le tabouret ici !"

Le lieutenant surpris sauta à terre et porta la petite échelle jusqu'à l'endroit où se tenait Hanlon avec l'oiseau.

"Dévissez la patte arrière gauche, vers le milieu, je crois."

L'officier a renversé le tabouret et, après un moment de travail, a découvert comment dévisser le pied : il avait un filetage inversé. Quelques instants plus tard, il l'enleva et ils haletèrent tous.

La jambe était creuse et à l'intérieur se trouvaient un certain nombre de feuilles de papier très fines et résistantes, étroitement enroulées.

Le Corpsman commença à dérouler les papiers, mais à un signal rapide de Hanlon, l'amiral Hawarden s'avança.

"Je vais les prendre, Lieutenant. Je pense que, pour le moment, au moins, nous n'avons pas besoin de chercher plus loin. Puisque la plupart des documents que nous avons trouvés ici portent sur des questions purement planétaires, il ne nous appartient pas de les manipuler, même si nous avons la permission de le faire. Retour à la base – si ce n'est pas ce que nous voulons, nous pouvons recommencer plus tard.

Alors que les hommes sortaient, Hawarden activa le visiphone et obtint le bureau du ministre au palais impérial. « Trouvez-vous tout ce que nous voulons là-bas, Capitaine ? » il a demandé à l'homme qui a répondu.

"Pas encore, monsieur."

"Alors faites votre rapport à la base. Je pense que nous l'avons ici."

Il déconnecta et tendit les papiers à Hanlon qui, entre-temps, avait remis le toogan dans sa cage, et s'assit maintenant. Il vit le visage du jeune homme tomber au premier coup d'oeil devant ces dizaines de draps roulés.

"Qu'est-ce qui ne va pas?"

"C'est dans le code", fut la réponse explicative alors que Hanlon examinait rapidement chaque page. "En code – ou dans la langue maternelle de Bohr, quelle qu'elle soit."

"Aïe ! Si c'est ça, nous sommes coulés. Mieux vaut mettre Trowbridge dessus de toute façon, n'est-ce pas ?"

"Oui," lentement, "c'est tout ce que nous pouvons faire maintenant." Après quelques instants, "Je suppose que je vais rester hors de vue pendant un moment. Je vais retourner à l'hôtel. Vous pouvez me contacter là-bas. Je suis encore un peu tremblant à cause des coups que j'ai reçus, et j'ai besoin de me contacter." beaucoup de repos."

"Tu veux que le médecin t'examine à nouveau ?"

"Non, je ne pense pas que j'en ai besoin maintenant. Il a dit de renouveler les pansements dans deux jours, donc je le verrai demain."

"Bien, Newton. Si quelque chose arrive, je vous contacterai."

"Oh, rassure-toi et parle-moi de ce cargo. Tu n'as pas encore eu de nouvelles, je suppose."

"Seulement qu'il est toujours là, en train d'être chargé. Les éclaireurs le surveillent de près, prêts à exploser au premier signe de départ."

"Avertissez-les que nous voulons *tout* l'équipage et les passagers."

Les deux hommes partirent, mais soudain l'amiral Hawarden arrêta Hanlon avec sa main sur le bras du jeune homme. "A propos de cette histoire avec le Toogan . Je ne suis pas indiscret si tu ne veux pas parler, mais ne devrais-je pas avertir tous les hommes qui l'ont vu de se taire ?"

"Shades of Snyder, oui ! J'étais tellement intéressé que j'ai oublié que les autres me voyaient avec. Oui, absolument, il ne faut jamais en parler."

Il regarda de nouveau l'amiral d'un air suppliant. "Je... je suis désolé, monsieur... mais à ce sujet, je sais que vous êtes assez intelligent pour avoir compris la majeure partie de tout cela. Très bien, c'est hautement confidentiel, je peux lire un peu dans les pensées, et surtout avec des animaux et des oiseaux, dont l'esprit n'est pas aussi complexe que celui des humains. Je peux même les contrôler dans une certaine mesure.

L'amiral hocha la tête. "Je m'en doutais en quelque sorte, vu les performances incroyables de ce pigeon. Votre secret est en sécurité avec moi - il ne doit certainement pas être divulgué. Mais cela ne me dérange pas de dire que je suis heureux que ce soit vous qui ayez cette capacité, pas moi. ", avec un rire sans enthousiasme.

"C'est un fardeau", admis sobrement Hanlon, puis il s'éclaira, "mais cela m'a certainement sauvé la vie lorsque Bohr m'a fait prisonnier et était sur le point de me torturer."

L'amiral parut surpris, puis frissonna. "Les abeilles ! Je n'avais pas connecté...", sa voix s'éteignit, et après une autre brève hésitation, il partit, tandis que Hanlon se dirigeait lentement vers l'extérieur, prenait un taxi au sol et était reconduit à l'hôtel.

Vers cinq heures du matin, Hanlon fut réveillé par le bruit furtif d'une clé dans la serrure de la porte de sa chambre d'hôtel. Sa main glissa rapidement sous son oreiller et y saisit fermement le blaster.

Lorsqu'il vit la porte s'ouvrir et qu'une silhouette se glissait à l'intérieur, d'un mouvement rapide il se redressa et alluma la lumière du lit. « Lève ces mains ! » ordonna-t-il à l'homme qui fermait soigneusement la porte, le dos toujours tourné vers le lit.

Les mains se levèrent et l'homme se tourna lentement.

"Papa!" Hanlon cria de soulagement et sortit du lit. "Comment es-tu arrivé ici si tôt?"

Son père le rencontra à mi-chemin et lui dit depuis leur étreinte : « J'étais sur Estrella lorsque votre appel est arrivé. Ce n'est qu'à quelques lumières d'ici, et ils ont envoyé un speedster. Puis il sourit. "Je suis heureux de voir que tu apprends à garder les yeux ouverts, même pendant ton sommeil."

Hanlon commença à s'habiller pendant qu'ils parlaient. Dans des phrases rapides et concises, il raconta à son père tout ce qui lui était venu à l'esprit depuis qu'il avait commencé son travail.

"Beau travail, Spence," applaudit son père quand il eut fini, puis sourit à nouveau, "même si j'aurais dû te donner une fessée pour avoir pris de tels risques, après t'avoir dit d'y aller doucement au début. J'étais un peu inquiet quand tu as disparu. , jusqu'à ce que Hooper rapporte ce que vous recherchiez. Mais à propos de votre travail," continua-t-il après un moment, "nous ne savions pas que vous pourriez obtenir autant. Nous espérions simplement que vous pourriez trouver une ou deux pistes sur lesquelles travailler. Mais vous J'ai pratiquement bouclé ça pour nous."

" Euh -euh," opposa son fils. "C'est loin d'être terminé. Nous devons nous rendre à Algon et récupérer ces navires. Et si l'un d'entre eux, ou un nombre suffisant d'entre eux, est en forme pour se battre, cela peut prendre du temps... si nous pouvons le faire à Ensuite, il reste à découvrir d'où vient Bohr et à quel point sa planète, son système ou quoi que ce soit, sera une menace.

"Bien sûr, bien sûr, je m'en rends compte, mon fils. Mais ce ne sont que des accessoires. Tu nous as donné le "quoi" et le "qui" que nous avions besoin de savoir. Mais je vois que tu es habillé et j'ai faim. Allons-y. manger."

Pendant qu'ils prenaient leur petit-déjeuner, son père demanda des détails et Hanlon lui expliqua ses nouveaux pouvoirs mentaux et comment ils l'avaient aidé. "Je ne peux pas faire grand-chose avec les hommes, à part lire leurs pensées superficielles", a-t-il expliqué. "Mais avec les animaux, je peux faire plus. Je peux suivre ces pensées et ces souvenirs superficiels dans leur esprit total, et je peux les prendre en charge et les contrôler . Mais cela ne fonctionnera pas avec les gens - les humains semblent avoir une sorte de comportement naturel." bloc ou écran que je ne peux pas pénétrer.

Le visage de Newton était une étude alors qu'il secouait la tête. « Dire que mon garçon peut faire des choses comme ça !

« Comment penses-tu que cela se produise, papa ? »

"Ce n'est pas moi qui te l'as donné, c'est sûr," grimaça tristement son père. "Peut-être à cause de votre mère, de son père. C'était un canard particulier. On l'appelait médium, car il avait des intuitions parmi les plus folles - faute d'un meilleur mot pour le décrire. Il semblait souvent connaître beaucoup de choses. des choses alors que personne ne pouvait comprendre comment il aurait pu les apprendre. Dis, maintenant que je me souviens, il avait aussi un bon sens avec les animaux, même si je doute qu'il ait quelque chose comme vos pouvoirs.

"Tu as dit que je développerais probablement d'autres capacités mentales," sourit nerveusement Hanlon, "mais je n'ai certainement jamais imaginé quelque chose de pareil."

"Moi non plus", agrammaticalement. "C'est étrange!"

Ils avaient presque fini de manger lorsque leur serveur apporta un visiophone portable à la table. "Un appel pour vous, M. Hanlon," et il brancha l'appareil sur une prise murale.

Hanlon actionna l'interrupteur et vit le visage de l'amiral Hawarden souriant sur l'écran. "Nous avons récupéré le cargo il y a quelques minutes à peine", rapporta-t-il. "L'un de nos hommes s'est mêlé audacieusement à l'équipage alors qu'ils embarquaient et a bloqué le sas pour qu'il ne puisse pas être fermé.

Nous les avons tous arrêtés, avec seulement deux de nos hommes blessés et cinq ennemis. Ils amènent dans la base maintenant."

"Beau travail, monsieur. L'amiral Newton est ici avec moi - nous vous reverrons dans votre départ... attendez, monsieur... Papa dit que vous feriez mieux de venir ici à l'hôtel. Chambre 946."

Ils étaient à peine de retour dans la chambre de Hanlon que l'amiral Hawarden frappa. Lui et Newton étaient de vieux amis et se saluaient avec une véritable chaleur.

"C'est un sacré garçon à toi, Newt. Il a ce qu'il faut."

"Ouais, je suis moi-même plutôt fier de lui. Il a vraiment fait du travail, surtout pour la première mission."

"L'un de vous a-t-il des ordres à me donner concernant le nettoyage ?" » demanda Hawarden, mais il regarda Hanlon.

"Demandez à papa..."

Mais son père l'interrompit. "C'est ta fête, fils. Parle. En ce moment, tu n'es pas un jeune qui vient de sortir de l'école, tu es le Corps Inter-Stellar", a-t-il ajouté de manière impressionnante.

Hanlon rougit, mais il y avait dans sa voix une assurance que seules les expériences amères qu'il avait traversées si récemment et qui l'avaient tellement mûri pouvaient l'apporter.

"Nous devons bien sûr libérer Algon et capturer ces nouveaux cuirassés le plus rapidement possible. Mais en même temps, nous devons essayer de découvrir de quelle planète ou quel système Bohr est originaire, et prendre des mesures pour nous assurer qu'ils ne peuvent pas le faire." Cela signifie que nous devons déployer tous les efforts possibles pour retrouver chaque personne qui travaillait avec ou pour Bohr, et surtout pour découvrir s'il avait des supérieurs.

"Bien. La flotte devrait être là dans deux jours, et alors Ferguson voudra exploser pour Algon . L'autre question dépendra de tant de choses que nous ne savons pas encore."

« Est-ce que Trowbridge a déjà déchiffré ce code ?

"Il a signalé à la première heure ce matin qu'il l'avait cassé tard hier soir. J'ai assigné plusieurs hommes pour l'aider, et ils devraient le faire transcrire bientôt."

Hanlon se tourna vers son père. "Vos hommes sont déjà là ?"

"Ils arrivent aussi vite qu'ils peuvent arriver ici."

"Mieux vaut examiner ces hommes du cargo et demander à votre gang de suivre toutes les pistes. Ils devront briser l'hypnose de Bohr pour obtenir des informations. Cependant," il fit une pause et son visage devint pensif, "je me demande si quelqu'un En plus, Bohr savait vraiment tout ce qu'il préparait. Je commence à croire qu'il était un loup solitaire.

L'amiral Hawarden acquiesça. "J'ai été forcé d'adopter la même conviction."

Quelque chose s'est produit dans l'esprit de Hanlon. "L'empereur", s'est-il exclamé. "Peut-être ferions-nous mieux de lui donner une autre chance. Je parie que son esprit est beaucoup plus libre de cette contrainte maintenant, et peut-être qu'il pourra se souvenir davantage de ce que Bohr a scellé de sa mémoire consciente."

Hawarden hocha la tête. "C'est un bon pari. Je vais arranger ça."

Deux heures plus tard, l'empereur était libre de les recevoir, et les quatre furent bientôt enfermés dans son bureau.

"C'est une sensation étrange, bizarre, messieurs", dit-il lorsqu'ils eurent expliqué ce qu'ils voulaient. "C'est presque comme essayer de lire dans les pensées d'une autre personne. J'ai senti que l'influence de Bohr reculait et j'ai essayé de voir ce que je pouvais trouver de plus."

Il resta silencieux un moment, puis dit lentement, presque d'une voix chantante comme s'il lisait sur une page imprimée : "Je savais qu'il construisait des navires sur Algon , mais je ne savais pas que c'étaient des navires de guerre. Il m'a dit qu'ils étaient un nouveau type avec un principe propulsif entièrement nouveau qu'un de nos scientifiques avait mis au point.

"Bien sûr, il y a toujours cette possibilité", a déclaré Newton.

"Pourquoi a-t-il dit qu'ils les construisaient ailleurs que sur cette planète ?" » a demandé Hawarden.

L'empereur fronça les sourcils, concentré, puis un regard particulier apparut sur ses traits. "C'est étrange", s'émerveilla- t-il . "On pourrait penser que j'aurais été sûr de poser cette question, mais je ne retrouve aucun souvenir de l'avoir fait."

« Algon possédait la plupart des ressources naturelles nécessaires à la construction de navires », ruminait Hanlon à haute voix. "Il y avait les mines, les forêts et le travail des esclaves pour réduire les dépenses. C'était surtout des ingénieurs, des scientifiques et des techniciens spéciaux qui étaient là pour superviser."

"Je ne trouve pas dans mon esprit les noms d'autres personnes qui auraient pu participer à la conspiration avec Bohr", répondit l'empereur à une autre question. "Il n'a amené qu'un seul homme me voir, en me demandant de lui remettre une décoration. C'est le scientifique qui a conçu le nouveau lecteur, a-t-il dit. Un professeur Panek , je crois..."

« Panek ? » Hanlon l'interrompit. "Un homme corpulent, au visage vermeil et aux cheveux roux ?"

"Oui, c'est à peu près ce qui le décrit."

"Mais Panek n'était qu'un de ses hommes armés", était perplexe le jeune SS. "Il n'avait pas assez d'intelligence pour inventer une excuse."

"Je me demande alors ce que Bohr avait en tête pour amener ici un tel homme comme ça ?" Hawarden fronça les sourcils.

"Peut-être une astuce pour aider à prendre Sa Majesté au dépourvu", suggéra Newton.

"Ou bien juste un coup de pouce à la vanité de Panek , pour le lier plus étroitement à Bohr", a déclaré Hanlon. "Une chose comme ça aurait chatouillé Panek ."

« Nous allons le faire arrêter, alors. »

"Pas besoin, Sire", expliqua Hanlon. "Il faisait partie de ces hommes qui me torturaient et il a été tué par les abeilles."

L'empereur regarda le jeune homme d'un air interrogateur, et un sourire complice effaça une grande partie de la tension de son visage. "J'ai entendu parler de cet incident. N'était-il pas plutôt étrange qu'aucune de ces abeilles féroces n'ait blessé ?"

Le visage de Hanlon était aussi fade qu'il pouvait le rendre. "Pas nécessairement, Sire. J'étais assis immobile, menotté, vous vous en souvenez. Ils se déplaçaient et combattaient les insectes."

L'empereur fit un clin d'œil et Hanlon sonda son esprit, recevant une nette impression de convivialité, tandis que les pensées superficielles disaient : « Je ne fouillerai pas, mais je donnerais beaucoup pour savoir ce qui s'est réellement passé – et comment.

"Le Corps remercie Votre Majesté", l'amiral Hawarden se leva pour partir, et Newton et Hanlon firent de même. "Nous vous tiendrons étroitement informés des choses au fur et à mesure qu'elles se briseront", et les trois sortirent du bureau en s'inclinant.

Chapitre 24

La Grande Flotte s'était rapidement rassemblée dans la région proche de Simonides, juste hors de portée visuelle et à l'écart des voies réservées aux passagers et aux marchandises. La mobilisation était désormais totale.

L'amiral Newton et le lieutenant Hanlon avaient été invités à monter sur le Sirius, le vaisseau amiral du haut amiral Ferguson, et étaient heureux de profiter de ce privilège. Ils portaient des uniformes conformes à leur rang, mais étaient déguisés de telle sorte que toute connaissance fortuite ne puisse pas les reconnaître, bien qu'il n'y ait aucun autre Terrien à bord.

Des ordres furent donnés et, en formation stricte, la flotte se dirigea vers Algon . D'abord, le grand écran d'éclaireurs s'est déployé dans toutes les directions à partir d'un centre commun, les franges extérieures à une vitesse plus élevée jusqu'à ce qu'une grande formation en forme de bol soit assurée. Ensuite, tous les éclaireurs ont standardisé leur vitesse. Lorsqu'ils atteindraient Algon, ils engloberaient complètement la planète juste au-delà de la portée de détection.

Viennent ensuite les croiseurs légers, dans la même formation, mais lorsqu'ils seront englobés à Algon , ils pénétreront à l'intérieur du globe des éclaireurs, plus près de la surface de la planète. Ensuite, les croiseurs lourds et les cuirassés descendraient en trois formations de masse, une directement au-dessus de chacun des trois chantiers navals connus.

"Si l'un des navires en construction là-bas est en état d'attaquer - s'il dispose d'armes installées et d'équipages pour les utiliser", les ordres du haut amiral Ferguson avaient été très explicites, "vous devrez les brûler. Sinon, nous voulons que ces navires soient en mesure d'attaquer. navires intacts.

George Hanlon était enthousiasmé par l'excitation de ce qui allait arriver, tout en éprouvant une pointe de peur. Il n'avait jamais été sous le feu des tirs et ne savait que par ouï-dire ce que signifiait se trouver à bord d'un navire qui pouvait être détruit à tout moment sans la moindre chance que quiconque puisse s'échapper. Dans la guerre spatiale, il n'y avait généralement aucun survivant. Vous avez gagné et vécu — ou vous avez perdu et avez disparu.

Mais cela ne saurait tarder : les éclaireurs étaient déjà en train d'établir leur globe juste en dehors de la portée de détection. "Aucun signe de découverte pour l'instant", ont-ils rapporté.

Ensuite, les croiseurs légers ont commencé à se faufiler à travers l'écran des éclaireurs pour prendre position. Soudain, un certain nombre de grands faisceaux d'énergie se dirigèrent vers eux depuis le bas, et les écrans des croiseurs s'éclairèrent en de brillantes confiscations de flammes alors que ces puissants rayons les frappaient.

"Ne prenez pas de risques insensés, croiseurs et éclaireurs !" La voix du haut amiral Ferguson résonna dans le micro. "Si ces faisceaux sont trop chauds, revenez vite ! Croiseurs lourds et cuirassés, à terre !"

Instantanément, Hanlon put sentir la montée en puissance de l'accélération tandis que le grand vaisseau qu'il pilotait s'effondrait vers la planète. Dans la plaque que lui et son père parcouraient, il pouvait voir les points de lumière bleue qui identifiaient les éclaireurs les plus proches, et un instant plus tard les verts des croiseurs légers.

Puis ces points s'enfuirent derrière son champ de vision alors que les poids lourds passaient devant eux.

La plaque qu'Hanlon utilisait avait une vision limitée, il ne pouvait donc pas voir la bataille dans son ensemble, comme le grand amiral Ferguson le pouvait sur ses écrans à large couverture. Seul ce qui se passait juste en dessous et à proximité des deux côtés était visible pour Hanlon. Pourtant, il pouvait voir plusieurs de ces grands faisceaux poignardants se diriger vers la flotte.

Un changement de couleur sur un bord de son assiette attira son attention, et il vit le vaisseau le plus proche sur sa droite commencer à briller alors qu'un lourd faisceau venant d'en bas travaillait sur ses écrans, se frayant un chemin dedans, essayant de faire exploser le vaisseau. d'exister.

De grands flux de rayonnement frappaient et ricochaient depuis ses écrans, qui montaient rapidement à travers le spectre alors que de plus en plus de puissance était projetée contre eux par l'ennemi en dessous.

L'air dans le Sirius commença à devenir plus chaud, et son père répondit à son regard interrogateur, "Ils nous attaquent aussi, et cela nous réchauffe. J'espère que nos écrans tiendront," sourit-il sombrement.

"Tu l'as dit." Un frisson de peur saisit le jeune homme, et il se sentit trembler. Son père lui jeta un bras réconfortant sur les épaules. "Les premières batailles sont toujours les plus difficiles", dit-il d'un ton neutre, et Hanlon se calma instantanément.

Il reporta à nouveau son attention sur l'écran. Le navire voisin luttait désespérément pour s'échapper, sachant qu'il n'en pourrait plus.

"Qu'est-ce qu'il y a avec ce pilote ?" Cria Hanlon. "Pourquoi ne la retourne-t-il pas et ne la bat-il pas ?"

"On dirait que quelque chose est retenu", la voix anxieuse de son père était tendue. « Est-ce que ces autres ont une sorte de rayon tracteur ?

"Des tracteurs ?" Hanlon leva les yeux avec surprise. "J'ai lu des articles à leur sujet, mais je pensais que c'était impossible."

"C'est impossible pour nous parce que nous ne les avons pas encore", dit Newton distraitement. "C'est théoriquement possible."

Chaque faisceau de chaque navire du Corps pénétrait vers le bas. Soudain, d'autres navires surgirent, et le jeune homme se rendit compte que les croiseurs légers descendaient pour ajouter leur puissance à celle des cuirassés et des lourds.

Quatre des croiseurs légers manœuvrèrent rapidement sous le cuirassé à côté du Sirius, l'un au-dessous de l'autre, et à l'instant de leur alignement, le gros navire se libéra, tandis que les autres s'éloignèrent de ce tracteur de retenue, de restriction, ou quoi que ce soit.

Cela dura des heures pendant lesquelles les yeux de Hanlon se fatiguèrent, essayant de voir ce qui se passait. Ils avaient ralenti, lui disaient ses sens d'astronaute, et maintenant il pouvait voir qu'ils étaient dans l'atmosphère, pas trop haut au-dessus du sol. Il distinguait désormais d'énormes mécanismes trapus d'où sortaient ces rayons mortels.

Les Guddus , avec leur manque de connaissances en mécanique, ne les avaient pas signalés à Hanlon, sinon il aurait pu en avertir l'amiral Ferguson, et l'attaque aurait pu être gérée différemment.

Soudain, un haut-parleur hurla : « Le secteur 2 est entre nos mains. Aucune perte totale. Un certain nombre d'éclaireurs ennemis se sont enfuis – ils sont bien plus rapides que tout ce que nous avons.

Un cri s'éleva de toutes les gorges de la salle de contrôle.

Le Secteur Deux, Hanlon le savait, était le chantier spatial où étaient construits les éclaireurs et les croiseurs légers. "Ils n'avaient probablement pas armé ce champ autant que ces autres", dit-il à son père.

Newton hocha la tête, puis tous deux se dirigèrent vers le poste du Haut Amiral et jetèrent un coup d'œil à sa plus grande banque d'assiettes.

Hanlon pouvait désormais voir clairement et savait au premier coup d'œil qu'aucun des nouveaux navires ennemis en dessous d'eux ne combattait – seulement les batteries au sol qui encerclaient le chantier naval. Il pouvait voir que la plupart d'entre eux étaient désormais hors de combat, détruits par les navires de la Fédération. Les autres furent soumis à un bombardement terrible, non seulement par les faisceaux des navires, mais également par leurs bombes et leurs missiles guidés.

D'après l'apparence des batteries détruites, Hanlon devina que les bombes explosives avaient été suivies par de la thermite pour achever leur destruction.

"Nous en avons perdu beaucoup ?" » a demandé Newton.

"Aucun total", la voix de Ferguson était joyeuse, "sauf un croiseur léger. Nous avons dû les surprendre en train de faire la sieste. S'ils ne peuvent plus déployer de forces, tout sera fini dans quelques minutes."

Quelques minutes! La pensée de Hanlon fut un halètement. Il jeta un coup d'œil à son chronomètre et fut étonné. Il avait été sûr que cette bataille avait duré des heures – mais elle n'avait duré que dix minutes. Cela ne semblait pas possible… mais il se souvint rapidement de ce qu'il avait appris à l'école, et connaissant quelque chose de ces pouvoirs terrifiants qui s'y déchaînaient, l'émerveillement était maintenant que cela avait duré aussi longtemps.

Un haut-parleur près d'eux a hurlé. " Rapport de l'amiral Houghton. Secteur Trois pris. Deux de nos croiseurs détruits et un cuirassé paralysé. Un cuirassé ennemi nous combattait et a dû être détruit. Ils ont vraiment quelque chose, monsieur, que nous voudrons étudier et obtenir pour nous-mêmes. »

Un autre cri de triomphe s'éleva des Corpsmen, et Hanlon ressentit un frisson de fierté pour le Service dont il faisait partie.

Puis, un instant plus tard, l'amiral Ferguson appela dans son micro : "Cessez le feu, mais restez vigilants. *Orion* et *Athenia* , envoyez vos spécialistes en mission. Je vous retrouverai là-bas."

Le débarquement s'est terminé avec succès sans autre activité de l'ennemi, Ferguson, un certain nombre d'officiers spécialisés désignés, Newton et Hanlon, quelques techniciens et une compagnie de marines en armure complète, ont débarqué et ont marché vers la partie la plus sûre du site en ruine, encore... cour spatiale en feu .

Un examen minutieux des navires y fut ordonné. Les officiers techniques , qui envahirent en masse les navires ennemis, commencèrent bientôt à rapporter, l'un après l'autre, qu'aucun de ces navires partiellement construits ne semblait endommagé de manière irréparable.

"Dieu merci, ils ont construit les quelques batteries au sol dont ils disposaient bien en dehors du terrain", a déclaré Ferguson à Newton et Hanlon. "Nous allons faire venir des équipages ici immédiatement et terminer ces navires."

George Hanlon, après avoir examiné pour la première fois rapidement les dégâts causés, avait déployé son esprit, essayant d'entrer en communication télépathique avec l'un des indigènes, mais n'avait pas réussi. Avaient-ils tous été tués ? Ceux ici au chantier naval, probablement oui, dut-il malheureusement l'admettre. La chaleur terrible les aurait brûlés. Mais qu'en est-il des autres ? Pourquoi ne pouvait-il pas les contacter ?

"Excusez-moi, monsieur", s'adressa-t-il au haut amiral. "Et les mines et les usines ?"

"Tout était sous contrôle sans aucun problème, à l'exception de quelques victimes individuelles. Des croiseurs légers et des éclaireurs se sont occupés de ceux-ci pendant que la bataille principale se déroulait."

"J'aimerais qu'un petit croiseur m'emmène à la mine où je travaillais", a-t-il déclaré, et l'un d'entre eux a reçu l'ordre de descendre et de se mettre à sa disposition en mission spéciale.

"Tu veux venir avec moi, papa ?" Il a demandé.

Les deux amiraux échangèrent des regards et Ferguson hocha la tête. "Allez-y si vous le souhaitez. Nous n'aurons pas besoin de vous ici pour l'instant."

Dans le sas du croiseur, Hanlon ôta tout maquillage de déguisement, et c'est sous son identité algonienne , vêtu de la tenue civile qu'il avait apportée à cet effet, qu'il descendit vers le petit port spatial familier.

Son père était extrêmement intéressé par cette jungle fantastique et apparemment vivante à travers laquelle ils marchaient jusqu'au déminage. "Je n'ai jamais rien vu de pareil", a-t-il commenté avec étonnement. "Est-ce que ces arbres et ces buissons sont conscients aussi ?"

"Très légèrement", lui dit son fils. "Les Guddus les appellent leurs 'petits cousins' et je crois qu'ils peuvent communiquer dans une certaine mesure, mais je n'ai jamais pu le faire."

Alors qu'ils quittaient la lisière de la jungle, ils aperçurent une double escouade de marines en garde. Les deux hommes ont été autorisés à franchir les lignes et sont entrés dans le bureau. Derrière son bureau, le visage blanc de suspense, était assis Peter Philander, et autour de la pièce s'étalaient les ingénieurs, les gardes et les autres ouvriers.

"Salut, M. Philander!" Hanlon appela joyeusement, et au son de cette voix rappelée, la tête du surintendant, ainsi que celle de tous les autres, se relevèrent brusquement.

"Toi!" Il y avait de l'incrédulité dans la voix et les manières du surveillant.

"Ouais, c'est moi", sourit Hanlon. "Je suis content qu'il ne soit rien arrivé à aucun d'entre vous."

" *Hmmpff !*" Philander renifla avec défaite. "Quelle est la différence entre être tué proprement au cours d'un combat, être emprisonné à vie ou être fusillé ?"

"Vous n'aurez ni l'un ni l'autre", dit doucement Hanlon, se souvenant du pouvoir qu'il détenait en tant qu'agent des services secrets. "Il y aura un procès, bien sûr, mais je sais que vous, au moins, allez tous bien."

"C'est le patron, n'est- ce pas ?" » grogna truculentement l'un des gardes. "Pourquoi devrait-il s'en sortir gratuitement si Fen le reste d'entre nous ne le fait pas ?

"Aucun d'entre vous ne sera blessé à cause de votre rôle dans le complot que Son Altesse Gorth Bohr complotait. Cela est brisé, et nous savons que vous n'étiez que ses outils. Chacun d'entre vous sera jugé uniquement pour vos actions concernant les Greenies. ... Si la brutalité à leur encontre est prouvée, vous serez correctement puni pour cela seul.

Il se tourna vers Philandre. « Est-ce que les indigènes vont bien ?

L'homme leva les yeux désespérément, incapable de croire la déclaration de Hanlon sur lui-même. "Comment puis-je savoir?" sa voix était découragée. "Quand le Corps nous a capturés, ils nous ont traînés partout où nous travaillions et, autant que je sache, ils ont laissé les Greenies sans surveillance. Ils ont probablement tous couru vers les bois."

Hanlon regarda son père. "Je sors voir. J'ai le sentiment..." et il sortit sans en dire plus. Il n'était pas non plus très surpris de voir les indigènes tous assis ou debout tranquillement dans leurs concessions, certains se nourrissant de l'engrais que Hanlon était heureux de voir qu'on leur nourrissait toujours, d'autres se reposant simplement, attendant.

Les portes, bien sûr, étaient déverrouillées et grandes ouvertes, alors Hanlon retourna rapidement à la hutte occupée par son équipage et franchit la porte. En attendant que ses yeux s'habituent à la pénombre, il aperçut une silhouette se jeter sur lui. Mais alors qu'il sortait rapidement, au cas où il s'agirait d'une attaque, il vit que c'était Geck .

"Tu es revenu, tu es revenu !" l'indigène babillait télépathiquement avec un excès de joie. "Quand les nouveaux humains sont arrivés et ont fait prisonniers les anciens humains , j'ai dit que c'était votre travail. Je savais que vous viendriez. Dis-moi aux autres Guddu de vous attendre ici."

"Qu'en est-il de ceux qui se trouvent à proximité des lieux de construction des navires ?" » demanda anxieusement l'esprit de Hanlon. "J'ai essayé d'entrer en contact avec eux, mais je n'y suis pas parvenu."

"Beaucoup d'entre eux ont été tués, mais la plupart ont couru vers les forêts lorsque de grands incendies destructeurs ont éclaté", fut la triste réponse.

Hanlon resta silencieux un moment, puis télépatha à nouveau. "Vous n'avez pas besoin de rester ici plus longtemps. Dites à tous vos gens de retourner dans leurs forêts, car ils sont tous libres."

Geck se tourna vers les autres indigènes qui se pressaient à proximité, et Hanlon pouvait le voir parler rapidement avec cette petite bouche triangulaire à l'aspect étrange. Bientôt, son esprit fut envahi par une formidable vague de joie et d'extase, et ils commencèrent à sortir en courant. Hanlon pouvait les voir parler aux indigènes dans toutes les huttes, et en quelques instants, tous les indigènes, à l'exception de Geck , affluaient joyeusement vers les forêts voisines.

Hanlon se tourna vers Geck . "J'aimerais que tu restes avec moi ou là où je peux te joindre pendant un moment. Dès que nous pourrons nous redresser, nous prendrons des dispositions pour faire tout ce que nous pouvons pour vous."

"Je reste avec mon ami An-yon", dit simplement Geck , et Hanlon était heureux et fier de cette amitié avec cet étrange extraterrestre.

Ils retournèrent au bureau de la mine et là, Hanlon raconta à son père ce qu'il avait fait avec les indigènes.

L'amiral Newton était extrêmement intéressé et étudiait franchement l'étrange et étrange Geck . C'était sa première vue de ces créatures « végétales ». « Arbres animés », les avait d'abord appelés Hanlon, même si maintenant ils lui étaient si familiers, et il les connaissait si bien qu'il les considérait, naturellement et sans aucun doute, comme des « personnes ».

Le jeune agent des services secrets a expliqué à l'aîné le transformateur de fréquence qu'il avait construit, mais démonté avant de quitter Algon . Il a suggéré que des spécialistes soient envoyés ici pour voir ce qui pourrait être fait pour enseigner aux indigènes tout ce qu'ils pourraient vouloir savoir.

"Mais ne les laissez pas essayer de forcer les Guddus à entrer dans une civilisation mécanique", a-t-il plaidé. "Laissez- les grandir à leur manière et faire les progrès qu'ils peuvent de la manière qui leur semble naturelle."

"Bien sûr," acquiesça rapidement son père. "C'est ainsi que nous travaillons toujours avec de tels primitifs. Nous leur disons et leur montrons ce que nous avons, mais nous leur donnons seulement ce qu'ils demandent spécifiquement, que nous pensons que c'est ce qu'ils "devraient avoir" ou non. Ne vous inquiétez pas. , vos amis seront entre de bonnes mains. Mais," il y avait une lumière particulière dans ses yeux, "j'aimerais bien assister à l'autopsie de l'un d'eux. Un cerveau végétal..."

"Oui, ce serait intéressant", a admis Hanlon, "mais je suis content que vous les traitiez de cette façon." Il se tourna vers Geck et lui expliqua, par télépathie, du mieux qu'il pouvait.

"Vous restez ici avec nous", demanda Guddu avec espoir.

"Je suis désolé, mais j'ai autre chose à faire", et puis, alors qu'il voyait comment l'autre perdait courage. Hanlon s'empressa d'ajouter : "Je dois aller aider d'autres peuples asservis sur d'autres mondes."

"Alors nous n'essayons pas de vous garder. Mais nous espérons que vous viendrez nous voir plusieurs fois ."

"Je ferai ça, Geck mon ami, chaque fois que j'en aurai l'occasion."

Chapitre 25

"Nous avons un problème ici", a déclaré l'amiral Newton alors qu'ils suivaient les marines qui emmenaient les mineurs jusqu'au croiseur pour les ramener à Simonides pour leurs essais.

"Je le sais," dit pensivement Hanlon. "Les Guddus sont trop élevés pour que la planète puisse être colonisée, et trop bas pour être admis dans la Fédération en tant que véritables membres. Pourtant, ils possèdent d'immenses richesses et ressources que la Fédération peut utiliser, et quelque chose devra être fait. pour les protéger des voleurs et d'autres personnes qui pourraient à nouveau tenter de les asservir.

"Cela ne sera plus jamais autorisé. Nous devrons conclure une sorte de traité avec eux, probablement établir une petite base ici, et peut-être prendre des dispositions pour extraire leurs minerais - si nous avons quelque chose que nous pouvons leur donner en remboursement. J'imagine que vous feriez mieux de vous tenir prêt à diriger la commission qui s'occupera de ce traité. »

"Eh bien, merci pour ça, papa. Ce sont des gens tellement formidables quand on apprend à les connaître. D'ordinaire, ils vivent comme des "enfants de la nature", dans les forêts, sans avoir besoin de maisons, d'outils ou quoi que ce soit. Ils se nourrissent des éléments. dans le sol, donc il n'y a pas de problème de nourriture. Nous leur avons donné des nitrates ici, mais c'est parce qu'ils avaient épuisé les éléments dans le sol en terre battue de leurs cabanes de prison. Dans les bois, cela ne sera pas nécessaire. Oh, eh bien, quand nous avons des techniciens ici, avec des transformateurs, nous pouvons savoir quoi en faire.

"Je retourne dans la flotte maintenant", dit le plus âgé des SS. "Je suppose que vous souhaitez retourner à Simonide pour régler les détails des procès de ces hommes. Au fait, qu'en est-il de ceci... Philandre, avez-vous dit qu'il s'appelait ? Pourquoi ne pensez-vous pas qu'il aura besoin d'être puni ? "

Hanlon expliqua rapidement, terminant : "Donc, vous voyez, avec quelques traitements psychiatriques, je suis sûr que l'infériorité peut être effacée et il sera alors un véritable atout pour nous ou pour celui qui l'embauchera." Une lueur soudaine apparut dans ses yeux. "Dites, si nous concluons ce traité avec les Guddus , il serait l'homme idéal pour prendre les commandes ici, sous la direction du Corps."

"Eh bien, cours et veille sur ça, alors. Et Spence, ai-je pensé à te dire à quel point je suis fier de toi ?"

Hanlon serra son père dans ses bras. "Merci, papa. J'espère que tu le seras toujours. Je suppose que le commandant du croiseur me laissera monter avec lui ?"

Newton sourit affectueusement. "Ne te laisse pas faire, fils. Tu lui dis simplement que tu vas y aller. L'amiral Ferguson t'a assigné ce navire pour un service spécial."

Le sourire de Hanlon était embarrassé. "Je pense toujours que je suis trop enfant pour assumer autant de responsabilités."

"Arrêtez de chercher de la sympathie." C'était un grognement affectueux.

"D'accord, alors. Bons vols, papa, à bientôt sur Sime."

"Oui, je serai probablement là un jour ou deux après toi. Vols sûrs."

Une fois le croiseur dans l'espace et la pression de l'accélération diminuée, Hanlon envoya un message aux gardes pour amener Philander dans sa cabine. Lorsqu'ils l'eurent fait, il les excusa, affirmant qu'il serait responsable de la sécurité de leur prisonnier.

"Asseyez-vous, monsieur," dit gentiment Hanlon à l'homme étonné.

« De quoi s'agit-il, Hanlon ? Philandre perplexe. "Qui êtes-vous de toute façon?"

"J'ai été chargé de découvrir ce qui se concentrait sur Simonides et qui semblait hostile à la paix de la Fédération. La piste m'a conduit à Algon ."

"Où m'as-tu utilisé pour faire avancer tes projets, hein ?" le ton était amer.

« S'il vous plaît, M. Philander, ne me jugez pas mal jusqu'à ce que vous sachiez tout. Tout d'abord, laissez-moi vous demander : saviez-vous qui était réellement « Son Altesse » ?

L'ingénieur des mines haussa les épaules. "Vous le savez probablement déjà, alors pourquoi me demander ? Premier ministre de Simonide, bien sûr... mais vous avez dit 'était' ?"

"Il est mort maintenant. Saviez-vous aussi qu'il n'était pas humain, qu'il était un extraterrestre venu de certains..."

"Pas humain ? Tu es fou. Il était aussi humain que chacun d'entre nous."

"Quand nous reviendrons, je vous montrerai une radiographie complète de lui si vous le souhaitez. Il planifiait la conquête de l'ensemble de notre Fédération et de notre Galaxie. Les experts du Corps travaillent toujours pour découvrir quels sont les détails de son histoire. Mais c'est ce que nous savons. Saviez-vous que tous les navires de guerre qu'il construisait sur Algon ?"

"Des navires ? Sur Algon ?" Les surprises arrivaient trop vite pour que Philander puisse s'y adapter.

"Oui. Pensiez-vous que votre mine était tout ce qu'il y avait là-bas ? Nous connaissons neuf mines d'une sorte ou d'une autre, plusieurs usines, fonderies et trois grands chantiers navals. D'ailleurs, tout est désormais entre les mains du Corps."

Philander secoua la tête avec stupéfaction. "Je ne vous traite pas de menteur, monsieur, mais c'est difficile de vous croire. Je savais qu'il y avait plusieurs mines, mais pas tant que ça, ni pour le reste."

"Tout cela est assez vrai. Et je suis toujours 'George' pour toi, mon bon ami, pas 'monsieur'."

C'était un peu trop pour l'homme plus âgé. "Quel gâchis j'ai fait de ma vie", gémit-il.

Hanlon était profondément désolé et sympathique, mais d'une certaine manière , il était heureux de voir cette ambiance actuelle. Cela rendrait sans aucun doute plus facile ce qu'il voulait faire. Il s'approcha, s'assit sur l'accoudoir du fauteuil de Philander et passa son bras autour de l'épaule de l'autre. Il toucha doucement cette terrible cicatrice. "Quand et comment as-tu eu ça ?"

Philander s'éloigna de lui, mais l'histoire revint à la surface de son esprit et Hanlon la lut.

Quand il (Philander) avait environ huit ans, une bande de garçons jouait autour d'un vieux bâtiment en ruine et, d'une manière ou d'une autre, a fait tomber l'accessoire qui retenait ses restes. Trois autres ont été blessés, Philander a eu cette cicatrice et son frère a été tué.

"Et tu as senti pendant toutes ces années que tu étais responsable de sa mort !" S'exclama Hanlon. "Quand nous reviendrons, je demanderai au meilleur chirurgien plasticien d'enlever cette cicatrice, donc ce ne sera plus un rappel constant. Ensuite, un psychiatre de haut niveau vous donnera une thérapie et vous aidera à retrouver votre esprit au repos. Après cela vous serez prêt à prendre votre place dans la société en tant que citoyen très précieux. »

"Vous oubliez ce qui va m'arriver à cause de mon rôle dans ce complot," Philander était toujours amer et peu convaincu.

"Rien ne vous arrivera — vous n'êtes coupable de rien, sauf d'avoir été hypnotisé par une supermentalité extraterrestre ", a déclaré Hanlon de manière convaincante. "Je vais y veiller moi-même."

Philander leva les yeux avec surprise. "Vous voulez dire que vous... un jeune homme comme vous... pouvez dire au..."

"Pas exactement," l'interrompit Hanlon avec un sourire. "Mais c'était ma mission, et mes recommandations prévaudront. L'essentiel est : consentirez-vous au plan que j'ai suggéré ?"

Philander resta assis pendant de longues minutes réfléchies, puis leva les yeux pitoyablement. "Si seulement tu pouvais le faire !"

Lorsque le croiseur atteignit Simonides et que Hanlon eut vu les autres mineurs en sécurité dans la prison du Corps à la base, et que Philander fut installé dans une chambre à côté de la sienne à l'hôtel, il appela l'amiral Hawarden.

"Félicitations pour le nettoyage, qui, je crois, valait cent points oh oh oh pour cent", a déclaré l'officier.

"Oui, l'autre bout du fil est sous contrôle. Et les notes de Bohr ?"

"Ils ont fini hier soir. Nous avons une liste complète de tous les subalternes qui connaissaient les principales parties du complot, et les agents SS les ont tous jaugés."

"Bon travail."

"Vous avez fait un excellent travail, monsieur. Encore une fois, mes félicitations."

"Merci, Amiral Hawarden. Je dois m'occuper maintenant de mon rapport au Conseil."

"Appelez-moi pour toute l'aide que je peux vous apporter. Je vous proposerais ma secrétaire confidentielle pour les dicter, si ce n'était pas si secret."

"Merci. Elle serait d'une grande aide, mais nous ferions mieux de ne pas le faire."

"Comment saviez-vous que c'était une 'elle' ?"

"Même un pigeon peut admirer une forme galbée", a plaisanté Hanlon en se déconnectant.

Le lendemain, le jeune SS terminait son rapport lorsque l'amiral Newton entra dans sa chambre d'hôtel.

"Mon Dieu, papa, je suis *particulièrement* heureux de te voir cette fois !" » s'est enthousiasmé son fils. "J'ai besoin que tu vérifies ce rapport."

"Voyons ce que tu as." Newton s'installa dans un grand fauteuil pour étudier le rapport, tandis que Hanlon s'agitait anxieusement dans la pièce.

"Un rapport très clair, concis et complet, Spence", a applaudi Newton après avoir fini de lire.

"Où dois-je l'envoyer et à qui ?"

Son père le regardait d'un air interrogateur. "Avez-vous oublié la boîte aux lettres spéciale pour les SS ?"

Le jeune homme parut stupéfait. "Tu veux dire, même une chose comme ça va simplement là-dedans ?"

Newton hocha la tête. "Cependant, dans ce cas, puisque c'est moi qui aurais dû le récupérer, je vais l'emmener à la Base et le transmettre au Conseil. D'ailleurs, les futurs rapports devraient être marqués sur l'enveloppe 'Rapport au Conseil Fédéré'. "

Quelques heures plus tard, l'amiral Hawarden appela Hanlon à l'hôtel, où il venait juste de terminer les préparatifs pour l'opération et les traitements de Philander .

"Votre père et moi voulons que vous veniez immédiatement à la Base, monsieur."

Lorsqu'il arriva dans le bureau privé de Hawarden, l'amiral lui remit une paire de lingots d'argent. "Ce sont les vôtres maintenant, Capitaine Hanlon."

Le jeune homme leva les yeux avec surprise.

« On vous disait que les promotions étaient rapides dans les SS – pour ceux qui produisent », rigola son père. "Le Conseil a été très satisfait de votre rapport et a ordonné la promotion."

Hanlon regarda les deux insignes et ses doigts les caressèrent presque tendrement.

"L'uniforme te manque, n'est-ce pas, Spence ?" avec sympathie.

Hanlon déglutit et hocha la tête en silence, au bord des larmes.

"Es-tu désolé d'avoir fait le choix que tu as fait : abandonner tout ça ?"

Un long et poignant moment de silence, puis Hanlon rejeta la tête en arrière dans un geste de fierté. "Non, papa. Honnêtement, je suis content de l'avoir fait. Pouvoir libérer ces braves Guddus de l'esclavage et sauver la Fédération de cet horrible complot valait bien le peu de souffrance que cela me coûterait. Mais, " et son sourire était pathétique, " L'uniforme me manque. J'étais si fier de le porter. "

Un instant, puis Hawarden parla. «Voici les transcriptions des notes de Bohr», et bientôt les deux SS se plongèrent dans leur étude. Lorsqu'ils eurent terminé quelque temps plus tard, ils convinrent qu'il s'agissait d'un plan très complet.

"Mais avez-vous remarqué," les yeux de Hanlon étaient voilés, "il ne dit rien du rôle que sa planète ou son système allait jouer dans la conquête ?"

"Oui, je l'avais remarqué." C'était un duo des deux autres, et Newton a ajouté : "Pour tout ce qu'il y a ici, on aurait presque l'impression qu'il joue seul."

"Si c'est vrai", dit Hawarden avec reconnaissance, "aucun des autres hommes que nous avons arrêtés n'a d'importance — autant les laisser partir."

"Je le dirais", acquiesça Newton, "si nous pouvons prouver que Bohr était là pour lui-même et qu'il les contrôlait."

"D'après ce que j'ai vu de lui", dit sérieusement Hanlon après un long moment de réflexion, "je dirais qu'il était capable d'essayer. Il avait certainement 'la volonté de pouvoir'. Et il n'était pas idiot : il avait un esprit vraiment puissant. Mais il était froid sous cet extérieur suave et doux. Il était totalement dépourvu de compassion, de pitié ou de tout sentiment de justice. Il ne se souciait pas de savoir qui ou quoi était endommagé. tant qu'il pouvait obtenir ce qu'il voulait. Je doute qu'il y ait quelqu'un qu'il puisse vraiment considérer comme un ami, ou à qui il pourrait parler en toute confiance.

"Sauf peut-être cet oiseau dont tu as parlé..." commença son père, distraitement, quand Hanlon l'interrompit avec un cri.

"Hé, c'est ça !" Il s'est levé d'un bond, a couru vers le visiphone et a appelé le zoo. « Ramenez ce Toogan de Bohr à la Base !

"Quoi encore?" » demanda le conservateur indigné.

"Je suis désolé, monsieur, mais c'est probablement la dernière fois que nous en aurons besoin. S'il vous plaît, apportez-le ici immédiatement."

"Quelle est l'excitation ?" » demanda Newton avec curiosité.

"Votre remarque m'a rappelé quelque chose que je n'avais que vaguement remarqué dans son esprit et que je n'avais pas poursuivi à ce moment-là."

Pendant qu'ils attendaient l'oiseau, Hanlon demanda : « Et les nouveaux navires ? Les experts les ont- ils déjà compris ?

"Pas entièrement. Les coques sont à peu près les mêmes que celles des vaisseaux Snyder, seulement plus grandes. Mais ce nouveau système d'alimentation est si radicalement différent qu'ils deviennent rapidement fous en essayant de le comprendre. Et ils ont des rayons tracteurs."

A peine le messager fut-il parti après avoir livré le toogan que Hanlon le sortit de la cage et se percha sur le bras de son fauteuil. Puis pendant près d'une heure, il resta assis là, sourd, muet et aveugle à tout le reste, tandis qu'il explorait chaque recoin de cet esprit aviaire.

"J'ai compris!" » cria-t-il enfin, et l'oiseau, libéré de tout contrôle, sauta dans les airs et vola sauvagement, cherchant à s'échapper.

"Qu'as-tu appris?" les amiraux étaient aussi excités que lui.

"Nous n'avons rien à craindre. Bohr était entièrement livré à lui-même. Les habitants de son système planétaire, Canopus, sont si avancés qu'ils vivent sur une base totalement coopérative, chacun travaillant instinctivement pour le bien commun de tous. Bohr C'était un atavisme - ils l'ont surpris en train d'essayer de « prendre le pouvoir » là-bas et l'ont banni. Il est venu ici, car son esprit agité et son besoin sauvage de dominer les autres ne le laisseraient pas en paix jusqu'à ce qu'il soit le dirigeant absolu d'un monde ou d'un système - le plus c'est gros, mieux c'est, de son point de vue."

"Et tu tiens tout ça d'un oiseau ?" incrédule.

"Oui. Tu avais raison quand tu disais que Bohr n'avait pas d'ami à part le Toogan . Je pense que c'est pour ça qu'il m'aimait bien - peut-être qu'il pensait que j'en serais un. Tous les hommes ont parfois besoin de parler à quelqu'un. , alors Bohr a choisi ce Toogan , qui est vraiment très intelligent et qui pourrait lui répondre. L'oiseau ne se « souvient » pas de tout, bien sûr, mais tout est gravé dans son cerveau.

"Cela signifie donc", dit Newton avec reconnaissance, "que nous n'aurons pas à nous soucier d'une guerre avec un autre système ou une autre galaxie."

"Oui, et c'est une réelle aide", a ajouté Hawarden. "Même un seul homme, ou une seule entité, comme Bohr, aurait pu nous faire passer un mauvais moment et peut-être même détruire la Fédération."

"Eh bien, je suppose que cela met fin au problème, à l'exception de beaucoup de travail de détail", se leva Newton. "Je dois retourner à mon propre travail sur Estrella. Hawarden, appelle le port et fais-leur préparer mon navire, s'il te plaît. Et ça fait du bien de te revoir. Merci pour tout."

"Vols sûrs, Newton", et l'amiral commença à appeler le port spatial.

"Vous recevrez vos ordres dans un jour ou deux concernant le retour à Algon avec la commission", a déclaré Newton à Hanlon. "Autant rester ici jusque-là."

Après des adieux affectueux, il partit, puis s'arrêta en éclatant de rire.

"C'est quoi le gag, papa ?"

"Je me suis rendu compte que c'était autrefois l'endroit où le fils racontait à son père 'les oiseaux et les abeilles'."

"Eh bien", plaisanta Hanlon, tout en gardant le visage impassible. "Je pensais que tu étais assez vieux maintenant pour savoir."

La fin